Tobias Häberlein

Technische Informatik

Tobias Häberlein

Technische Informatik

Ein Tutorium der Maschinenprogrammierung
und Rechnertechnik

STUDIUM

**VIEWEG+
TEUBNER**

Bibliografische Information der Deutschen Nationalbibliothek
Die Deutsche Nationalbibliothek verzeichnet diese Publikation in der
Deutschen Nationalbibliografie; detaillierte bibliografische Daten sind im Internet über
<http://dnb.d-nb.de> abrufbar.

Prof. Dr. Tobias Häberlein
ist seit 2006 Professor im Studiengang Technische Informatik an der Hochschule Albstadt-Sigmaringen und lehrt Rechnertechnik, Programmiersprachen und Algorithmik. Er forscht im Bereich Hard-
wareentwurf mittels Techniken der Funktionalen Programmierung.

1. Auflage 2011

Alle Rechte vorbehalten
© Vieweg+Teubner Verlag | Springer Fachmedien Wiesbaden GmbH 2011

Lektorat: Ulrich Sandten | Kerstin Hoffmann

Vieweg+Teubner Verlag ist eine Marke von Springer Fachmedien.
Springer Fachmedien ist Teil der Fachverlagsgruppe Springer Science+Business Media.
www.viewegteubner.de

Umschlaggestaltung: KünkelLopka Medienentwicklung, Heidelberg
Druck und buchbinderische Verarbeitung: MercedesDruck, Berlin
Gedruckt auf säurefreiem und chlorfrei gebleichtem Papier
Printed in Germany

ISBN 978-3-8348-1372-5

Vorwort

Diese tutoriumsartige Einführung in die Technische Informatik lehrt zum Einen wie man prozessornah programmiert – dies ist das Thema des erstens Teils dieses Buches; zum Anderen lehrt sie, wie Prozessoren und Rechner *intern* aufgebaut sind – dies ist das Thema des zweiten Teils dieses Buches.

Beide Teile können zwar praktisch unabhängig voneinander gelesen werden. Aus meiner Sicht ist jedoch das vom Buch vorgeschlagene Top-Down-Vorgehen hier sinnvoll und auch in anderen Bereichen der Informatik didaktisch bewährt: Einem „informatischen" Thema nähert man sich am geschicktesten dadurch, dass man zunächst in die Rolle des Benutzers schlüpft; in der Technischen Informatik ist das der Maschinenprogrammierer, der den Prozessor benutzt ohne alle Details seines internen Aufbaus kennen zu müssen. Erst wenn man sich in der Rolle des Benutzers sicher fühlt, beginnt man sich dafür zu interessieren, wie ein Prozessor tatsächlich aus logischen Gattern gebaut werden kann und mit welchen Techniken man seine Performance verbessern kann.

Nach einem ersten geschichtlichen Überblick, der gerade für die Technische Informatik erstaunlich ist, neugierig macht und sich daher gut als „Appetizer" eignet, gehen wir also top-down vor: Wir betrachten Prozessoren zunächst abstrakt von einer hohen Warte aus und lernen in den Kapiteln 2 und 3 wie man diese benutzt, d. h. programmiert, und in Kapitel 4 wie man Assemblerprogramme in C-Programme oder andere höhere Programmiersprachen einbettet. Erst danach beginnen wir damit, in die Tiefen der Prozessorarchitektur einzutauchen, lernen in Kapitel 6 wie man einfache Logikbausteine entwirft, konstruieren in Kapitel 7 einen Prozessor aus einzelnen Logikbausteinen, und lernen in den Kapiteln 8 und 9 wie man diesen Entwurf durch Mehrtakt-Fähigkeit, Pipelining und Caching verbessern kann.

Grundsätzlich ist die Informatik eine Wissenschaft in der es (zwar auch aber) weniger als in anderen Wissenschaften um Fakten geht und es entsprechend auch in der Lehre weniger darum geht, reines Faktenwissen zu vermitteln. In der Informatik kommt es mehr als in anderen Disziplinen darauf an, Prinzipielles zu verstehen und zu üben. Wer einmal eine prozedurale Programmiersprache verstanden hat und verwenden kann, kann innerhalb kürzester Zeit jede beliebige andere erlernen; wer einmal verstanden hat, wie man in einer Maschinensprache programmiert, kann sich innerhalb kürzester Zeit in jede beliebige andere Maschinensprache hinein denken. Wir legen daher im ersten Teil dieser Einführung auch weniger Wert darauf, einen möglichst gängigen oder innovativen Maschinenbefehlssatz zu erlernen, sondern lassen den Lernenden zunächst das Programmieren des Motorola-68000-Befehlssatzes üben. Dieser Maschinenbefehlssatz ist zum Einen aufgrund seines „sauberen" Entwurfs und seiner Orthogonalität und zum Anderen aufgrund seiner CISC-Architektur hervorragend dazu geeignet, Anfängern das Maschinenprogrammieren beizubringen.

Ich habe darauf geachtet, dass ein großer Teil des vermittelten Stoffes dazu geeignet ist, selbst auszuprobieren oder zu üben. Das Buch enthält eine Vielzahl von Übungsaufgaben, immer direkt an der Stelle im Buch platziert, an der das zuvor Gelesene ausprobiert werden sollte und der

Leser durch Lösen einer Aufgabenstellung den Stoff selbst „anfassen" sollte. Erst diese Übungsaufgaben machen den Stoff lebendig.

Die Lernziele des Teil I sind ...

- ... zu verstehen wie man Maschinenprogramme erstellt.
- ... das Programmiermodell des Motorola-68000 verstehen und verwenden zu können.
- ... in Grundzügen zu verstehen, wie Programme höherer Programmiersprachen (wie C)
  durch einen Compiler in ein Maschinenprogramm übersetzt werden können.
- ... zu verstehen, wie man Maschinenprogramme mit Programmen höherer Programmiersprachen „mischen" kann.

Die Lernziele des Teil II sind ...

- ... zu verstehen, wie einfache Logikbauteile funktionieren und (in Grundzügen) wie man
  diese mittels VHDL selbst spezifizieren und synthetisieren kann.

  Es ist allerdings *kein* Lernziel, die Synthese-Sprache VHDL in all ihren Facetten zu erlernen; hier
  soll lediglich ein "Gefühl" dafür vermittelt werden, worauf es bei der formalen Beschreibung von
  Logikbausteinen mittels einer HDL (Hardware Description Language) ankommt, und der Leser soll
  darauf vorbereitet werden selbst Hardware zu entwerfen.

- ... zu verstehen, wie man einen einfachen Prozessor aus einzelnen Logikbauteilen bauen
  kann.

  Es ist allerdings *kein* Lernziel, den Leser mit allen Fallstricken bekannt zu machen, die beim Prozessorentwurf auftauchen können. Das Buch liefert lediglich eine Einführung in die Thematik, die dem
  Leser in Grundzügen vermittelt, wie ein Prozessor gebaut werden *kann*.

- ... zu verstehen, wie man die Performance dieses Prozessors verbessern kann durch ...

  - ... Pipelining und
  - ... Caching-Techniken

  Auch hier beschränken wir uns auf das Wesentlichste: Pipelining und die damit zusammenhängenden Problematiken wie Sprungvorhersagen werden nur in Grundzügen behandelt. Ferner behandelt
  wir viele andere Möglichkeiten, die Performance eines Prozessors zu steigern, nicht, wie etwa die
  Umsetzung einer Hyperthreading-Architektur.

Der vermittelte Stoff eignet sich hervorragend für eine 4-SWS-Einführungs-Vorlesung "*Technische Informatik*" oder "*Rechnertechnik*" in einem "frühen" Semester eines Bachelor- bzw. Di-
plomstudiengangs Informatik.

Viel Spaß bei dieser bewusst knapp gehaltenen Einführung in die Technische Informatik!

Tobias Häberlein   Blaustein, den 27. Januar 2011

Dank

Vielen Dank an meine beiden Kollegen, Dr. Walter Hower und Dr. Joachim Gerlach für hilfreiche Anmerkungen, an meinen Vater, Karl-Heinz Häberlein, für das fleißige Korrekturlesen des Manuskripts, an Dr. Axel Braun von der Universität Tübingen für das Korrekturlesen des VHDL-Codes aus Kapitel 6 und an die vielen Studenten des Studiengangs "Kommunikations- und Softwaretechnik" der Hochschule Albstadt-Sigmaringen, für deren Interesse und Engagement in der Vorlesung „Rechnertechnik", auf der dieses Buch basiert.

Inhaltsverzeichnis

1 Geschichtliches

„Meines Erachtens gibt es einen Weltmarkt für vielleicht fünf
Computer."
(IBM-Präsident Thomas Watson, 1943)

Ein geschichtlicher Überblick gerade der Technischen Informatik ist spannend: Abgesehen vielleicht vom Wachstum und von der Ausbreitung des Internet, gab es in der Geschichte der Mensch-
heit wohl keine Technologie, deren Potential in solch einer Geschwindigkeit gewachsen ist wie
das der Mikroprozessoren und Computer. Die als Zitate am Anfang jedes Abschnittes präsentierten Fehleinschätzungen bekannter Persönlichkeiten der Technik und Informatik werden erst
vor diesem Hintergrund verständlich. Noch vor 60 Jahren hätte sich kein vernünftiger Mensch
träumen lassen, dass eine Steigerung des Potentials und der Geschwindigkeit von Computern in
der Rasantheit voranschreitet, die wir in diesem Abschnitt skizzieren wollen. Erst 1965 schätzte
Gordon Moore – ob nun tatsächlich aus Weitsicht und Weisheit oder, aufgrund der zur damali-
gen Zeit erfolgversprechenden Entwicklungen der Firma Intel, aus einer euphorischen Stimmung
heraus sei dahingestellt – die zukünftige Entwicklung bis zum heutigen Zeitpunkt richtig ab.
   In diesem geschichtlichen Rückblick lernen wir ...

- ... zu staunen über die beispiellos rasante technologische Entwicklung, die Prozessoren in
  den letzten 60 Jahren durchmachten.

- ... beispielhaft Prozessoren und Rechner aus den unterschiedlichen Prozessor-Generationen kennen.

- ... wie einer der ersten Rechner überhaupt, der in Princeton entwickelte IAS, strukturiert
  ist, und wir lernen ihn zu programmieren (und können feststellen, dass die Architektur dieses Urgesteins der Rechnertechnik sich nicht grundlegend von den Architekturen moderner
  Prozessoren und Rechnersysteme unterscheidet).

- ... die Entwicklung der Intel- und Motorola-Prozessoren kennen.

1.1 Erster Überblick

Zwischen 1975 und 1990 bestand ein Mikrocomputer meist aus mehreren Bausteinen. Typische Bausteine waren: Eine CPU („Central Processing Unit" der „Hauptprozessor"), ein paar
Speicherbausteine, (mindestens) eine Ein-/Ausgabe-Einheit, viele Logikbausteine (um die anderen Bausteine miteinander zu verbinden).
   Nach 1990 ging die Entwicklung hin zu immer *höher integrierten* Bausteinen: Man fügte
zur CPU eine Reihe von ehemals externen Bauelementen hinzu, beispielsweise Timer, Speicher,

Echtzeituhr, Ein-/Ausgabe, AD- und DA-Wandler, usw. Aus der CPU wurde ein *Mikrocontroller*. Die eigentliche CPU nimmt seither auf dem Mikrocontroller nur einen kleinen Teil der Chipfläche ein.

Die Entwicklung Heute (und in Zukunft) geht in Richtung des *System-on-Chip*, kurz auch einfach „SoC" genannt. Und diese Entwicklung schreitet rasend voran! Momentan werden schon komplett für einen bestimmten Anwendungsbereich ausgestattete Systeme (deshalb auch der Name: „*System* on Chip") auf einem einzelnen Chip untergebracht. Beispiel hierfür sind etwa Mikrocontroller, die alle Funktionsblöcke enthalten, um einen digitalen Videorekorder aufzubauen, oder Mikrocontroller, die die gesamte Bildverarbeitung und Steuerung einer digitalen Photo-Kamera übernehmen, wie beispielsweise der Canon-DigIC-4-Chip oder auch ein moderner PowerPC-Prozessor mit integrierter Graphikkarte.

1.2 Das Mooresche Gesetz

> *„Computer der Zukunft werden vielleicht einmal nicht mehr als 1,5*
> *Tonnen wiegen"*
> (Popular Mechanics, 1949)

Die Anzahl von Transistoren pro Flächeneinheit auf integrierten Schaltkreisen wird oft als *Integrationsdichte* bezeichnet. Im Jahre 1965 sagte Gordon Moore, Mitbegründer von Intel, voraus, dass sich die Integrationsdichte auf integrierten Schaltkreisen alle 12 bis 24 Monate verdoppeln wird. Diese Beobachtung wird auch als das *Mooresches Gesetz* bezeichnet. Die stetige Verdopplung einer bestimmten Größe während eines festen Zeitraums heißt nichts anderes, als dass diese Größe einem exponentiellen Wachstum unterliegt. Wider aller Erwartung erweist sich dieses exponentielle Wachstum bis zum heutigen Zeitpunkt als stabil. Abbildung 1.1 zeigt als Schaubild dieses exponentielle Wachstum der Integrationsdichte anhand der Anzahl von Transistoren auf gängigen Prozessoren, deren Größe (d. h. Fläche) über die Jahre in etwa als konstant angesehen werden kann; Abbildung 1.2 zeigt als Schaubild die exponentielle Verkleinerung der Strukturgrößen, d. h. der Größe der kleinst möglichen Strukturen, die in einem Fertigungsprozess hergestellt werden können.

Diese steigende Dichte hat beträchtliche Konsequenzen:

- Da Logik und Speicherbausteine immer dichter beieinander liegen, verkürzt sich die Länge der elektrischen Verbindungen und damit verkürzt sich auch die Zeit, die ein Signal benötigt, um von einer Komponente eine andere Komponente zu erreichen. Die Geschwindigkeit wächst also.
- Computer werden immer kleiner.
- Daraus folgt auch eine geringere Leistungsaufnahme der Rechner, denn kleinere Bauteile brauchen i. A. auch weniger Strom
- Die Zuverlässigkeit steigt: Je mehr Logik sich auf einem einzelnen Chip befindet, desto weniger Verbindungen sind zwischen Chips notwendig.

Die in den Abbildungen 1.1 und 1.2 gezeigte Entwicklung kann natürlich nicht beliebig lange

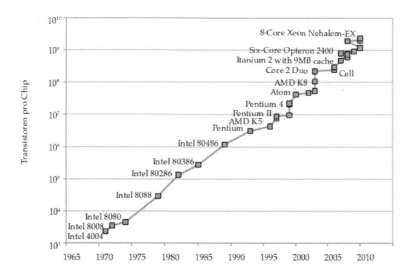

Abbildung 1.1: Die Veranschaulichung des Mooreschen Gesetzes anhand der Transistordichte in einem logarithmischen Schaubild. Die Transistordichte wächst exponentiell – entsprechend ist der Wachstumsgraph im logarithmischen Schaubild (in etwa) eine Gerade. Zu sehen ist die auf der y-Achse aufgetragene Anzahl der Transistoren für einige zum jeweiligen auf der x-Achse aufgetragenen Zeitpunkt gängige Prozessoren. Beginnend mit Intels erstem Chip, dem 4004, der gerade einmal 2300 Transistoren verwendete, bis hin zum aktuellen 8-Core-Xeon-Prozessor, der etwa zwei Milliarden Transistoren verwendet.

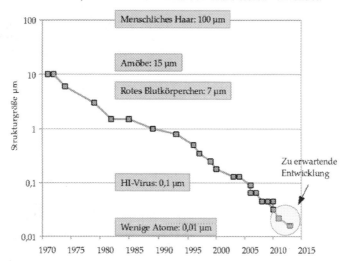

Abbildung 1.2: Die Veranschaulichung des Mooreschen Gesetzes anhand der sog. *Strukturgröße*, also der Größe der kleinst möglichen Strukturen, die in einem Halbleiter-Fertigungsprozess hergestellt werden können. Dies wird wiederum anhand eines logarithmischen Schaubildes dargestellt. Auch hier sieht man, dass das Mooresche Gesetz bis heute aufrecht erhalten wird, denn eine Linie in einem logarithmischen Schaubild heißt immer exponentielles Wachstum bzw. exponentielles Schrumpfen. Irgendwann in – wie zu erwarten ist – naher Zukunft ist jedoch mit einem „Abknicken" der in Schaubild dargestellten Linie zu rechnen. Da jedoch momentan mögliche Strukturgrößen von 32nm (und weniger) noch vor 20 Jahren als völlig unmöglich galten, muss man vorsichtig mit dem Vorhersagen dieses Zeitpunktes sein und darf erwarten, dass sich die Entwicklung noch einige Jahre fortsetzt.

so weiterlaufen. In Zukunft – evtl. schon in naher Zukunft – muss sicherlich mit einer Verlangsamung des Wachstums gerechnet werden.

Aufgabe 1.1
Kennen Sie ein anderes Phänomen der Informatik, das ähnliche Wachstumseigenschaften zeigt, wie die Prozessorgeschwindigkeit?

Aufgabe 1.2
Warum können wir so sicher sein, dass die durch das Mooresche Gesetz voraussagbare Entwicklung sich nicht beliebig lange so fortsetzen wird. An welche Grenzen wird die Integrationsdichte schätzungsweise wann (wenn sie die in Abbildung 1.2 gezeigte Entwicklung extrapolieren) stoßen?

Die Rechenleistung der Computer wächst allerdings nicht ganz so schnell. Beispielsweise werden in modernen Prozessoren zunehmend mehr Transistoren für einen integrierten Speicher (Cache) verbaut, der zur Rechenleistung nur indirekt beiträgt, indem Schreib- und Lesezugriffe auf häufig benötigte Daten beschleunigt werden. Tabelle 1.1 zeigt als Beispiel einen Vergleich des 500-MHz-Pentium-III mit einer 1000-MHz-Variante.

| Prozessor | Transistoren | SPEC-Werte | |
		Ganzzahl	Gleitkomma
500-MHz-Pentium-III (externer L2-Chache)	9.5 Mio	20.6	14.7
1000-MHz-Pentium-III (externer L2-Chache)	28.5 Mio	46.8	32.2

Tabelle 1.1: Verhältnis Transistoren zu Rechengeschwindigkeit – am Beispiel zweier Pentium-III-Prozessoren. Die Messung der Rechengeschwindigkeit ist schwierig und die Geschwindigkeit abhängig von vielen Faktoren. Die *SPEC* (= „Standard Performance Evaluation Cooperative") hat sich auf diese komplexe Aufgabe spezialisiert. Sie ist eine Non-Profit-Organisation, die Benchmarks zur Leistungsbewertung von Hardware und Software entwickelt und durchführt.

1.3 Prozessor-Generationen

Im Rest von Kapitel 1 werden die wichtigsten Prozessor-Generationen beschrieben – Tabelle 1.2 zeigt diese im Überblick.

1.3.1 Die erste Generation

> „Es scheint, dass wir die Grenzen dessen erreicht haben, was mit
> Computer Technologie möglich ist."
> (John von Neumann, 1949)

In den 40er Jahren werden die ersten Computer gebaut: 1941 baut Konrad Zuse, ein deutscher Ingenieur, den ersten programmgesteuerten Rechenautomaten, den *Z3*. Der Z3 enthält ca. 2000

Generation	Zeitraum ca.	Technologie	Geschwindigkeit ca. (Operationen pro Sek.)
1	1945-1960	Vakuumröhren	40.000
2	1960-1965	Transistoren	200.000
3	1965-1971	„Small scale integration"	1.000.000
4	1972-1977	„Large scale integration"	10.000.000
5	1978-1990	„Very large scale integration"	100.000.000
6	1990-heute	„Ultra large scale integration"	1.000.000.000

Tabelle 1.2: Die Prozessor-Generationen

Relais (elektronische Schalter) und arbeitet auf Basis des dualen Zahlensystems. Für eine Multiplikation benötigt er ganze drei Sekunden Rechenzeit. Der nur wenig später entwickelte ENIAC (Univ. Pennsilvania, 1946) war deutlich größer und schneller. Er erstreckte sich über 140 Quadratmeter und war mit mehr als 18000 Vakuumröhren ausgestattet. In den 50er Jahren wurde die Computerindustrie geboren. Die ersten Firmen, die Computer kommerziell, vertrieben waren IBM und Sperry. Die ersten kommerziellen Computer-Modelle waren der UNIVAC und die IBM-700-Reihe. Der IBM-701 konnte schon 2000 Multiplikationen pro Sekunde ausführen.

Wir wollen uns hier aber einen anderen sehr frühen Rechner genauer anschauen, den IAS, entwickelt in Princeton zwischen 1946 und 1952. Der IAS war kein kommerzielles Produkt, sondern ein reiner Forschungsrechner. Er war einer der ersten Rechner überhaupt, und kann erstaunlicherweise schon als Prototyp aller nachfolgenden Computer gesehen werden. Seine Architektur ist zwar simpler als die Architektur heutiger Rechner, die Architekturprinzipien ähneln sich aber sehr stark.[1] Wir werden deshalb die Architektur des IAS genauer betrachten und lernen, wie man den IAS programmieren konnte. Das gibt uns schon jetzt einen „Vorgeschmack" auf spätere Kapitel.

Schauen wir uns die Struktur des IAS genauer an. Abbildung 1.3 zeigt eine grobe Sicht: Nach dieser besteht der Rechner aus einem Hauptspeicher (in den sowohl Programme, als auch Daten gespeichert werden), einer CPU (diese Abkürzung steht für *Central Processing Unit*) und Schnittstellen nach außen, im Bild als I/O-Equipment bezeichnet. Das Kürzel I/O steht für „Input/Output"; gemeint sind damit also sowohl Schnittstellen, die Input von Außen aufnehmen als auch Schnittstellen, die Ouput nach Außen geben können.

Der Hauptspeicher des IAS besteht aus 1000 Speicherplätzen, sogenannten *Wörtern*[2]. Sowohl Daten als auch Instruktionen werden in diesem Hauptspeicher abgelegt. Ein Wort kann aus zwei 20-Bit Instruktionen bestehen. Jede Instruktion besteht aus einem 8-Bit-Operationscode (der sog. *Opcode*). Dieser Opcode spezifiziert die zu verwendende Operation. Der zweite Teil ei-

---

[1] Das ist übrigens ein Beispiel von vielen aus der sich scheinbar so schnell wandelnden Informatik; trotz der zahlreichen neuen Technologien und scheinbar revolutionär neuen Programmiersprachen und Programmiersprachparadigmen gibt es nicht wirklich viel grundsätzlich neue Ideen der Informatik in den letzten 40 Jahren!

[2] In der Technischen Informatik bezeichnet man als *Wort* die kleinste adressierbare Einheit in einem Prozessor; die Bitlänge eines Wortes bezeichnet man auch als *Wortbreite*; diese korreliert i. A. mit der Breite des Datenbusses, d. h. mit der Anzahl Bits, die in einem Prozessor-Takt über den prozessorinternen Bus vom bzw. an den Hauptspeicher transportiert werden können. Die Wortbreite hat also immer etwas damit zu tun, wie viele Bits gleichzeitig geschrieben, gelesen und verarbeitet werden können.

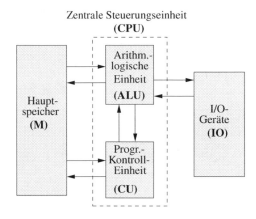

Zentrale Steuerungseinheit
(CPU)

Abbildung 1.3: Eine grobe Sicht auf die Struktur des IAS – wir sehen eine typische von-Neumann-Architektur, d. h. *ein* Hauptspeicher für sowohl Daten als auch Programme.

nes jeden Befehlscodes besteht aus einer 12-Bit Adresse. Diese spezifiziert einen Speicherplatz, der mit der Operation zu verwenden ist. Zum anderen kann ein Wort auch einfach Daten beinhalten. Die beschriebene Struktur von IAS-Wörtern ist in Abbildung 1.4 nochmals graphisch dargestellt.

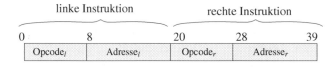

(a) ... bei Verwendung als Instruktions-Wort

(b) ... bei Verwendung als Daten-Wort

Abbildung 1.4: Struktur eines Wortes im IAS-Hauptspeicher ...

Die Program-Control Einheit des IAS (das ist der untere Block in Abbildung 1.3) holt sich eine Instruktion nach der anderen und führt sie nacheinander aus. Das Struktogramm in Abbildung 1.5 stellt die Details dar.

Die *Program-Control*-Einheit und die *ALU* (die Arithmetisch-Logische Einheit) enthalten spezielle interne Speicherplätze – sog. *Register*, die folgendermaßen beschrieben werden können:

- Das *Memory buffer register* (MBR) enthält ein Wort, das in den Speicher geladen oder an eine Ein/Ausgabe-Einheit gesendet werden soll.

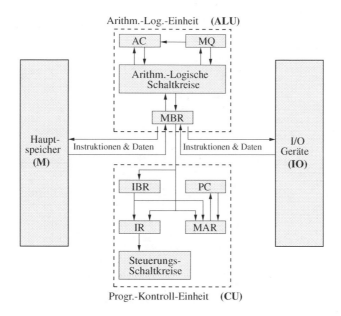

Abbildung 1.5: Struktur der Central Processing Unit des IAS – dargestellt als Blockdiagramm

- Das *Memory address register* (MAR) enthält die Adresse, an die das Wort im MBR geschrieben werden soll.

- Das *Instruction Register* (IR) enthält einen 8-Bit-Opcode, der als nächstes ausgeführt werden soll.

- Das *Instruction Buffer Register* (IBR) speichert die rechte Seite einer Instruktion temporär.

- Der *Program Counter* (PC) enthält die Adresse des nächsten Instruktionen-Paars, das aus dem Speicher geholt werden soll.

- Der *Accumulator* (AC) und der *Multiplier Quotient* (MQ) enthalten temporäre Operanden und Ergebnisse von ALU-Operationen.

Abbildung 1.5 stellt zwar die interne Struktur des IAS dar, jedoch nicht die Funktionsweise; anders ausgedrückt: Abbildung 1.5 stellt zwar dar, wohin Daten fließen können, jedoch nicht, wann und unter welchen Bedingungen sie fließen. Für eine Darstellung der Funktionsweise werden oft Zustands- oder Aktivitätsdiagramme verwendet. Abbildung 1.6 zeigt die Funktionsweise des IAS als UML-Aktivitätsdiagramm.

Die obere Hälfte des Diagramms zeigt den sogenannten *Instruction Fetch* („to fetch" ≈ „hervorholen"). Hier wird beschrieben, wie der Befehl vom Hauptspeicher in den Prozessor geladen wird. Die Funktionsweise des Instruction-Fetch wird beim IAS durch folgende Tatsache verkompliziert: Der IAS kann immer nur ein vollständiges Wort aus dem Hauptspeicher holen, und dieses enthält, wie auch in Abbildung 1.5 veranschaulicht, i. A. zwei Befehle. Bei jedem

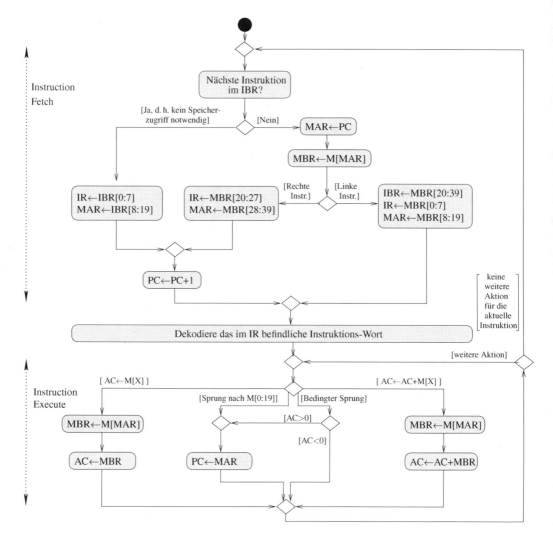

Abbildung 1.6: Interne Abläufe der Central Processing Unit des IAS, dargestellt als UML2.0-Aktivitätsdiagramm. Die abgerundeten Boxen sind *Aktivitäten*, Rauten mit einer Eingangskante und mehreren Ausgangskanten, die mit Bedingungen (in eckigen Klammern), sog. Guards, markiert sind, sind *Entscheidungspunkte*, Rauten mit mehreren Eingangs- und einer Ausgangskanten sind *Zusammenführungen* zweier Pfade und der schwarze Kreis ist der *Startknoten*. Im oberen Bereich des Aktivitätsdiagramms sind die Abläufe der *Instruction Fetch*-Phase, also der Befehlsholphase, zu sehen: Der linke Zweig des ersten Entscheidungsknotens – markiert mit der Bedingung „[kein Speicherzugriff notwendig]" – wird dann gegangen, wenn der zweite in einem Hauptspeicher-Wort befindliche Befehl zur Ausführung vorbereitet werden soll. In diesem Fall befindet sich der Befehl bereits im linken Teil des IBR und der Opcode (also IBR[0:7]) wird ins IR (Instruction Register) und die dazugehörige Hauptspeicheradresse (also IBR[8:19]) wird ins MAR (Memory Address Register) geladen. So ist alles für die nächste Phase vorbereitet, denn das IR ist direkt mit den Logikgattern verbunden, die für die Befehlsdekodierung zuständig sind. Der rechte Zweig, markiert mit der Bedingung „[Speicherzugriff notwendig]", unterscheidet sich wenig vom linken Zweig, nur dadurch dass ein neues Befehlswort aus dem Hauptspeicher geladen werden muss. Der untere Bereich des Aktivitätsdiagramm beschreibt die Abläufe der Befehlsausführung, die natürlich abhängig davon sind, um welchen konkreten Befehl es sich handelt.

Speicherzugriff werden also zwei Befehle gleichzeitig ins IBR geholt; diese müssen dann nacheinander dekodiert und ausgeführt werden; erst anschließend kann das nächste Wort geladen werden, usw. Die untere Hälfte des in Abbildung 1.6 dargestellten Aktivitätsdiagramms zeigt die Abläufe der sog. *Instruction-Execution*-Phase – manchmal auch als *Execution Cycle* bezeichnet, da eine typische Ausführung oft in mehreren Zyklen bzw. „Runden" abläuft. Hier wird beschrieben, wie der Befehl ausgeführt wird, nachdem er vom Prozessor dekodiert wurde. Welcher der vier Zweige „AC←M[X]", „Sprung nach M[0:19]", „Bedingter Sprung" oder „AC←AC+M[X]" dann letztendlich bei der tatsächlichen Befehlsausführung gegangen wird, hängt vom Opcode des Befehls ab.

Aufgabe 1.3
Beschreiben Sie, wann folgende Situation auftreten kann:
Es muss eine neues Instruktionswort aus dem Hauptspeicher geladen werden, jedoch werden nicht beide, sondern ausschließlich die rechte Instruktion benötigt.

Was den IAS von modernen Prozessoren unterscheidet, ist sein kleiner Satz an Maschineninstruktionen. Der IAS stellt gerade einmal 21 Instruktionen bereit, die sich in folgende Gruppen einteilen lassen:

- *Datentransfer*: Verschieben von Daten zwischen den ALU Registern und dem Hauptspeicher
- *Unbedingter Sprung*: Üblicherweise führt die Kontrolleinheit Instruktionen in der Reihenfolge aus, in der sie im Speicher abgelegt sind. Diese Reihenfolge kann geändert werden durch die Sprung-Instruktionen.
- *Bedingter Sprung*: Der Sprung kann auch abhängig von einer Bedingung sein man kann so also Entscheidungspunkte einfügen.
- *Arithmetik*: Operationen, die durch die ALU ausgeführt werden.
- *Address-Modifikation*: Diese Befehle erlauben das Rechnen mit Adressen in der ALU, die dann in Instruktionen, die sich im Hauptspeicher befinden, eingefügt werden kann.

Tabelle 1.3 zeigt die komplette Liste der IAS-Befehle.

Aufgabe 1.4
Warum werden die Register MBR und MAR konkret benötigt?
Oder anders gefragt: die benötigten Adressen liegen doch am Adressbus an und können von dort gelesen bzw. in den Adressbus geschrieben werden – wozu also diese internen Register?

Aufgabe 1.5
Gleiche Frage wie eben, aber auf das IR (= Instruction Register) bezogen: warum wird dieses Register denn überhaupt benötigt? – Der vom Prozessor benötigte Befehl steht doch im Speicher und kann von dort immer abgerufen werden.

Aufgabe 1.6
Addition zweier Zahlen:
Seien x und y zwei Zahlen. Schreiben Sie ein Maschinenprogramm mit dem IAS-Befehlssatz, das $z = x + y$ berechnet.

Instr.-Typ	Opcode	Mnemonic	Beschreibung
Datentransfer	00001010	LOAD MQ	Verschiebe den Inhalt des Registers MQ in den Akkumulator AC
	00001001	LOAD MQ.M[X]	Verschiebe den Inhalt der Speicherzelle an Adresse X in das Register MQ
	00100001	STOR M[X]	Verschiebe den Inhalt des Akkumulators in die Speicherzelle an der Adresse X
	00000001	LOAD M[X]	Verschiebe M[X] in den Akkumulator
	00000010	LOAD -M[X]	Verschiebe −M[X] in den Akkumulator
	00000011	LOAD |M[X]|	Verschiebe |M[X]| in den Akkumulator
	00000100	LOAD -|M[X]|	Verschiebe −|M[X]| in den Akkumulator
Unbed. Spr.	00001101	JUMP M[X,0:19]	Hole die nächste Instruktion vom linken Teil von M[X]
	00001110	JUMP M[X,20:39]	Hole die nächste Instruktion vom rechten Teil von M[X]
Bed. Spr.	00001111	JUMP + M[X,0:19]	Falls AC>0: Hole die nächste Instruktion vom linken Teil von M[X]
	00001110	JUMP M[X,20:39]	Falls AC>0: Hole die nächste Instruktion vom rechten Teil von M[X]
Arithmetik	00000101	ADD M[X]	$AC \leftarrow AC + M[X]$
	00000111	ADD |M[X]|	$AC \leftarrow AC + \|M[X]\|$
	00000110	SUB M[X]	$AC \leftarrow AC - M[X]$
	00001000	SUB |M[X]|	$AC \leftarrow AC - \|M[X]\|$
	00001011	MUL M[X]	Multipliziere M[X] mit MQ; lege die höherwertigen Bits in AC und die niederwertigen Bits in MQ.
	00001100	DIC M[X]	Teile AC durch M[X]; lege den Quotienten in MQ und den Rest in AC.
	00010100	LSH	$AC \leftarrow AC \cdot 2$ (Left Shift).
	00010101	RSH	$AC \leftarrow AC/2$ (Right Shift).
Adr.-Mod.	00010010	STOR M[X,8:19]	M[X,8:19] ← AC[28:39] – Ersetze das linke Adress-Feld von M[X] durch die 12 niederwertigsten Bits von AC
	00010011	STOR M[X,28:39]	M[X,28:39] ← AC[28:39] – Ersetze das rechte Adress-Feld von M[X] durch die 12 niederwertigsten Bits von AC

Tabelle 1.3: Die 21 Maschinenbefehle des IAS.

Aufgabe 1.7

Addition zweier Vektoren:

Seien $A = A(1), A(2), \ldots A(1000)$ und $B = B(1), B(2), \ldots, B(1000)$ zwei Vektoren (also eindimensionale Arrays), die jeweils 1000 Zahlen enthalten.

Diese Vektoren sollen addiert werden zu einem Array C, so dass gilt: $C(I) = A(I) + B(I)$ für $I = 1, \ldots, 1000$. Schreiben Sie ein Maschinenprogramm mit dem IAS-Befehlssatz, das diese Aufgabe durchführt.

(Ignorieren Sie dabei, dass der IAS eigentlich nur für 1000 Speicherplätze entworfen wurde.)

Aufgabe 1.8

In Aufgabe 1.7 mussten Sie selbstmodifizierenden Code schreiben. Was für einen Befehl würden Sie sich zusätzlich im IAS-Befehlssatz wünschen, damit sie ohne selbstmodifizierenden Code aus kämen?

1.3.2 Die zweite Generation

> *„Es gibt keinen Grund, warum Menschen zu Hause einen Computer*
> *haben sollten."*
> (Ken Olson, Gründer von Digital Equipment Corporation)

Alle Rechner der ersten Generation verwendeten Vakuumröhren. Ab Ende der 50er Jahre fing man an, Rechner zu bauen, die statt den globigen, teuren, energiefressenden und ausfallanfälligen Vakuumröhren Transistoren (also elektronische Schalter) verwendeten. Die ersten Transistoren wurden 1947 in den Bell Labs gebaut; die im Vergleich zu den Vakuumröhren billigeren, kleineren und Energie-effizienteren Komponenten stießen eine Revolution in der Rechnertechnik an. Man war durch sie in der Lage, wesentlich komplexere Arithmetisch-Logische-Einheiten zu bauen. Das ist auch der Grund, warum erst in der zweiten Generation höhere Programmiersprachen (wie FORTRAN oder COBOL) aufkamen. Es wurde üblich zusammen mit dem angebotenen Rechner eine Systemsoftware auszuliefern.

Aufgabe 1.9

Was sind die genauen Gründe, weshalb in der ersten Generation noch keine höheren Programmiersprachen sinnvoll waren?

Das Unternehmen DEC (Digital Equipment Corporation) war in dieser Zeit besonders erfolgreich. Der erste von DEC systematisch kommerziell vertriebene Rechner war die PDP-1.

1.3.3 Die dritte Generation

> *„But what . . . is it good for?"*
> (Mitarbeiter bei der Advanced Computing Division, IBM 1968, über
> den Microchip)

Während der 50er und frühen 60er Jahre wurden Transistoren separat gefertigt und *einzeln* auf Rechnern integriert. Der ganze Fertigungsprozess war dadurch sehr teuer und aufwändig. Die eigentlich relevanten Elemente von Rechnern sind aber nicht die Transistoren selbst, sondern

bestimmte aus Transistoren bestehende Schaltungen: *Gatter* (engl.: *Gates* logische Bausteine)
und *Speicherzellen* (engl.: *Memory Cells*). Abbildung 1.7 zeigt diese Komponenten graphisch
als Blockdiagramme.

Abbildung 1.7: Speicherbaustein und Gatter dargestellt als Blockdiagramme. Die Speicherzelle kann ein
Bit speichern; sie produziert als Ausgabesignal das in der Zelle gespeicherte Bit. Ist das „Write"-Bit ge-
setzt, so wird das Eingabesignal („Input") in der Speicherzelle gespeichert und der alte Wert überschrieben.
Ist das „Read"-Bit gesetzt, so bleibt der bisherige Wert der Speicherzelle erhalten und wird als Ausgabebit
(„Output") zurückgeliefert. Ein logisches Gatter dagegen kann keinen Zustand speichern, sondern produ-
ziert seine Ausgabe ausschließlich in Abhängigkeit der Eingabesignale.

Es war ein logisch zwingender Schritt, weg von der Handhabung einzelner Transistoren, hin
zur Einführung von *integrierten Schaltkreisen* zu gehen. Ein Transistor besteht im Wesentlichen
aus Silizium – es ist nur eine kleine Erweiterung, einen ganzen Schaltkreis auf einem kleinen
Stück Silizium zu fertigen (statt die einzelnen Transistoren separat zusammenzustecken).

Auf einem sog. *Wafer* können viele Transistoren auf einmal produziert werden. Ein Wafer ist
eine dünne Silizium-Platte, unterteilt in eine Matrix kleiner Quadrate oder Rechtecke, die nur je
einige Millimeter breit sind. Jedes dieser kleinen Quadrate ergibt dann später einen Chip. Ein
einzelner Chip wiederum besteht aus vielen Gattern und/oder Speicherzellen, incl. einer Menge
von Ein/Ausgabe-Punkten. Bei der Produktion wird dann dieser Chip in ein schützendes Gehäuse
gepackt. Diese Gehäuse stellen in der Regel sog. *Pins* bereit, um den Chip an externe Komponenten anschließen zu können. Anfänglich konnten nur wenige Gatter bzw. Speicherzellen auf
einem Chip untergebracht werden. Man spricht von einer *Small-Scale Integration*, oder kurz SSI.
Abbildung 1.8 zeigt nochmals die Beziehung zwischen Wafer, Chip und Gatter.

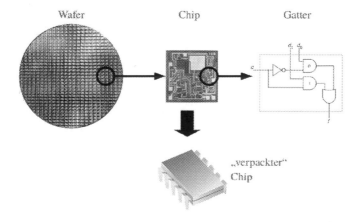

Abbildung 1.8: Wafer, Chip, Gatter.

Wir schauen uns nun noch einige typische Rechner bzw. Rechnerfamilien aus dieser Zeit an. 1964 startet IBM eine neue Computer-Serie, die 360er Serie. Diese war inkompatibel zur Vorgängerserie (der 7000er Serie); IBM war aber überzeugt davon, die ganzen Altlasten der 7000er-Serie über Bord werfen zu müssen, um mit der Technologie der integrierten Schaltkreise Schritt halten zu können. Und das zahlte sich auch aus: die 360er Serie war ein großer kommerzieller Erfolg und IBM erreichte als Folge einen Marktanteil von über 70%! Mit einigen Modifikationen und Erweiterungen entspricht die Architektur der 360er Serie bis heute der Architektur der IBM Mainframe-Rechner. Es zeigt sich auch hier: In der Informatik mag es zwar rasante technologische Fortschritte geben, viele prinzipiellen Ideen und Konzepte bleiben aber nahezu konstant über die Jahre.

Die 360er Reihe war auch die erste geplante Baureihe von Computern. Die Baureihe deckte eine ganze Bandbreite der Leistungsfähigkeit / Kosten ab. Das Konzept, eine ganze Familie von kompatiblen Computern zu entwickeln war zu dieser Zeit sowohl neuartig als auch sehr erfolgreich. Es wurde möglich, auf eine schnellere Maschine aufzurüsten, und trotzdem noch die für die langsamere Maschine entwickelten Software zu verwenden. Die Eigenschaften einer Rechner-Familie sind folgende:

- *Ähnlicher und identischer Befehlssatz*: Oft ist der Befehlssatz aller Computer einer Familie tatsächlich identisch. Manchmal ist aber der Befehlssatz eines Modells am „unteren Ende" eine Teilmenge des Befehlssatzes der teuren Modelle.
  (Software kann also nach oben, aber nicht nach unten „wandern".
- *Ähnliches oder identisches Betriebssystem*: Manchmal enthält das Betriebssystem für die teuren Modelle noch zusätzliche Features.
- *Wachsende Geschwindigkeit*: Die Rate der Befehlsausführung wächst von den kleinen hin zu den großen Modellen einer Familie.
- *Wachsende Anzahl von I/O-Ports* – von den kleineren hin zu den größeren Modellen der Familie.
- *Wachsender Speicherplatz* – von den kleineren hin zu den größeren Modellen.
- *Steigende Anschaffungskosten* – von den kleineren hin zu den größeren Modellen.

Aufgabe 1.10
Nennen Sie aktuelle Computerfamilien.

Wie kann das Konzept einer Rechner-Familie rechnertechnisch implementiert werden? Die Unterschiede der einzelnen Familienmitglieder basieren meistens auf drei Faktoren:

1. *Grundlegende Geschwindigkeit*: Eine größere Geschwindigkeit kann durch komplexere (und damit effizientere) Schaltkreise in der ALU erreicht werden, die eine parallele Ausführung von Unteroperationen erlaubt. Außerdem können die Datenpfade zwischen Hauptspeicher und CPU verbreitert werden. Beispielsweise kann das Modell-30 der 360er Familie 1 Byte (also 8 Bit) auf einmal vom Hauptspeicher holen; das Modell-75 kann 8 Byte (also 64 Bit) auf einmal vom Hauptspeicher holen.

2. *Größe des Hauptspeichers / des Befehlssatzes / der Schnittstellen.*

3. *Grad der Simultanität / Parallelität.*

Wir wollen zum Ende dieses Abschnitts noch einen typischen Vertreter der dritten Generation vorstellen: Die PDP-8 von DEC, dargestellt in Abbildung 1.10. Im gleichen Jahr, wie IBM den ersten System/360 Computer auslieferte wurde auch die erste PDP-8 ausgeliefert. Die PDP-8 war zwar nicht so leistungsfähig wie die Rechner vom IBMs 360-er Familie, aber es waren die ersten „handlichen" Computer (die man beispielsweise auf einen Schreibtisch stellen konnte). Und sie kosteten nur etwa 16.000 US$ – die 360er dagegen z. T. mehrere hunderttausend Dollar!

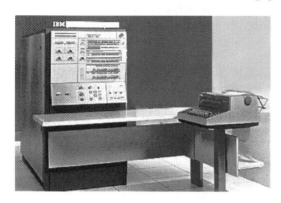

Abbildung 1.9: Eine IBM-370.

Abbildung 1.10: Bedienfeld einer PDP-8. Per Schalter konnten die internen Register beeinflusst werden; an Leuchten konnte man deren Inhalt ablesen. Zu Beginn hatte die PDP-8 nur einen Lochkartenleser und einen Lochkartenschreiber. Spätere PDP-8 hatten sogar schon einen Bildschirm.

1.3.4 Nachfolgende Generationen

> *„640.000 Bytes Speicherkapazität sollten jedem genügen."*
> (Bill Gates, 1981)

Die Dichte der Elemente auf einem Prozessor-Chip wuchs mit der Zeit immer stärker an. Damit waren im Laufe der Zeit immer weniger Chips notwendig, um einen Prozessor zu bauen. Der eigentliche Durchbruch kam schließlich 1971: Intel entwickelte den 4004, gezeigt in Abbildung 1.11 . Zum ersten Mal wurden *alle* Komponenten einer CPU (also die ALU, I/O-Einheiten, interne Bussysteme, ...) auf einem einzigen Chip vereint. An heutigen Standards gemessen ist der 4004 primitiv: Er kann ausschließlich 4-Bit-Zahlen addieren, Multiplizieren ist auf dem Intel-4004 nur durch wiederholte Addition möglich. Aber er ist der Beginn einer kontinuierlichen Evolution von Ein-Chip-Mikroprozessoren.

Solche Chips, die schon alle für einen Prozessor notwendigen Komponenten enthalten, nennen wir *hoch-integriert*. Hoch-integrierte Bausteine haben eine Reihe von wichtigen Vorteilen. Es wird eine Miniaturisierung von Geräten und deren Steuerung zur besseren Handhabung (z. B. in

Abbildung 1.11: Der Intel-4004 – „der erste Computer auf einem Chip"

mobilen Geräten, wie Handys) möglich. Auch benötigen Geräte immer weniger Werkstoffe (was die Geräte wiederum billiger macht). Außerdem können hoch-integrierte Bausteine effizienter gefertigt werden: Sämtliche Bauteile hunderter Chips werden simultan gefertigt, verdrahtet und in Gehäuse verpackt. Ein weiterer Vorteil ist die geringere Leistungsaufnahme, denn je kleiner ein Bauteil, desto weniger Strom verbraucht es im Allgemeinen auch. Hoch-integrierte Bausteine haben kürzere Leitungslängen und somit kürzere Signallaufzeiten: die Schaltvorgänge können schneller ablaufen als in diskret aufgebauten Schaltungen. Nicht zu vernachlässigen ist auch die viel größere Zuverlässigkeit im Vergleich zu gelöteten Schaltungen.

1.4 Die Entwicklung der Intel-Prozessoren

Die Verbesserung der Leistungsfähigkeit der Prozessoren lässt sich, neben der Taktfrequenz, ablesen an der Anzahl der Bits, die ein Prozessor parallel verarbeiten kann. Es gibt keine klar abgegrenzte Maßzahl dafür. Die beiden wichtigsten Aspekte (die auch oft korrelieren) sind:

1. Die vielleicht treffendste Maßzahl ist die Breite des Datenbusses. Also die Anzahl der Bits, die parallel zum Prozessor gesendet und vom Prozessor geschickt werden kann.

2. Eine weitere ist die Anzahl der Bits im Akkumulator in den Registern, d. h. die Anzahl der Bits die parallel im Prozessor verarbeitet werden können.

Abbildung 1.4 zeigt verschiedene Intel-Prozessoren aus den 70er Jahren; hier kann man schön die wachsende Leistungsfähigkeit sehen, insbesondere an den Zeilen „Taktfrequenz", „Datenbus-Breite" und „Anzahl Transistoren".

Wie im letzten Abschnitt erwähnt, war der Intel-4004 auch die erste Ein-Chip-CPU überhaupt. Der nächste wichtige Schritt wurde mit der Einführung des Intel-8080 gegangen. Dies war der erste Mikroprozessor für allgemeinen Einsatz, nicht gebunden an bestimmte Anwendungen wie der Intel-4004 und der Intel-8008. Der Intel-8080 ist schneller, hat einen ausgefeilteren Befehlssatz und bietet die Möglichkeit einen großen Speicherbereich zu adressieren. Er wurde im ersten Personal Computer, dem Altair, verwendet. Der Altair war schon Mitte der 70er Jahre zu einem erschwinglichen Preis von 600 US-Dollar zu haben, hatte jedoch eine (zumindest an heutigen Verhältnissen gemessene) absurd wirkende spartanische Ausstattung: lediglich 256 Bytes Hauptspeicher in der Grundausstattung und weder Tastatur noch Bildschirm. Abbildung 1.12

	4004	8008	8080	8086	8088
Einführung	1971	1972	1974	1978	1979
Taktfrequenz	108 kHz	108 kHz	2 MHz	5-10 MHz	5-8 MHz
Datenbus-Breite	4 Bits	8 Bits	8 Bits	16 Bits	8 Bits
Transistoren	2.300	3.500	6000	29.000	29.000
Strukturgröße	10 μm	10 μm	6 μm	3 μm	3 μm
Adr. Speicher	640 Bytes	16 KByte	64 KByte	1 MB	1 MB

Tabelle 1.4: Einige Intel-Prozessoren der 70er Jahre.

zeigt ein Bild. Der erste für den breiten Einsatz bestimmte Personal Computer, der IBM-5150-PC, besaß einen 8088 Prozessor. Dieser in Abbildung 1.13 gezeigte IBM-5150 ist der Urvater der IBM-PCs und *IBM-kompatiblen*[3] Rechner und besaß eine sehr hohe Marktdurchdringung: Bereits Mitte der 80er Jahre waren nicht-IBM-kompatible Rechner außerhalb des Heimcomputerbereichs praktisch nicht mehr anzutreffen – obwohl sie in vielen Aspekten wie beispielsweise der graphischen Benutzeroberfläche weniger innovativ waren wie die Computer von Apple oder Atari zu dieser Zeit.

Abbildung 1.12: Der Altair kam 1974 auf den Markt und war der erste Personal-Computer. Er besaß den Intel-8080 Prozessor.

Abbildung 1.13: Der IBM-5150-PC, der erste „IBM-PC". Er besaß einen Intel-8088 Prozessor.

Erst Ende der 70er Jahre erschienen die ersten für breiten Einsatz gedachten *16-Bit*-Mikroprozessoren. Der nächste wirkliche Meilenstein wurde 1981 gemacht, als sowohl die Bell-Labs als auch Hewlett-Packard die ersten 32-Bit Mikroprozessoren (d. h. Mikroprozessoren, die intern einen 32-Bit Bus haben, also 32 Bit Daten parallel verarbeiten können) entwickelten. Intel entwickelte seinen eigenen 32-Bit Mikroprozessor erst relativ spät, nämlich 1985 mit dem Intel-80386. Abbildung 1.5 zeigt die Entwicklung der Intel-Prozessoren aus den 80er Jahren.

---

[3]Bis zum jetzigen Zeitpunkt sind Windows-Rechner immer noch IBM-kompatibel, auch wenn mit dieser Eigenschaft nicht mehr explizit geworben wird.

	80286	i386 DX	i386 SX	i486 DX	i486 DX2
Einführung	1982	1985	1988	1989	1992
Taktfrequenz	6-8 MHz	16-33 MHz	16-25 MHz	25-50 MHz	50-66 MHz
Datenbus-Breite	16 Bit	32 Bit	16 Bit	32 Bit	32 Bit
Transistoren	134.000	275.000	275.000	1.200.000	1.100.000
Strukturgröße	1,5 μm	1 μm	1 μm	0,8 μm	0,8 μm
Adr. Speicher	2^{24} Bytes	2^{32} Bytes	2^{24} Bytes	2^{32} Bytes	2^{32} Bytes

Tabelle 1.5: Einige Intel-Prozessoren der 80er Jahre.

	Pentium	Pentium Pro	Pentium II	Pentium III	Pentium 4
Einführung	1993	1995	1997	1999	2000
Taktfrequenz	60-66 MHz	133-200 MHz	233-300 MHz	450-600 MHz	1,3-2 GHz
Datenbus-Breite	64 Bit	64 Bit	64 Bit	64 Bit	64 Bit
Transistoren	3,1 Mio	5,5 Mio	9 Mio	9,5 Mio	42 Mio
Strukturgröße	0,8 μm	0,6-0,35 μm	0,35 μm	0,25 μm	0,18 μm
Adr. Speicher	2^{32} Bytes	2^{32} Bytes	2^{32} Bytes	2^{32} Bytes	2^{32} Bytes

Tabelle 1.6: Einige Intel-Prozessoren der 90er Jahre.

Aufgabe 1.11
Recherchieren Sie: Wann spätestens konnte Bill Gates' Aussage, 640000 Bytes Speicherkapazität würde jedem genügen, als widerlegt angesehen werden? Seit wann hatte der durchschnittliche Homecomputer mehr Speicherkapazität als 640000 Bytes?

Wir zählen hier nochmals die Intel-Prozessoren auf, die die wichtigsten Weiterentwicklungen beinhalten.

- *8080*: Der erste allgemeine Mikroprozessor. Eine 8-Bit Maschine. Wurde im ersten Personal Computer, dem Altair, verwendet.

- *8086*: Eine 16-Bit Maschine, schneller und unterstützt eine Instruction-Queue (Prefetch von Instruktionen, vor der eigentlichen Ausführung). Alle heutigen Desktop Prozessoren von Intel sind kompatibel mit diesem Prozessor; das ist auch der Grund, warum man nachfolgende Prozessoren, die eine Kompatibilität zum 8086-Prozessor aufweisen, als *x86-Prozessoren* bezeichnet.

- *i368DX*: Der erste x86-Prozessor mit einer Busbreite von 32 Bit. Die Rechenleistung war vergleichbar mit der von Mainframes[4], die nur einige Jahre früher eingeführt wurden.

---
[4]Als „Mainframe" bezeichnet man einen Großrechner, dessen Leistungsfähigkeit deutlich über die eines einfachen Desktop-Rechners hinausgeht

	Pentium M	Pentium D	Core 2 Duo	Core i7	Core i7 Gulftown
Einführung	2003	2005	2006	2008	2010
Taktfrequenz	0,9-1,7 GHz	2,66-3,6 GHz	1,5-2,33 GHz	2,67-3,33 GHz	3,33 GHz
Datenbus-Breite	64 Bit	64 Bit	64 Bit	64 Bit	64 Bit
Transistoren	77 Mio	230 Mio	291 Mio	731 Mio	1,17 Mrd
Strukturgröße	0,13 μm	90-65nm	65 nm	45 nm	32 nm
Adr. Speicher	2^{32} Bytes	2^{32} Bytes	2^{32} Bytes	2^{36} Bytes	2^{36} Bytes

Tabelle 1.7: Einige Intel-Prozessoren ab 2000.

- *i486*: Dieser Prozessor führte eine effektivere Cache-Technologie ein, und ein ausgefeilteres Instruction-Pipelining. Cache-Speicher sind im Vergleich zum Hauptspeicher sehr schnelle Speicher, die häufig verwendete Teile des Hauptspeichers zwischenspeichern. Im i486 wurden außerdem komplexe mathematische Berechnungen von einem Coprozessor übernommen, also einen zusätzlichen Prozessor, der den Hauptprozessor bei mathematischen Berechnungen entlasten soll.

- *Pentium*: Mit den Pentium Prozessoren führte Intel die *superskalare Architektur* ein. In einer superskalaren Architektur gibt es mehrere parallel arbeitende identische Funktionseinheiten; dies erlaubt es, mehrere Instruktionen gleichzeitig (im selben Takt) abzuarbeiten.

- *Pentium II*: Der Pentium II erweitert den x86-Befehlssatz um die sog. *MMX-Befehle*. MMX steht für „Multi-Media-Extension". Die MMX-Befehle beinhalten Befehle, die stets auf mehrere Daten gleichzeitig angewendet werden können. Diese neuen Befehle sind speziell zugeschnitten auf effiziente Video-, Audio- und Graphik-Verarbeitung; gerade bei Multimedia-Anwendungen sind oft identische Operationen auf viele Bildpunkte auszuführen.

- *Pentium III*: Erweiterung des x86-Befehlssatzes um die sog. SSE Instruktionen; SSE ist ein Akronym und steht für „Streaming SIMD Extensions". SIMD ist wiederum ein Akronym und steht für „Single Instruction, Multiple Data", d. h. für die Eigenschaft einer Instruktion oder eine ganzen Rechnerarchitektur in Rahmen eines einziges Befehls mehrere Daten gleichzeitig verarbeiten zu können. Die SSE-Instruktionen sind flexibler als die MMX-Instruktionen, dienen jedoch ähnlichen Zwecken, nämlich der effizienteren Ausführung graphischer Berechnungen.

- *Pentium 4*: Weitere Verbesserung der Multi-Media Unterstützung durch eine Erweiterung des SSE-Befehlssatzes. Außerdem wird im Pentium 4 eine Technik namens *Hyperthreading* eingesetzt. Hyperthreading unterstützt ein Multithreading, d. h. das scheinbar gleichzeitige Ausführen mehrerer Ausführungsstränge, auf Hardware-Ebene. Hinter Intels Hyperthreading Technologie steht die Idee, „Lücken" in Auslastung der CPU (die etwa durch Cache-Misses entstehen können) dadurch aufzufüllen, dass Befehle einer zweiten (logischen) CPU dazwischen geschoben werden.

- *Pentium M*: Energiesparende Version des Pentium III: Niedrigere Taktfrequenz als der Pentium 4 bei etwa gleicher Leistung; deutliche kleinere Befehlspipeline.

- *Pentium D*: Desktop-Prozessor der aus zwei Pentium-4-Kernen besteht, die sich beide im selben Chip befinden. Jeder der Kerne ist mit einem 1MB-L2-Cache-Speicher ausgestattet.

- *Core 2 Duo*: Auf Pentium M Basis. Mehrkernprozessor, geringere Leistungsaufnahme durch verkürzte Befehlspipeline. diese beschränkt jedoch auch gleichzeitig die Taktfrequenz.

- *Core i7*: Speichercontroller direkt auf dem Chip platziert. Prozessor verfügt über drei Speicherkanäle, d. h. drei identische Speichermodule können parallel genutzt werden. Der sog. Front Side Bus wird durch den so genannten QuickPath-Interconnect abgelöst, der eine Punkt-zu-Punkt Verbindung darstellt. Überhaupt werden aus aus Performancegründen vermehrt Bussysteme durch Punkt-zu-Punkt-Verbindungen abgelöst.

- *Core i7 HexaCore (Gulftown)*: Fertigung in 32-nm-Prozess. Instruktionsatz wird um die „AES New Instructions" erweitert, mit Hilfe derer eine Verschlüsselung deutlich schneller ablaufen kann.

Der Trend wird hin zu einer steigenden Anzahl von Prozessorkernen gehen. Manche Quellen vermuten ein Verdopplung der Kerne alle 24 Monate.

1.5 Die Entwicklung der Motorola-68000-Prozessoren

Etwa zur selben Zeit, wie Intel Homecomputer mit dem 8086 ausstattete, stellte Motorola ebenfalls einen Prozessor unter anderem für den Homecomputer-Markt her, den Motorola-68000, oft auch kurz als MC68000 (das „MC" steht hier für „Microcontroller") bezeichnet. Der Grund, warum heutige PCs vornehmlich auf Intel-Prozessoren basieren und nicht auf Abkömmlingen von Motorolas 68000 Prozessoren hat nichts mit einer ursprünglichen Überlegenheit der Intel-Architektur zu tun. Ganz im Gegenteil war der damalige direkte Konkurrent des 68000, der Intel-8088, sowohl leistungsschwächer, als auch weniger elegant entworfen, aber ähnlich teuer (der Motorola-68000 war jedoch etwas teurer). IBM entschloss sich, relativ spontan, trotzdem für den Intel-8088 als Basis für den IBM-PC und nicht für den Motorola-68000.

Aufgabe 1.12
Versuchen Sie herauszufinden, warum sich IBM für den eigentlich schwächeren Intel-Prozessor als Basis für die IBM-PCs entschieden hat.

Der ursprüngliche 68000-Prozessor (Abbildung 1.14 zeigt ein Bild dieses Prozessors). Einer modernen „Legende" nach wurde er nach der Anzahl der Transistoren auf seinem Chip benannt; tatsächlich besaß er aber fast 70000 Transistoren. Abbildung 1.8 zeigt einen systematischen Überblick über die Entwicklung der 68000-Prozessoren.

Die Prozessoren der Motorola-68000er-Familie waren die bevorzugten Prozessoren in teuren Unix-Rechnern der frühen 80er Jahre (Sun Workstations, Apollo/Domain-Workstations). Seit Mitte der 80er Jahre, als die Preise für den 68000er fielen und insbesondere die Preise für die recht teure Peripherie dieser 16 Bit Mikroprozessoren fiel, wurden auch in vielen der damals

Abbildung 1.14: Ein MC68000 (links) und ein MC68060 (rechts).

	68000	68010	68020	68030	68040	68060
Einführung	1979	1983	1984	1987	1991	1994
Taktfrequenz	8 MHz	8-16 MHz	12-33 MHz	20 MHz	33 MHz	66 MHz
Datenbus-Breite	16 Bit	16 Bit	32 Bit	32 Bit	32 Bit	32 Bit
Transistoren	68.000	84.000	190.000	273.000	1,17 Mio	2.5 Mio
Adr. Speicher	2^{24} Bytes	2^{24} Bytes	2^{32} Bytes	2^{36} Bytes	2^{32} Bytes	2^{32} Bytes
Technologien		Virtueller Sp.	32-Bit ALU	MMU	FPU	superskalar

Tabelle 1.8: Die Prozessoren der Motorola-68000er-Familie.

aufkommenden Homecomputern 68000er Prozessoren verbaut (bis auf den IBM-PC), wie etwa
im Amiga, Atari ST (siehe Abbildung 1.16) oder dem Apple Lisa (siehe Abbildung 1.15) und
dem nachfolgenden Apple Macintosh. Der vielleicht größte Erfolg der Motorola-68000-Familie
lag aber nicht im Bereich der Personal-Computer. Der 68000 wurde die Basis für ein große
Zahl verschiedener Mikrocontroller und eingebetteter Prozessoren. Am erfolgreichsten wurde
der 68000 als Controller in Laserdruckern der 80er und 90er Jahre eingesetzt, und auch heute
noch finden sich 68000-Prozessoren, vor allem in preisgünstigeren Druckern.

Ähnlich auch wie bei den Intel-Prozessoren, machte sich der Fortschritt nicht nur in der steigenden Transistorendichte bemerkbar, sondern auch in der Verfeinerung der Technologie: Der
68020 besaß eine 32-Bit ALU, d. h. die Arithmetisch-logische Einheit war nun in der Lage in
einem Taktzyklus zwei 32-Bit Zahlen zu addieren, subtrahieren usw. Der 68030 besaß eine eige-
ne Speicherverwaltungseinheit (auch als *MMU* oder *Memory Management Unit* bezeichnet), der
68040 besaß zusätzlich einen mathematischen Coprozessor (auch als *FPU*, oder *Floating Point
Unit* bezeichnet), und der 68060 schließlich besaß bereits eine superskalare Architektur.

Die einfachsten 68000-Befehle benötigten 4 Taktzyklen, die Komplexeren einige mehr. So
kommt es, dass der mit 8 MHz getaktete 68000-Prozessor nur etwa 1 MIPS (eine Million Instruktionen pro Sekunde) ausführen kann. Das „Handling" der 68000-Prozessoren (d. h. die Entwicklung von Maschinenprogrammen, die Kommunikation nach Außen usw.) war einfacher und
eleganter als das „Handling" der Intel-Prozessoren. Der 68000-Prozessor wurde ursprünglich
in teuren Systemen, insbesondere Multi-User-Systemen, eingesetzt. Motorola führte 1982 den

Abbildung 1.15: Der Apple Lisa (1983) verwendete Motorola-68000-Prozessor. Apple Lisa war der erste Personalcomputer mit einer graphischen Benutzeroberfläche und der erste Personalcomputer mit einer Maus, war jedoch aufgrund seines sehr hohen Preises (in der Grundausstattung knapp 5.000$) schwer zu vermarkten.

Abbildung 1.16: Auch der Atari-ST (1985-1994) verwendete Motorolas 68000er Prozessor. Er war der erste weit verbreitete Homecomputer mit einer graphischen Benutzeroberfläche, der GEM, die weitgehend eine Nachbildung der Apple-Lisa und Apple Macintosh Benutzeroberfläche war – es gab diesbezüglich diverse Rechtsstreits zwischen Apple und anderen Homecomputerherstellern.

MC68008 ein für die Unterstützung von preisgünstigeren Systemen mit kleinerem Speicher.

1989 wurde der MC68302 Prozessor eingeführt, optimal einsetzbar als Kommunikationsschnittstelle. Spätere Abkömmlinge waren der MC68328 „Dragonball", speziell für Anwendungen in portablen Geräten entworfen. Diese haben viele direkt eingebaute spezielle Funktionen wie beispielsweise ein Display Controller, Realzeit-Taktgeber, UART Unterstützung, Schnittstellen für DRAM, Flash ROM, ROM und eine eingebaute Unterstützung von Touchscreens – der Dragonball ist also ein typischer System-on-Chip-Prozessor. Abkömmlinge der Dragonball-Architektur werden bis heute produziert, zwar nicht mehr von Motorola selbst, sondern von einem Spin-Off, einem Unternehmen, das sich *Freescale Semiconductor* nennt.

Programmierung

2 Programmieren in Assembler

Um dieses Kapitel verstehen zu können, ist es notwendig, die *binäre* und mindestens genauso wichtig, die *hexadezimale* Zahlendarstellung, zu beherrschen. Anhang A gibt eine kurze Einführung. Außerdem ist zu empfehlen das Programm „Easy68k", einen 68000er Emulator, auf Ihrem Rechner zu installieren und selbst 68000er Programme zu schreiben. Nur so ist es möglich, die Wirkung der Befehle *wirklich* zu verstehen. Anhang B gibt einige einfache Infos zu Installation und Assemblierung von MC68000-Code.

In diesem Kapitel üben Sie, Maschinenprogramme im Motorola-68000-Assembler zu erstellen; hierbei lernen Sie insbesondere ...

- ...das sog. Programmiermodell des MC68000 kennen, d. h. die für einen Programmierer wichtigen internen Register.

- ...die wichtigsten Befehle des MC68000 kennen und wie sie diese für einfache Programmieraufgaben anwenden können.

- ...was Adressierungsarten sind und wie sie diese anwenden.

- ...wie sie Schleifen und Unterprogramme in Maschinensprache erstellen können.

- ...in welchen Situationen der Stack benötigt wird wie er eingesetzt werden kann.

Weiter Befehle und weitere Beispiele für die Programmierung mit dem Motorola-68000 finden sich unter anderem in [HN84a, HN84b].

2.1 Überblick

Programme in einer Hochsprache, wie z. B. C, oder Pascal sind nicht von einem Mikroprozessor direkt ausführbar, sondern werden in einem mehrstufigen Vorgang in eine Maschinensprache übersetzt. Der Prozessor selbst „versteht" nur diese Maschinensprache. Betrachten wir als Beispiel die Addition zweier Integer Variablen. In C würde man dies als folgende Anweisung in ein Programm schreiben:

$$X = A + B;$$

Ein Compiler übersetzt dann dieses symbolische Programm in Maschinencode. Die Variablen X, A und B können als *symbolische Adressen* (also *Namen* für Speicherstellen, statt der Nummern der Speicherzellen – für eine bessere Lesbarkeit) aufgefasst werden; diese stehen für binäre Adressen. Das Additionszeichen wird vom Compiler in eine binäre Addition umgesetzt. Die Zuweisung wird vom Compiler als Adresse des Ergebnisses gesehen. Der Compiler wird also diese C-Programmzeile in mehrere Maschinenbefehle übersetzen.

Bei der maschinennahen Programmierung verwendet man eine prozessorspezifische, symbolische Sprache, die man *Assemblersprache* oder auch kurz nur *Assembler* nennt. Vorab ein Beispiel eines einfachen Assembler-Programms (rechts) und eines äquivalenten Programms in einer höheren Programmiersprache (links):

```
A:=2;                              START ST
FOR I:=1 TO 20 DO          ST:   MOV R1,#2
    A:=A*I;                        MOV R2,#1
ENDFOR;                    M1:   CMP R2,#20
PRINT(A);                        BGT M2
                                  MUL R1,R2
                                  INI R2
                                  JMP M1
                           M2:   JSR PRINT
```

Aufgabe 2.1
Was berechnen die beiden Programme? Versuchen Sie herauszufinden, wie das Assemblerprogramm funktioniert – auch ohne diese spezielle Assembler-Syntax vollständig zu verstehen.

Tabelle 2.1 stellt die Unterschiede zwischen Assembler und höheren Programmiersprachen dar. Der wesentlicher Unterschied ist, dass Assembler weniger abstrakt ist – genauer: höhere Programmiersprachen abstrahieren die Details (d. h. sie verstecken Details bzw. sie verallgemeinern) einer Rechnerarchitektur. Assembler-Programme abstrahieren diese Details nicht. Beim Assembler-Programmieren haben wir es direkt mit der internen Struktur eines Rechners zu tun. Wir müssen wissen, welche internen Register es gibt, welche Operationen und Befehle mit welchen Register verwendet werden können und wie sich Befehle und Register gegenseitig beeinflussen. In diesem Kapitel müssen wir uns deshalb nach und nach mit einigen Details der Architektur des Motorola-68000 befassen, um die Programmierung mit dem MC68000-Assembler verstehen zu können.

Höhere Programmiersprache	Assemblersprache
Leicht erlern- und anwendbar (im Vergleich zu Assembler)	Schwer erlernbar
Syntax eher an menschliche Denkgewohnheiten angepasst	Platzsparende, stark komprimierte Syntax
Maschinenunabhängig	nur auf einem bestimmten Prozessortyp lauffähig
Abstrakte, maschinenunabhängige Datentypen (z. B. Ganzzahl, Fließkommazahl)	Datentypen des Prozessors (Byte, Wort, Langwort)
Zahlreiche und komplexe Kontrollstrukturen	Primitive Kontrollstrukturen, oft als Makros realisiert
Datenstrukturen (z. B. Felder, Records, Unions)	Nur einfache Typen
Weitgehende semantische Analyse möglich	Nur grundlegende semantische Analyse möglich

Tabelle 2.1: Vergleich höherer Programmiersprachen mit Assemblersprachen

Wir geben vorab[1] ein Beispiel für Anweisungen im 68000-Assembler an, hier die Addition zweier Integer-Dualzahlen:

```
1  MOVE.W  $2000, D0    ;Lade Wort
2  ADD.W   $2002, D0    ;Addiere Wort
3  MOVE.W  D0, $2004    ;Speichere Wort
```

Der MOVE-Befehl in Zeile 1 überträgt ein Wort, das in der Speicherzelle mit der Adresse $2000 steht, in die untersten 16 Bit des Registers $D0$. In der 2. Zeile wird das Wort auf der Speicherstelle $2002 zum unteren Wort in $D0$ addiert. Der nächste MOVE-Befehl überträgt das untere Wort von D0 in das Speicherwort mit der Adresse $2004.

Das kleine Programm wird noch um eine ORG-Anweisung ergänzt, die die Lage des Programms im Arbeitsspeicher bestimmt sowie mit einer END-Anweisung abgeschlossen. Nun wird das Assemblerprogramm von einem Umwandlungsprogramm, das ebenfalls *Assembler* genannt wird, in binären Maschinencode übersetzt und wir erhalten folgendes übersetzte Programm:

```
1  00001000          ORG    $1000        ;Startadresse
2  00001000 30382000 MOVE.W $2000, D0    ;Lade Wort
3  00001004 D0782002 ADD.W  $2002, D0    ;Addiere Wort
4  00001008 31C02004 MOVE.W D0, $2004    ;Speichere Wort
```

Die erste Spalte in obigem Listing zeigt immer die Speicheradresse an, die – wie unter Assemblerprogrammierern üblich – in hexadezimaler Darstellung angegeben ist (bitte unbedingt Anhang A lesen und verstehen). Der erste Befehl steht also in den Speicherzellen ab Adresse $1000, der zweite ADD-Befehl in den Speicherzellen ab Adresse $1004, usw. Die zweite Spalte zeigt den Maschinencode der entsprechenden Assembleranweisung, auch wieder in hexadezimaler Form. Der MOVE-Befehl in der 2. Zeile (ab Adresse $1000) wird in das Wort $3038 übersetzt, die im Befehl enthaltene Adresse $2000 wird dahinter „gehängt". Der ADD-Befehl (ab Adresse $1004) erscheint in der übersetzten Liste als $D078, die Adresse $2002 folgt. Der MOVE-Befehl der 4.Zeile wird in $31C0 übersetzt, die Adresse $2004 ist hinten angehängt.

> **Aufgabe 2.2**
> Obiges Listing zeigt, dass es für die ORG-Anweisung scheinbar keinen Maschinencode gibt. Können Sie sich einen Grund dafür vorstellen?

Die Entwicklung von Maschinenprogrammen, insbesondere von Maschinenprogrammen für Mikrocontroller, wird meist auf einem anderen, komfortableren System (meist PC-System) durchgeführt, als die eigentliche Ausführung. In der englischsprachigen Literatur wird eine solche Art von Entwicklung als *Cross-Development* bezeichnet, entsprechende Compiler heißen *Cross-Compiler*, usw. Abbildung 2.1 zeigt, dass die komplette Entwicklungsumgebung – also Editor, Compiler, Debugger, Versionsverwaltung – sich typischerweise auf einem „normalen" PC befindet und der entstehende Code dann später auf einem anderen System ausgeführt wird.

---

[1]Sie brauchen diese Assemblerprogramme zu diesem Zeitpunkt (noch) nicht bis ins letzte Detail verstehen; das hier angegebene Beispielprogramm soll Ihnen einfach jetzt schon ein „Gefühl" geben, wie 68000-Programme aussehen.

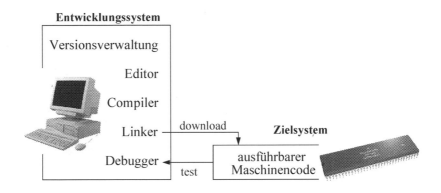

Abbildung 2.1: Typisches Entwicklungssystem.

2.2 Das Programmiermodell

Wie oben schon erwähnt, abstrahieren höhere Programmiersprachen von den architektonischen Details eines Rechners; gerade das macht sie maschinenunabhängig. Das Gegenteil gilt für die Programmierung in Assembler: Assemblerbefehle bauen direkt auf der (meist in Hardware realisierten) internen Architektur eines Prozessors auf. Als Assemblerprogrammierer muss man genauer über die interne Hardware des Prozessors Bescheid wissen. Die dem Programmierer zugänglichen prozessorinternen Speicherplätze – die sog. *Register* – stellen für den Programmierer die „sichtbarste" Hardware des Mikroprozessors dar. Meist werden sie deshalb als *Programmiermodell* des Prozessors bezeichnet. Abbildung 2.2 und 2.3 zeigen das Programmiermodell des 68000.

Register sind Speicherzellen mit kleiner Zugriffszeit. Die Register des Mikroprozessors sind innerhalb des Chips untergebracht (i. A. ist das für den Hauptspeicher nicht der Fall), um eine Verzögerung durch externe Daten und Adresskanäle zu vermeiden. Bei vielen Prozessorarchitekturen sind Register sind an bestimmte Zwecke gebunden; dies gilt auch für den Motorola-68000 (wenn auch nicht in dem Maße, wie es für die Intel-Prozessoren gilt). So kann man die Register eines Prozessors einteilen in *Datenregister*, die zur Speicherung von Operanden bei logischen und arithmetischen Operationen benutzt werden, *Adressregister*, die die Adressen von Operanden enthalten und einige *Spezialregister*. Beim 68000 gehören dazu der Programmzähler (engl.: Program Counter oder kurz: PC), das CCR-Register (CCR steht hier für „Condition Code Register") und (zahlreiche) Konfigurationsregister.

Jedes der dargestellten Rechtecke in Abbildung 2.2 und Abbildung 2.3 entspricht einem Register. Anhand der Nummerierung von 0 bis 31 sieht man, dass in (fast) jedes Register 32 Bit gespeichert werden können.

Aufgabe 2.3
Wie viele hexadezimale Ziffern benötigt man, um den Inhalt eines Datenregisters darzustellen? Wie viele hexadezimale Ziffern benötigt man, um ein Wort darzustellen?

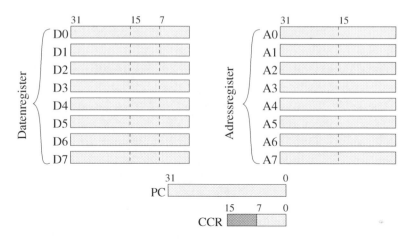

Abbildung 2.2: Das Programmiermodell des Motorola-68000 – die Benutzerregister. Jedes der Rechtecke stellt ein internes Register dar. Wie man sieht, können die 8 Daten- und die 8 Adressregister jeweils 32 Bit an Daten speichern; intern ist der Motorola-68000 also ein 32-Bit-Prozessor. Die Datenregister sind durch zwei gestrichelte Linien unterteilt. Dies soll andeuten, dass die Datenregister auch in einem 16- bzw. 8-Bit-Modus verwendet werden können, bei dem dann die höchstwertigen 16 Bits (bzw. 24 Bits) unangetastet bleiben. Die Adressregister hingegen können beim Motorola-68000 nur in einem 32 Bit oder 16 Bit jedoch nicht in einem 8 Bit Modus verwendet werden. Das PC-Register (d. h. der Program Counter) wird i. A. vom (Maschinen-)Programmierer nur indirekt verändert, beispielsweise durch einen Sprungbefehl. Auch das CCR-Register wird vom Programmierer selten direkt verändert; die einzelnen Bits im CCR-Register werden automatisch durch Maschinenbefehle gesetzt, die die Datenregister verändern. Die höherwertigen 8 Bits des CCR-Registers sind ausgegraut, die diese im „normalen" Modus (dem Benutzermodus) des Motorola-68000 gesperrt sind.

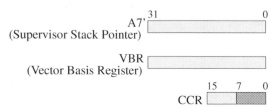

Abbildung 2.3: Das Programmiermodell des Motorola-68000 – die Verwaltungsregister. Der Motorola-68000 besitzt zwei Betriebsmodi: den Benutzermodus, in dem sich der Prozessor meistens befindet und in dem die Zugriffsrechte auf einige interne Register eingeschränkt sind, und den sog. Supervisor-Modus, in dem es diese Einschränkungen nicht gibt. Die hier dargestellten Verwaltungsregister sind nur im Supervisor-Modus zugänglich.

Alternativ können die Register auch in einem 8-Bit-, oder 16-Bit-Modus verwendet werden. Wir werden später in diesem Kapitel sehen, dass viele Befehle des 68000 ein Suffix (d. h. Endung) der Form .L, .W oder .B haben.

- Der Buchstabe B steht für „Byte", d. h. Befehle, mit der Endung .B operieren immer nur auf den unteren 8 Bit eines Registers (bzw. sie modifizieren nur eine einzige Speicherzelle, falls es sich um Zugriffe auf den Hauptspeicher handelt). Die „oberen" 24 Bit der Register werden durch solche Befehle nicht verändert.

- Der Buchstabe W steht für „Wort". Ein Wort ist per Definition – zumindest im Umfeld der 68000-Assemblerprogrammierung – eine 16-Bit-Einheit, also 2 Byte. Befehle, mit der Endung .W operieren immer nur auf den unteren 16 Bit eines Registers (bzw. sie modifizieren zwei Speicherzellen, falls es sich um Zugriffe auf den Hauptspeicher handelt).

- Der Buchstabe L steht für „Langwort". Ein Langwort besteht aus 2 Worten, bzw. 4 Byte, bzw. 32 Bit. Befehle mit der Endung .L operieren immer auf den kompletten 32 Bit eines Registers (bzw. sie modifizieren vier Speicherzellen, falls es sich um Zugriffe auf den Hauptspeicher handelt.)

Abbildung 2.2 zeigt, dass der 68000 jeweils 8 Datenregister und 8 Adressregister zur Verfügung stellt. Adressregister sollten im Allgemeinen Adressen von Hauptspeicherzellen enthalten, Datenregister sollten im Allgemeinen direkte Werte enthalten. Der 68000 Assembler schreibt dies aber nicht vor: Man kann prinzipiell Daten sowohl in Daten- als auch in Adressregister speichern, auch wenn dies kein guter Programmierstil ist! Man sollte dabei aber immer wissen, dass Daten- und Adressregister in folgenden Punkten ein unterschiedliches Verhalten zeigen:

- Operationen auf Datenregistern beeinflussen bestimmte Bits des CCR-Registers; Operationen auf Adressregistern haben dagegen keinen Einfluss auf das CCR-Register.

- Mit Hilfe der Adressregister sind eine Menge unterschiedlicher Adressierungsmodi möglich (siehe Abschnitt 2.4); die Datenregister können dagegen nicht zur Adressierung von Speicherzellen benutzt werden.

- Sowohl auf Daten- als auch auf Adressregistern sind Langwort- und Wortoperationen möglich; jedoch sind Byte-Operationen nur auf Datenregistern, nicht aber auf Adressregistern möglich.

Wie eben erwähnt, können Operationen auf Datenregister (z. B. arithmetische Operationen oder Vergleichoperationen) bestimmte Bits (auch „Flags" genannt) beeinflussen; diese Bits werden in diesem Zusammenhang meist *Flags* genannt; sie zeigen bestimmte Eigenschaften der Ergebnisse der letzten arithmetischen Operationen an. Diese Flags werden häufig von bedingten Sprungoperationen verwendet. So ist es etwa möglich einen Sprung nur dann auszuführen, wenn der zuletzt durchgeführte Vergleich eine Gleichheit ergab. Solche bedingten Sprünge verwendet man unter Anderem zur Programmierung von Schleifen. Abbildung 2.4 zeigt die einzelnen Bits des CCR-Registers im Detail.

Wir erläutern kurz die Bedeutung der in den Bits 4 bis 0 befindlichen Flags:

- Das Negativ-Flag N: zeigt an, ob das Ergebnis der letzten Operation negativ war. Das heißt bei einer Zahlendarstellung im 2er-Komplement wird geprüft, ob das höchstwertige Bit eine 1 enthält.

- Das Zero-Flag Z: wird 1 gesetzt, wenn das Ergebnis der letzten Operation gleich Null war oder wenn bei einem Vergleich beide Operanden gleich groß waren.

15	14	13	12	11	10	9	8	7	6	5	4	3	2	1	0
T1	T2	S	-	-	I2	I1	I0	-	-	-	X	N	Z	V	C

Abbildung 2.4: Die Bits des CCR-Registers. Die Bits T1 und T2 zeigen an, ob sich der Prozessor in einem sog. Trace-Modus befindet. Das Bit S gibt immer an, ob sich der Prozessor aktuell im Benutzer- oder Supervisor-Modus befindet. Dies Bits I2, I1 und I0 zeigen an, ob ein Interrupt anliegt und von welcher Priorität er ist. Die Bits 4 bis 0 sind die oben erwähnten Flags, die bestimmte Eigenschaften der zuletzt ausgeführten Operation anzeigen.Etwa ob das Ergebnis eine 0 war, ob ein Überlauf produziert wurde, usw.

- Das Überlauf-Flag V: zeigt eine Bereichsüberschreitung an. Dieses Flag wird z. B. gesetzt, wenn bei einer Wortbreite von n Bit das Ergebnis größer als 2^{n-1} oder kleiner als -2^{n-1} ist.

- Das Carry-Flag C (auch Übertrags-Flag genannt): wird von der ALU immer dann auf 1 gesetzt, wenn ein Übertrag beim höchsten Bit entsteht oder wenn bei einer Subtraktion vom nächst höheren Bit geborgt werden muss.

Aufgabe 2.4
Im Allgemeinen sind Beziehungen auf dieser Ebene direkt durch Hardware realisiert. Durch welche Gatter könnten die Datenregister mit dem Z-Bit des CCR-Registers verbunden sein?

Aufgabe 2.5
Welche CCR-Bits werden wann in folgender Maschinenbefehl-Sequenz gesetzt (bzw. zurückgesetzt)?
```
MOVE.L #$0, D0
SUBQ.L #$1, D0
ADDQ.L #$1, D0
```
Überlegen Sie zunächst und assemblieren Sie dann das Programm mit Hilfe des Easy68K (eine genaue Beschreibung, wie sie eine solche Assemblierung durchführen können finden sie in Anhang B); prüfen Sie, ob Ihre Überlegungen korrekt waren.

Der Vollständigkeit halber sollte noch folgendes über die Adressregister erwähnt werden: Da der Motorola-68000-Prozessor nur 24 Adressleitungen besitzt, werden i. A. nicht alle 32 Bits der Adressregister verwendet. Werden Speicherzellen adressiert, dann werden immer nur die unteren 24 Bit der Adressregister auf die Adressleitungen ausgegeben; die oberen 8 Bit werden vom Prozessor einfach ignoriert.

Aufgabe 2.6
Wie viele Speicherzellen kann der Motorola-68000 adressieren, d. h. wie groß darf ein an den Motorola-68000 angeschlossener Hauptspeicher höchstens sein? Geben Sie die Größe bitte in Kilo-, Mega-, oder Gigabyte an.

Zwei Register aus den Abbildungen 2.2 und 2.3 wurden bisher noch nicht angesprochen. Das VBR-Register, VBR steht für „Vector Basis Register", wird bei der Interruptverarbeitung benutzt (Näheres dazu in Kapitel 3) und die Register A7 und A7' sind *Stackpointer*, also Zeiger (sprich: Hauptspeicher-Adressen) auf den Stack. Ein Stack ist eine Datenstruktur, die sich in Rechnertechnik, Compilerbau und Algorithmik häufig als sehr nützlich erweist (Näheres dazu in

Abschnitt C).

Aufgabe 2.7
Beim Motorola-68000 sind die Register nicht über die Anschlüsse des Chip-Gehäuses zugänglich. Trotzdem kann man in vielen Entwicklungsumgebungen auf die Register (einschließlich Programmzähler) schreibend und lesend zugreifen. Welche Aktivitäten muss eine Entwicklungsumgebung ausführen, wenn der Anwender an einer bestimmten Stelle des Programms den Inhalt aller Datenregister und des Programmzählers sehen möchte?

2.3 Grundlegendes: Befehle, Variablen, Konstanten und Symbole

Um Assemblerprogramme zu verstehen ist es notwendig die folgenden grundlegenden Komponenten eines Assemblerprogramms unterscheiden zu können:

1. *Assembler-Befehle*, die von Prozessor ausgeführt werden können und bestimme Aktionen (Datenverschiebungen, Sprünge, Vergleiche, Auswertung arithmetischer Ausdrücke) bewirken.
2. Im Hauptspeicher abgelegte *Konstanten* oder *Variablen* und die (oft durch Labels markierten) zugehörigen Hauptspeicher-Adressen dieser Konstanten und Variablen.
3. Eigens vom Assembler während des Assembliervorgangs verwendete Symboldefinitionen und symbolische Konstanten. Während der Ausführungszeit des Assemblerprogramms stehen diese symbolischen Konstanten nicht mehr zur Verfügung; sie sind eigens dafür da, das Assemblerprogramm für den Menschen lesbarer zu machen.

2.3.1 Aufbau einer Assembler-Befehlszeile

Eine Assembler-Befehlszeile setzt sich aus vier Feldern zusammen: Label, Befehl, ein oder zwei Operanden und einem Kommentar. Diese Felder müssen immer durch mindestens ein Leerzeichen getrennt werden. Die eckigen Klammern um das Label und den Kommentar zeigen an, dass diese Komponenten optional sind, d.h. sie können, müssen aber nicht angegeben werden; gleiches gilt für den zweiten Operanden:

$$[Label:] \qquad Befehl \quad Operand[,Operand] \qquad [; Kommentar]$$

Wir gehen näher auf die einzelnen Bestandteile ein:

- *Label* werden zur Bezeichnung von Sprungzielen, Daten oder Unterprogrammen verwendet. Das erste Zeichen eines Labelnamens muss ein Buchstabe sein. Der Wert eines Labels ist immer die Hauptspeicheradresse, an sich die assemblierte Befehlszeile befindet.

- *Befehle* bestehen aus Kennwörtern oder Kürzeln des jeweiligen Opcodes der Maschinensprache; diese Kürzel werden auch *Mnemonics* genannt. Beispiele sind MOVE, CLR oder ADDQ.

- *Operanden* können Register, Speicherzellen, Konstanten oder Label sein. Speicherzellen werden entweder über ihre Adresse (z. B. $1000) oder über einen symbolischen Namen (z. B. lab1) adressiert. Maschinenbefehle des Motorola-68000 sind meist sog. Zwei-Adress-Befehle die entsprechend zwei Operanden benötigen. Diese werden durch ein Komma getrennt.

- *Kommentar*: Hier kann ein erläuternder Kommentar eingetragen werden. Das Kommentarfeld beginnt mit einem Semikolon „;".

Folgende beiden Befehlszeilen sind einfache Beispiele für Motorola-68000-Befehle.

```
marke:   MOVE.B   lab1,D2   ; Inhalt von lab1 nach D2
daten:   DC.B     100,$64   ; 2 Konstanten anlegen
```

2.3.2 Konstanten

Konstanten sind Daten, deren Wert schon bei der Programmerstellung festgelegt wird und deren Wert sich während des Programmablaufs nicht mehr ändert. Im Programm sollte die Adresse einer Konstanten über einen symbolischen Namen verfügbar gemacht werden. Bei der unmittelbaren Adressierung (siehe Abschnitt 2.4) werden Konstanten durch ein vorangestelltes #-Symbol gekennzeichnet.

Sehr oft werden Konstanten nicht als Zahlen im Dezimalsystem (also zur Basis 10) angegeben, sondern im Binärsystem (Basis 2) oder meist im Hexadezimalsystem (Basis 16, siehe Abschnitt A), manchmal auch im ASCII-Format.

- *Binäre* Konstanten beginnen mit % oder enden mit b. Diese Konstanten bestehen natürlich nur aus „0" und „1". Beispiel für solch eine Konstante: %10110001 bzw. 10110001b.

- *Hexadezimale* Konstanten beginnen mit $ oder enden mit h. Diese Konstanten bestehen aus den Zeichen 0 bis 9 sowie A bis F. Beispiel für solche eine Konstante: $DF bzw. DFh

- *Dezimale* Konstanten bestehen aus Ziffern 0 bis 9. Werden keine weiteren Angaben gemacht, so nimmt der Assembler an, dass eine Konstante im Dezimalsystem vorliegt.

- *Stringkonstanten* werden in einfache Anführungszeichen gesetzt. Beispiel für solch eine Konstante: 'test'.

Mit folgender Anweisung kann eine Konstante definiert werden (*x* steht für eines der Formate B, W oder L):

> [*Label:*]   DC.*x*   *Operand*[,*Operand*]...   [; *Kommentar*]

Folgende Befehlszeilen definieren einige Konstanten.

```
1 dat1:  DC.B    $10, 0
2        DC.L    $1FFFF
3 text:  DC.B    'Meldung:'
4 text2: DC.B    'M','e','l','d','u','n','g',':'
```

die Konstanten bei text und bei text2 sind übrigens dieselben, d. h. die Definition eines Strings ist nichts anderes als die Definition der Liste der einzelnen Zeichen.

Aufgabe 2.8
Wie viel Platz nehmen die einzelnen Konstanten in obigem Beispiel ein? Angenommen, die erste Byte-Konstante $10 befindet sich in Speicherzelle $1000. In welchen Speicherzellen steht dann der Text Meldung?

2.3.3 Variablen

Variablen sind Namen für Speicherstellen, deren Werte bei der Programmierung noch nicht bekannt sind. Im Assemblerprogramm können für Variablen Speicherzellen reserviert werden. Die Syntax zur Speicherreservierung lautet (x steht für eines der Formate B, W oder L):

$$[Label:] \qquad DS.x \qquad Größe \qquad [; Kommentar]$$

Beispielsweise reservieren die beiden folgenden Befehlszeilen Speicherplatz für 4 Byte-große und 3 Langwort-große Variablen.

```
1 x1:      DS.B  4    ;reserviere 4 Bytes unter dem Namen x1
2 label2:  DS.L  3    ;reserviere 12 Bytes unter dem Namen label2
```

2.3.4 Symboldefinitionen

Mit der EQU-Wertzuweisung ist es möglich, einem Symbol einen Wert zuzuweisen. Im Assembler-Programm kann dann anstelle des Wertes der zugewiesene Name verwendet werden. Eine Anwendung der EQU-Anweisung ist beispielsweise die Verwendung symbolischer Adressen für Peripheriebausteine. Die Syntax der EQU-Anweisung lautet folgendermaßen:

$$[Label:] \qquad EQU \qquad Ausdruck \qquad [; Kommentar]$$

Hierbei steht *Ausdruck* für eine Zahl, einen mathematischen Ausdruck oder einem Register. Wir geben einige Beispiele für Befehlszeilen an, die Symboldefinitionen vor nehmen:

```
1 Port1:  EQU $FF8001   ; Namen Port1 für Adresse $FF8001
2 Blank:  EQU 20        ; Namen Blank für ASCII-Blank
3 Zeig:   EQU A5        ; Namen Zeig für Register A5
```

2.3.5 Die ORG-Anweisung

Die physikalischen Adressen der Befehle, Konstanten und Variablen im Arbeitsspeicher können bei den meisten Assemblern mit der ORG-Anweisung festgelegt werden. Dazu muss der Anwender die Adressen des verfügbaren Speichers kennen. Abbildung 2.1 zeigt eine mögliche Aufteilung des Arbeitsspeichers mit getrennten Bereichen für Befehle, Konstanten und Variablen. Beim Belegen des Speichers ist wichtig, dass die Adressen von Worten, Langworten und Opcodes auf *geradzahligen* Adressen liegen.

```
1  ORG      $1000      ; Programmbereich
2           ...        ; Liste von Befehlen
3  ORG      $3200      ; Variablenbereich
4           ...        ; Liste von Variablendeklaration
5  ORG      $3300      ; Konstantenbereich
6           ...        ; Liste von Konstantendeklarationen
```

Listing 2.1: Typische durch die ORG-Anweisung gewählte Aufteilung des Arbeitsspeichers.

Mit ORG festgelegte Programmteile erzeugen absoluten Programmcode, der nicht verschiebbar ist. Diese Nichtverschiebbarkeit kann von Nachteil sein. In Kapitel 4 werden wir eine Technik vorstellen, physikalische Adressen so festzulegen, dass verschiebbare Programme entstehen.

Die ORG-Anweisung ist *kein* Maschinenbefehl, sondern eine Anweisung, die für den Assembler bestimmt ist. Assembleranweisungen sind „Hilfen" für den Übersetzer (sprich: den Assembler) und werden nicht in Maschinencode übersetzt. Bei Betriebssystemen, die dem Benutzer den Arbeitsspeicher automatisch zuteilen, sind die ORG-Anweisungen verboten bzw. unwirksam.

2.3.6 Erstes Programmbeispiel

Das in Listing 2.2 gezeigte Programm veranschaulicht den Gebrauch der Variablen, Konstanten und der ORG-Anweisung. Das Programm ist in assemblierter Form dargestellt, so ähnlich wie auch der Easy68k ein Programmlisting darstellt. Die erste Spalte zeigt den Wert des Befehlszählers (d. h. den Wert des Registers PC), die zweite Spalte zeigt den Opcode des Befehls in hexadezimaler Form und in den weiteren Spalten ist der Sourcecode des Assemblerprogramms gezeigt. Abbildung 2.2 zeigt eine Auflistung der symbolischen Namen und deren Werten, die für dieses Programm angelegt wurden. Viele Assembler geben diese Information mit aus, so auch der Easy68K.

```
 1  00003200                  1                ORG     $3200
 2  00003200                  2  V1:           DS.B    2
 3  00003202                  3  V2:           DS.B    2
 4  00003204                  4
 5  00003300                  5                ORG     $3200
 6  00003300 FA FB            6  C1:           DC.B    $fa,$fb
 7  00003302 F234             7  C2:           DC.W    $f234
 8  00003304 A0 A1 A2         8  C3:           DC.B    $a0, $a1, $a2
 9  00003308 01020304         9  C4:           DC.L    $01020304
10  0000330C =00003400       10  HREG:         EQU     $00003400
11  0000330C                 11
12  0000330C                 12
13  00001000                 13  START         ORG     $1000
14  00001000 4280            14                CLR.L   D0
15  00001002 4281            15                CLR.L   D1
16  00001004 4282            16                CLR.L   D2
17  00001006                 17
18  00001006 3238 3300       18                MOVE.W  C1,D1
19  0000100A 3438 3302       19                MOVE.W  C2,D2
```

```
20 0000100E                    20
21 0000100E 31C1 3200          21                MOVE.W  D1,V1
22 00001012 31C2 3202          22                MOVE.W  D2,V2
23 00001016                    23
24 00001016 21C2 3400          24                MOVE.L  D2,HREG
25 0000101A 227C 00001022      25                MOVEA.L #otto,A1
26 00001020 2419               26                MOVE.L  (A1)+,D2
27 00001022                    27
28 00001022 4f 54 54 4F        28 otto:          DC.B    'OTTO'
29 00001026                    29                END     START
```

Listing 2.2: Ein erstes Beispiel eines assemblierten Maschinenprogramms im Motorola-68000-Assembler. Der CLR-Befehl setzt den Inhalt des jeweiligen Registers auf 0. Die MOVE-Befehle verschieben den Inhalt des ersten Operanden in den zweiten Operanden. Man sieht, dass es verschiedene sog. *Adressierungsarten* gibt, mit denen man die Operanden spezifizieren kann. Das Label START gibt an, an welcher Stelle mit der Ausführung des Maschinenprogramms begonnen werden soll; die Programmzeile END START gibt die Stelle an, wo die Ausführung des Maschinenprogramms beendet werden soll.

Symbol-Name	Wert
C1	3300
C2	3302
C3	3304
C4	3308
HREG	3400
otto	1022
START	1000
V1	3200
V2	3202

Tabelle 2.2: Auflistung der symbolischen Namen, die der Assembler bei der Assemblierung des in Listing 2.2 gezeigten Maschinenprogramms erstellt. Wie man sieht, sind das zum einen die Label, deren Wert immer die Speicheradresse ist, an der sich das jeweilige Label befindet. Zum anderen sind das die durch die EQU-Anweisung definierten Werte.

Aufgabe 2.9

Erstellen Sie das in Abbildung 2.2 gezeigte Programm im Easy68K-Editor, assemblieren Sie das Programm, führen Sie es im Einzelschrittmodus aus und beobachten, was sich mit Registern und Speicher „tut". In Anhang B finden Sie eine detaillierte Beschreibung, wie sie den Easy68K bedienen können.

Aufgabe 2.10

Welche Maßnahmen müssen getroffen werden, damit das in Abbildung 2.2 gezeigte Programm ab Adresse $2000 startet?

Aufgabe 2.11
Die letzte ausführbare Zeile des Programms in Abbildung 2.2 ist an Adresse $1020. Was passiert, nachdem dieser Befehl ausgeführt wurde? Wie müsste das Programm modifiziert werden, damit es ordnungsgemäß beendet wird?

Aufgabe 2.12
Ein Teil des Programms beschäftigt sich damit, den Inhalt der Konstanten C1 und C2 in V1 und V2 zu kopieren. Machen Sie einen Programmvorschlag, wie dies einfacher erreicht werden kann.

2.4 Adressierungsarten

Einer der am häufigsten verwendeten Befehle ist der MOVE-Befehl, der Daten von einer als ersten Operanden spezifizierten Quelle in ein als zweiten Operanden spezifiziertes Ziel kopiert.

$$\text{MOVE.}x \qquad \langle ea_1\rangle,\langle ea_2\rangle \qquad\qquad \langle ea1\rangle = \text{Quelle}$$

Der erste Operand $\langle ea_1\rangle$ spezifiziert hierbei immer die Quelle aus der die zu kopierenden Daten stammen; der zweite Operand $\langle ea_2\rangle$ spezifiziert immer das Ziel, wohin die Daten kopiert werden sollen. Das „x" das dem Befehl folgt, ist ein Platzhalter: Er steht, je nachdem ob man 8, 16 oder 32 Bit kopieren will, für B, W oder L. Wird übrigens keine Angabe über die Länge der Operanden gemacht, so wird automatisch immer das Format „Wort" angenommen; dies gilt auch für jeden anderen Daten-Befehl (wie beispielsweise CLR) auch.

Das Kürzel ea steht für den Begriff *effektive Adresse*, damit ist die vom Adresswerk berechnete Speicheradresse eines Operanden gemeint. Der 68000 kann auf verschiedene Arten (die sogenannten *Adressierungsarten*) die effektive Adresse berechnen. Bevor wir später in diesem Abschnitt systematisch auf die Adressierungsarten eingehen, geben wir hier ein einfaches Beispiel an, nämlich die Übertragung des Inhalts der Speicherzelle $1E01 in das Register D3. Die Befehlszeile hierfür lautet:

```
MOVE.B  $1E01, D3   ; $1E01 = Quelle, D3 = Ziel
```

Diese „direkte" Adressierungsart ist in gewissem Sinne die einfachste; das Adresswerk braucht hier nichts zu berechnen, denn sowohl die Speicherzelle als auch das Register wurden direkt angegeben.

Oft verwenden wir den Befehl MOVE, um Beispiele für Adressierungsarten anzugeben. Dem Leser sollte aber immer bewusst sein, dass nahezu *jeder* Befehl die in diesem Abschnitt beschriebenen Adressierungsarten benutzen kann. Diese Eigenschaft, dass nämlich jeder Befehl (nahezu) jede Adressierungsart benutzen kann nennt man *Orthogonalität* des Befehlssatzes. Ist ein Maschinenbefehlssatz orthogonal, so erleichtert dies sowohl die Arbeit eines Assemblerprogrammierers, als auch die eines Compilers.

Zudem kann für den Quelloperanden einer Instruktion eine andere Adressierungsart verwendet werden als für den Zieloperanden der Instruktion.

2.4.1 Struktur der Maschinencodes

Für ein gründliches Verständnis der Adressierungsarten, ist es notwendig mehr über den Aufbau des Maschinencodes einer Befehlszeile zu wissen. Die Maschinencodes der einzelnen Assemblerbefehle haben keine feste Länge wie etwa beim IAS; sie sind mindestens ein Wort (also zwei Bytes) lang und höchstens fünf Worte (also 10 Bytes) lang. Abbildung 2.5 zeigt grob, wie ein Maschinencode aufgebaut ist.

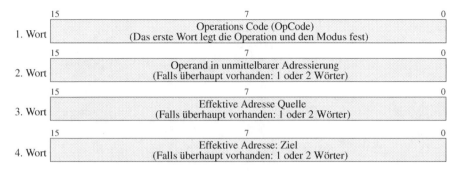

Abbildung 2.5: Allgemeine Struktur des Maschinencodes einer Assembler-Befehlszeile.

Der erste Teil eines Maschinencodes ist der sogenannte Opcode; dieser ist i. A. ein Wort lang. In diesen 16 Bit sind verschiedene Informationen kodiert (die genauen Details dieser Kodierung ist für uns hier weniger interessant):

- Um welche Art Befehl (wie beispielsweise MOVE, ADDQ oder BRA) handelt es sich?

- Handelt es sich um einen Langwort-, Wort-, oder Bytebefehl?

- Welche Adressierungsmodi werden verwendet?

- Wie viele Operanden gibt es?

- Sind einige Operanden Register, so ist diese Information mit im Opcode enthalten.

Nach dem Opcode folgen die Informationen über die Operanden, wie auch in Abbildung 2.5 dargestellt. Je nachdem welche Adressierungsart verwendet wird, sehen diese Informationen unterschiedlich aus. Im oben schon verwendeten Beispiel

MOVE.B $1E01, D3

wäre die Zahl $1E01 direkt mit im Maschinencode enthalten und würde direkt dem Opcode folgen. Mit der Formel

$$L = 2 + Op_{Links} + Op_{Rechts}$$

kann man die Länge eines Maschinencodes in Bytes bestimmen. Der Maschinencode umfasst zunächst den Opcode mit einer Länge von 2 Bytes. Die Variable Op_{Links} bzw. Op_{Rechts} steht für die Anzahl der Worte, die ein Operand benötigt (das können je nach Befehl zwischen 0 und 4 Bytes sein).

Aufgabe 2.13
Was denken Sie, wie lange der Maschinencode der folgenden Befehlszeile ist?
MOVE.B $1E01,D3

2.4.2 Überblick

Abbildung 2.6 zeigt eine Übersicht der Adressierungsarten mit jeweils einem einfachen Beispiel. Wichtig ist zu wissen, dass die Adressierungsarten von Quelle und Ziel unterschiedlich sein können.

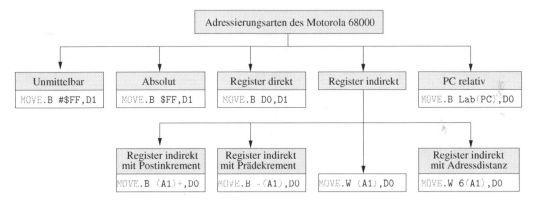

Abbildung 2.6: Überblick über die verschiedenen Adressierungsmodi des Motorola-68000-Assembler.

2.4.3 Unmittelbare Adressierung

Bei der unmittelbaren Adressierung (in der englischen Literatur auch „immediate addressing" genannt) ist der Operand als Konstante Teil des Maschinencodes der Befehlszeile; eine Adressierung im eigentlichen Sinne gibt es in diesem Falle also gar nicht. Abbildung 2.7 veranschaulicht dies.

OpCode	Operand

	Vorher		Nachher
	Hauptspeicher		
$30000	$xxxx	$30000	$0005
$30002	$xxxx	$30002	$4321

Abbildung 2.7: Form des Maschinencodes bei Verwendung der unmittelbaren Adressierung.

Abbildung 2.8: Effekt der Instruktion MOVE.L #$54321, $30000: Situation vor und nach Ausführung dieser Instruktion.

Offensichtlich kann die unmittelbare Adressierung nur auf den Quelloperanden angewendet werden. Zur Kennzeichnung einer Zahl als Konstante, um sie insbesondere von Speicheradressen zu unterscheiden, wird vor die Zahl das #-Symbol gesetzt. Die Instruktion

MOVE.L   #$54321, $30000

beispielsweise speichert die Langwortkonstante[2] $54321 in die Speicherzelle mit Adresse $30000. Nach der Ausführung des Befehls haben also die Speicherzellen mit Adresse $30001, $30002,

---

[2]Langwort deshalb, weil die Konstante mehr als 16 Bit, also mehr als ein Wort, Speicherplatz in Anspruch nimmt.

$30003 und $30004 jeweils die Werte $00, $05, $43 und $21. Abbildung 2.8 zeigt dies tabellarisch. Man beachte, dass in der Abbildung der Speicher Wortweise dargestellt ist; da es sich beim 68000 um einen 16-Bit-Prozessor handelt, ist es auch üblich, Speicherinhalte immer 16 Bit-weise darzustellen.

Aufgabe 2.14
Wie viel Speicherplatz benötigt der Maschinencode der folgenden Befehlszeile:
MOVE.L #$54321, $30000

Der Instruktionssatz des 68000 stellt für das Laden von kleinen Konstanten, die nur ein Byte Speicherplatz benötigen, einen speziellen Befehl bereit. Beispielsweise lädt folgende Befehlszeile

MOVEQ   #$3F, D3

die Bytekonstante $3F in das Register D3. Den gleichen Effekt hätte der Befehl MOVE #$3F,D3; es gibt aber zwei entscheidende Unterschiede zwischen den beiden Befehlen:

1. Bei MOVEQ ist die Konstante ein Teil des Opcode-Wortes. Jede MOVEQ-Befehlszeile benötigt so nur 2 Byte, was der Mindestlänge eines Maschinencodes einer 68000-Befehlszeile entspricht.

2. Die Ausführungszeit eines MOVEQ-Befehls ist schneller, als die Ausführungszeit des entsprechenden MOVE-Befehls. Alleine schon deshalb, weil der Prozessor weniger Speicherzugriffe durchführen muss, um den Maschinencode zu laden.

Verwendet wird der MOVEQ-Befehl (in Verbindung mit der unmittelbaren Adressierung) oft, um einen Schleifenzähler in ein Datenregister zu speichern.

2.4.4 Absolute Adressierung

Hier steht die effektive Adresse als Konstante im Befehl; dies ist dargestellt in Abbildung 2.9 Es existieren zwei Varianten: die „absolut kurze Adressierung" und die „absolut lange Adressierung". Bei der Adressierungsart „Absolut Kurz" haben die Adresskonstanten die Größe eines

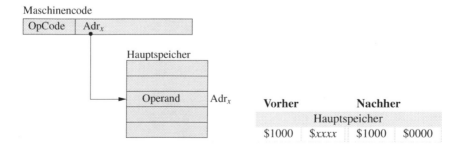

Abbildung 2.9: Form des Maschinencodes bei der Verwendung der absoluten Adressierung.

Abbildung 2.10: Effekt der Instruktion CLR.W $1000: Situation vor und nach Ausführung der Instruktion.

Wortes, und es kann nur ein Teil des 16 MByte großen Adressraums angesprochen werden. Das besondere hier ist, dass bei Adressen kleiner $8000 die oberen 8 Adressleitungen auf 0 gesetzt werden und bei Adressen größer $8000 die oberen 8 Adressleitungen auf 1 gesetzt werden. Demnach können mit dieser Adressierungsart innerhalb des 16 MByte Adressraumes die untersten bzw. die obersten 32 KByte angesprochen werden.

Eine mögliche Anwendung der Adressierungsart „Absolut Kurz" könnte sein: In den unteren 32k Adressraum wird ein RAM-Bereich für häufig benötigte Daten angelegt. In den obersten 32k-Adressraum werden die Adressen häufig benötigter Peripheriebausteine gelegt.

Ein Beispiel, für eine Befehlszeile, die die absolut kurze Adressierungsart nutzt ist

```
CLR.W $1000
```

Diese löscht den Inhalt der Speicherzelle $1000 – Abbildung 2.10 zeigt dies in tabellarischer Form.

Aufgabe 2.15
Wie unterscheiden sich die Wirkungen der Befehle MOVE.W $1000,D0 und MOVE.W #$1000,D0?

Aufgabe 2.16
Was denken Sie sind jeweils die Vor- und Nachteile der Adressierungsarten „absolut kurz" und „absolut lang".

Aufgabe 2.17
Es soll der Inhalt des unteren Wortes von D0 in die Speicherzellen $1F01 und $1F02 kopiert werden. Testen Sie, Was passiert, wenn der Befehl
MOVE.W D0,$1F01
im Easy68k ausgeführt wird. Schlagen Sie eine Lösung vor, wie man den Inhalt von D0 an das an Adresse $1F01 befindliche Wort kopieren kann.

2.4.5 Register-direkte Adressierung

Hier ist der Operand in einem Register enthalten, d. h. die effektive Adresse ist ein Daten- oder Adressregister. Abbildung 2.11 stellt dies graphisch dar. Falls der Zieloperand ein Adressregister ist, muss der Befehl MOVEA verwendet werden.

Folgende Befehlszeile verwendet die Register-direkte Adressierungsart sowohl für den Quell- als auch für den Zeiloperanden:

```
MOVEA.W D3, A1
```

Abbildung 2.12 zeigt den Effekt dieser Befehlszeile in tabellarischer Form.

2.4.6 Adressregister-indirekte Adressierung

Bei der Register-direkten Adressierung enthält das angegebene Register den Operanden. Bei der Adressregister-indirekten Adressierung dagegen enthält das angegebene Adressregister die *Speicheradresse* des Operanden. Abbildung 2.13 veranschaulicht dies graphisch. Diese zusätzliche

Maschinencode

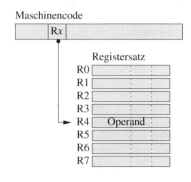

Vorher   Nachher

	Register		
D3	$FEDCBA98	D3	$FEDCBA98
A1	$xxxxxxxx	A1	$xxxxBA98

Abbildung 2.11: Form des Maschinencodes bei der Verwendung der Register-
direkten Adressierung.

Abbildung 2.12: Effekt der Instruktion MOVEA.W D3,A1:
Situation vor und nach der Ausführung der Instruktion.

Indirektionsstufe ist vergleichbar mit dem $*$-Operator in C[3]. Beispielsweise kopiert der Befehl

```
MOVE.W    (A0), D0
```

die Inhalte der Speicherzellen, auf die A0 zeigt, nach D0. Die Tabelle in Abbildung 2.14 zeigt den Effekt dieser Befehlszeile in tabellarischer Form.

Maschinencode

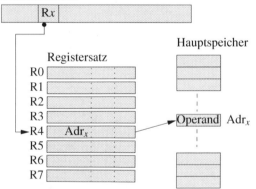

Vorher   Nachher

	Register		
A0	$00000100	A0	$00000100
D0	$xxxxxxxx	D0	$xxxx1133
	Hauptspeicher		
$0100	$1133	$0100	$1133

Abbildung 2.13: Form des Maschinencodes bei der
Adressregister-indirekten Adressierung.

Abbildung 2.14: Effekt der Instruktion MOVE.W
(A0), D0: Situation vor und nach Ausführung
der Instruktion.

Alle Adressierungsarten mit Adressregister-indirekter Adressierung (es gibt noch einige Varianten) eignen sich insbesondere für die Bearbeitung von Arrays, Stapeln und zur block-weisen Datenverschiebung. Auch hier kann man wieder die Analogie zum $*$-Operator in C sehen: auch C verwendet intern Zeiger, um Arrays zu implementieren.

---

[3]Beispielsweise ist der Wert des C-Ausdrucks *var nicht der Inhalt der Variablen var, sondern der Inhalt der Speicher-adresse(n), auf die var zeigt.

Es gibt noch einige Varianten der eben beschriebenen Adressregister-indirekten Adressierungsart, die die im Adressregister befindliche Adresse zusätzlich modifizieren:

- Adressregister-indirekt mit Postinkrement

- Adressregister-indirekt mit Prädekrement

- Adressregister-indirekt mit Adressdistantz

- Adressregister-indirekt mit Index und Adressdistanz

Diese werden in den folgenden Abschnitten beschrieben.

2.4.7 Adressregister-indirekt mit Postinkrement

Wie bei der Adressregister-indirekten Adressierung enthält auch bei der Adressregister-indirekten Adressierung mit Postinkrement ein Adressregister die Adresse des Operanden. Nur wird hier zusätzlich das Adressregister *nach* dem Speicherzugriff um die Länge des Operanden (in Byte) erhöht. Die folgende Befehlszeile ist ein Beispiel für eine Instruktion, die diese Adressierungsart (als Quelloperand) verwendet:

```
MOVE.W   (A0)+, $2000
```

Abbildung 2.15 zeigt die Effekte dieser Befehlszeile in tabellarischer Form.

Vorher		Nachher	
Register			
A0	$00000100	A0	$00000102
Hauptspeicher			
$0100	$BBAA	$0100	$BBAA
$2000	$*xxxx*	$2000	$BBAA

Abbildung 2.15: Effekt der Instruktion MOVE.W (A0)+, $2000: Situation vor uns nach Ausführung des Kommandos.

Aufgabe 2.18
Auch hier gibt es C-Konstrukte, die direkt dieser Adressierungsart entsprechen. Welche sind das?

Diese Adressierungsart in Kombination mit der „Prädekrement"- und „Postinkrement"-Variante eignen sich insbesondere für Stackoperationen. Genauer: Ein MOVE-Befehl dessen Zieloperand die Adressierungsart „Adressregister-indirekt mit Prädekrement" verwendet entspricht einer *push*-Operation und ein MOVE-Befehl, dessen Quelloperand die Adressierungsart „Adressregister-indirekt mit Postinkrement" verwendet entspricht einer *pop*-Operation. Das Register A7 zeigt immer auf das oberste Stackelement.

```
MOVE.L  D0,-(A7)   ; Sichert Inhalt von D0 auf dem Stack - push
   ...      ...
MOVE.L  (A7)+, D0  ; Holt sich den alten Stand von D0 vom Stack - pop
```

Man beachte, dass der Stackpointer bei einer *push*-Operation erniedrigt wird und bei eine *pop*-Operation erhöht wird, was daran liegt, dass der Stack nach unten wächst. Das hat praktische Gründe: Um die maximale Größe des Stacks möglichst wenig zu begrenzen (was in vielen Situationen tatsächlich von Vorteil ist), siedelt man den Stack entweder ganz unten im Speicher an und lässt ihn nach oben wachsen, oder man siedelt ihn ganz oben im Speicher an und lässt ihn nach unten wachsen. Die Motorola-68000-Designer haben sich für die zweite Möglichkeit entschieden, weil sich ganz unten im Speicher schon andere wichtige Daten befinden, nämlich die Interruptvektoren (siehe Kapitel 3).

2.4.8 Adressregister-indirekt mit Prädekrement

Hier wird das involvierte Adressregister *vor* dem Speicherzugriff um die Länge des Operanden (in Byte) erniedrigt. Die folgende Befehlszeile ist ein Beispiel für eine Instruktion, die diese Adressierungsart (als Quelloperand) verwendet:

```
MOVE.W   -(A3),$4000
```

Abbildung 2.16 zeigt die Effekte dieser Instruktion in tabellarischer Form.

Vorher		Nachher	
Register			
A3	$00000100	A3	$000000FE
Hauptspeicher			
$00FE	$1133	$00FE	$1133
$4000	$xxxx	$4000	$1133

Abbildung 2.16: Effekt der Instruktion `MOVE.W -(A3)+, $4000`

2.4.9 Adressregister-indirekt mit Adressdistanz

Die effektive Adresse wird berechnet durch Addition des Inhaltes eines Adressregister mit einer *konstanten* Adressdistanz. Abbildung 2.17 zeigt diese Funktionsweise graphisch. Diese Konstante darf maximal 16 Bit (also ein Wort) lang sein. Der Wert der Konstanten ist vorzeichenbehaftet (für eine kurze Einführung in die Darstellung vorzeichenbehafteter Zahlen siehe Anhang D), d. h. er liegt zwischen -2^{15} und $2^{15}-1$. Die folgende Instruktion

```
MOVE.W   $100(A0),$4000
```

überträgt beispielsweise Daten mit der Adresse A0+$100 in eine andere Speicherzelle. Abbildung 2.18 zeigt die Effekte dieser Instruktion in tabellarischer Form.

2.4.10 Adressregister-indirekt mit Index und Adressdistanz

Die Adresse wird berechnet aus der Addition des Inhaltes eines Adressregister, eines Indexregisters und einer konstanten Adressdistanz. Abbildung 2.19 veranschaulicht dies graphisch.

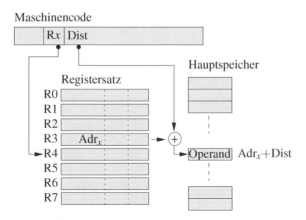

Abbildung 2.17: Die Adressregister-indirekte Adressierung mit Adressdistanz

Vorher		Nachher	
Register			
A3	$00001000	A3	$00001000
Hauptspeicher			
$1100	$7788	$1100	$7788
$4000	$xxxx	$4000	$7788

Abbildung 2.18: Effekt der Instruktion MOVE.W $100(A0),$4000: Situation vor und nach Ausführung des Kommandos.

Als Indexregister bezeichnet man ein Register, das Distanzangaben zur Adressierung enthält. Als Indexregister kann ein Daten- oder ein Adressregister verwendet werden. Das Indexregister kann im Wort- oder im Langwortformat angewendet werden. Der Index wird vom Prozessor immer *vorzeichenbehaftet* interpretiert. Die Länge der konstanten Adressdistanz darf maximal 8 Bit betragen und ist ebenfalls vorzeichenbehaftet.

Als Beispiel geben wir einen Befehl an, der ein Langwort mit der Adresse von A0+A1.L-111 in eine andere Speicherzelle überträgt:

```
MOVE.L   $91(A0,A1.L),$80000
```

Abbildung 2.20 stellt den Effekt dieser Instruktion tabellarisch dar. Die konstante Adressdistanz $91 wird vom Adresswerk als vorzeichenbehaftete Zahl interpretiert und entspricht $-\$6F$ (für Details zum Umgang mit vorzeichenbehafteten Zahlen siehe Anhang D). Die effektive Adresse des Quelloperanden berechnet sich also zu $\$11111 + \$22222 - \$6F = \$332C4$.

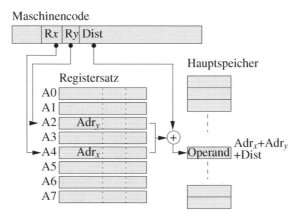

Abbildung 2.19: Die Adressregister-indirekte Adressierung mit Index und Adressdistanz

Vorher		Nachher	
Register			
A0	$00011111	A0	$00011111
A1	$00022222	A1	$00022222
Hauptspeicher			
$332C4	$12 34	$332C4	$12 34
	$56 78		$56 78
$80000	$xxxx	$80000	$12 34
	$xxxx		$56 78

Abbildung 2.20: Effekt der Instruktion MOVE.L $91(A0,A1.L), $80000: Situation vor und nach der Ausführung der Instruktion.

Aufgabe 2.19

Folgende Voraussetzungen seien gegeben: Das Register D0 enthält den Wert $10, das Register A0 enthält den Wert $1000 und der Speicher in der Umgebung von Adresse $1000 hat das in folgender Abbildung gezeigte Aussehen:

D0 [$0000 0010]   A0 [$0000 1000]   Hauptspeicher (Ausschnitt)

$0FF8	$0000 1100
$0FFC	$1100 1100
$1000	$0202 0202
$1004	$3300 3300
$1008	$4444 4444

Geben Sie den Inhalt der Register bzw. Speicherzellen an, die sich verändern, wenn der Befehl ...

(a) MOVEA.L #$1004, A0

(b) MOVEA.L D0,A0

(c) MOVE.L D0,(A0)+

(d) MOVE.L -(A0),D0

(e) MOVEA.L $1000, A0

(f) MOVE.L $4(A0),$FFF8(A0)

ausgeführt wird. Diejenigen Register bzw. Speicherzellen, die ihren Wert behalten, brauchen Sie nicht extra anzugeben. Betrachten Sie bitte die Befehle einzeln, nicht deren Hintereinanderausführung.

Aufgabe 2.20

Zu Beginn sind D0 = $1111 1111, D1 = $2222 2222 und A7 = $1 0000. Dann folgen die Anweisungen

```
MOVE.W D0,-(A7)
MOVE.W D1,-(A7)
MOVE.W (A7)+,D0
MOVE.W (A7)+,D1
```

Was steht nach Ausführung dieses Maschinenprogramms in den Registern D0, D1 und A7?

Aufgabe 2.21

Zu Beginn ist A0 = $0010 0000. Dann folgt die Anweisung
```
MOVE.L $xxxx(A0),$80000
```
Berechnen Sie die effektive Adresse der Quelle für $xxxx = $1000, 8000 und für $7FFF$.

2.4.11 Programmzähler relativ

Adressen werden hier relativ zum Inhalt des Befehlszählers berechnet. So kann man erreichen, dass im Programm keine absoluten Adressen stehen, sondern nur relative Distanzen. Das Programm ist im Speicherbereich so leicht verschiebbar: Die Anfangsadresse des Programms kann variiert werden, ohne dass Änderungen im Programm notwendig werden.

Oft wird die Programmzähler-relative Adressierung im Zusammenhang mit sogenannten Marken oder Labels verwendet. Betrachten wir beispielsweise folgendes assembliertes Programm. In der ersten Spalte befinden sich die Adressen der Speicherzellen, die den Maschinencode des jeweiligen Kommandos enthalten. In der zweiten Spalte sieht man die Werte der Speicherzellen, in der dritten Spalte die zugehörigen Assemblerbefehle:

```
1 0000 0000                     ORG $3000
2 0000 3000  30383006           MOVE.W Test,D0
3 0000 3004  4E71               NOP
4 0000 3006  1234         Test:  DC $1234
```

Das Label Test ist der Name für die Speicheradresse, in der der Befehl DC $1234 gespeichert ist, also Test = $3006. Dieses Programm ist im Speicher nicht verschiebbar, denn der Opcode der Befehlszeile MOVE.W Test,D0 enthält die absolute Adresse $3006.

Die Verwendung der Programmzähler-relativen Adressierung macht das Programm verschiebbar:

```
1 0000 0000                     ORG $3000
2 0000 3000  303A0004           MOVE.W Test(PC),D0
3 0000 3004  4E71               NOP
4 0000 3006  1234         Test:  DC $1234
```

Man sieht, dass jetzt der Maschinencode des MOVE-Befehls jetzt keine absolute Adresse mehr enthält, sondern eine relative Adresse bzw. Adressdistanz.

Die effektive Adresse berechnet sich nach folgender Formel:

$$\langle ea \rangle = (PC+2) + d_{16}$$

wobei PC der Befehlszählerstand zu Beginn des betrachteten Befehls ist und d_{16} eine vorzeichenbehaftete Konstante der Länge von 16 Bit ist. Somit erklärt sich, warum der zweite Teil des Maschinencodes des MOVE-Befehls in obigem Listing den Wert \$0004 hat.

2.5 Weitere Assembler-Befehle

In diesem Abschnitt werden einige geläufige Konstrukte in Assembler dargestellt: Stackoperationen, Boolesche Operationen und Sprünge.

2.5.1 Datentransport und Stack

In den letzten Abschnitten wurden bereits die Datentransportbefehle MOVE, MOVEA und MOVEQ behandelt. Zusätzlich stellt der 68000 Assembler noch die MOVEM (Move multiple registers) Instruktion bereit, die eine ganze Liste von Registern in aufeinander folgende Speicherzellen kopiert.

$$\text{MOVEM}.x \qquad \langle \textit{Registerliste} \rangle, \langle \textit{Ziel} \rangle$$
$$\text{MOVEM}.x \qquad \langle \textit{Quelle} \rangle, \langle \textit{Registerliste} \rangle$$

Die Registerliste kann auf zwei Arten angegeben werden. Entweder können die Register einzeln aufgezählt werden; einzelne Register werden durch / getrennt. Folgende Befehlszeile ist ein Beispiel:

```
MOVEM.L    D1/D2/A2,-(A7)
```

Die andere Möglichkeit besteht darin, Start- und Endregister anzugeben. Folgende Befehlszeile ist ein Beispiel:

```
MOVEM.L    (A7)+, A1-A4
```

Häufig will man die effektive Adresse und nicht deren Inhalt bearbeiten. Die LEA (= Load Effective Address) Instruktion lädt die *Adresse* (nicht den Inhalt) des Quelloperanden in ein Adressregister:

$$\text{LEA} \qquad \langle ea \rangle, \text{A}x$$

Die PEA-Instruktion (= Push Effective Address) lädt die Adresse des Operanden auf den Stack (d. h. in die Speicherzelle, auf die das Register A7 zeigt); der Stackpointer wird anschließend um 4 erniedrigt. Dies entspricht genau einer *push*-Operation auf den Stack (siehe auch Anhang C.4):

$$\text{PEA} \qquad \langle ea \rangle$$

Aufgabe 2.22
Gegeben sei die Befehlszeile
LEA lab,A0
wobei lab irgendein Label im restlichen Assemblerprogramm ist. Formulieren sie eine äquivalente Befehlszeile, die statt der LEA Instruktion eine MOVE Instruktion verwendet.

Aufgabe 2.23

Die Doppelwort-Variable V1 steht an Adresse $3200 und hat den Wert $FFFF AAAA. Was steht nach folgenden Befehlen jeweils in Register A0?

(a) `MOVE.L V1,A0`

(b) `MOVE.L #V1,A0`

(c) `LEA V1,A0`

2.5.2 Boolesche Befehle

Mit den Befehlen `AND` und `OR` lassen sich logische Operationen auf Bitmustern durchführen. Die wichtigsten Anwendungen sind das Löschen, Setzen und Komplementieren von einzelnen Bits oder ganzen Bitgruppen.

$$\text{AND}.x \quad \langle ea \rangle, Dn \qquad \text{oder} \qquad \text{AND}.x \quad Dn, \langle ea \rangle$$
$$\text{OR}.x \quad \langle ea \rangle, Dn \qquad \text{oder} \qquad \text{OR}.x \quad Dn, \langle ea \rangle$$

Das Ergebnis der logischen Operation wird im Zieloperanden gespeichert. Allerdings ist bei den Befehlen `AND` und `OR` die unmittelbare Adressierungsart nicht erlaubt. Will man Verknüpfungen mit Konstanten durchführen, so muss man die Befehle `ANDI` bzw. `ORI` verwenden:

$$\text{ANDI}.x \quad \#\langle data \rangle, \langle ea \rangle$$
$$\text{ORI}.x \quad \#\langle data \rangle, \langle ea \rangle$$

Es ist eine oft verwendete Technik, durch `ANDI` und `ORI` einzelne Bits zu löschen bzw. zu setzen. Man verwendet hierzu eine sog. Maske. Das ist eine Bitfolge, die die zu bearbeitenden Bits spezifiziert. Nehmen wir als Beispiel die folgende Operation:

```
ORI.B  %00100000, D0
```

Die Maske ist das erste Argument in unmittelbarer Adressierung. Der Befehl setzt das Bit Nummer 5 im Byteanteil des Datenregisters D0, alle anderen Bits werden nicht verändert.

Aufgabe 2.24

Sie sollen bestimmte Bits des CCR-Registers manipulieren: Geben Sie *ein* 68000-Assembler-Kommando an, das . . .

(a) . . . alle Bits des CCR-Registers löscht.

(b) . . . alle Bits des CCR-Registers setzt.

(c) . . . das X-Bit des CCR-Registers löscht.

(d) . . . das Z-Bit des CCR-Registers setzt.

2.5.3 Sprungbefehle und Unterprogrammaufrufe

Maschinenbefehle sind im Programmspeicher alle hintereinander angeordnet und ein Maschinenprogramm wird vom Prozessor linear abgearbeitet; der Befehlszähler wird immer entsprechend der jeweiligen Befehlslänge erhöht. Soll ein Maschinenprogramm nicht beim nächsten

Befehl, sondern an einer anderen Stelle fortgesetzt werden, so muss der Programmzähler mit einer anderen Adresse geladen werden. Dies bewerkstelligen Sprungbefehle und Unterprogrammaufrufe.

Die Sprungziele werden in der Assemblerprogrammierung meist als symbolische Adressen (sprich: Labels) angegeben; bei der Assemblierung werden dann die Labels durch entsprechende Zahlenwerte ersetzt. Der 68000 Assembler unterscheidet zwischen einem absoluten Sprungbefehl (= Jump)

$$\mathrm{JMP} \qquad d_{32} \qquad ;alternativ\ auch\ d_{16}$$

der einen unbedingten Sprung zur als Operand angegebenen Adresse durchführt und einem relativen Sprungbefehl (=Branch)

$$\mathrm{BRA} \qquad d_{16} \qquad ;alternativ\ auch\ d_8$$

Die als Operand angegebene Adressdistanz d_{16} ist eine 16 Bit (alternativ auch 8 Bit) Zahl, die vom Prozessor vorzeichenbehaftet interpretiert wird. Eine negative Zahl entspricht einem Rückwärtssprung, eine positive Zahl einem Vorwärtssprung.

Für Sprünge in Unterprogramme gibt es die JSR (= Jump SubRoutine) Instruktion

$$\mathrm{JSR} \qquad d_{32} \qquad ;alternativ\ auch\ d_{16}$$

beziehungsweise für relative Sprünge die BSR(=Branch SubRoutine) Instruktion

$$\mathrm{BSR} \qquad d_{16} \qquad ;alternativ\ auch\ d_8$$

Bei Unterprogrammaufrufen wird – genau wie bei Sprüngen – der Befehlszähler (sprich: das Register PC) mit dem angegeben Wert geladen, was bewirkt, dass die Programmausführung an anderer Stelle weitergeht. Aber bei Unterprogrammaufrufen wird zusätzlich die Rücksprungadresse gespeichert. Folgende Aktionen werden vom Prozessor also genau ausgeführt:

- Zunächst wird der alte Inhalt des Befehlszählers als Langwort auf den Stack gerettet; der Stackpointer wird dabei um 4 erniedrigt.

- Dann wird der Befehlszähler mit der Adresse des auszuführenden Unterprogramms geladen.

- Die Ausführung des Unterprogramms endet mit dem Rücksprungbefehl RTS (=ReTurn from Subroutine).

- Der RTS-Befehl lädt die Rücksprungadresse in den Befehlszähler zurück.

- Der Stackpointer wird um 4 erhöht und das aufrufende Programm wird hinter dem Unterprogrammaufruf fortgesetzt.

Unterprogrammaufrufe kann man problemlos schachteln. Das ist unter anderem der Verwendung eines Stacks als Rücksprungadressen-Speicher zu verdanken (nach Lektüre von Anhang C sollte dies klarer werden).

Das in Listing 2.3 gezeigte assemblierte Programm zeigt ein sehr einfaches Beispiel für die Verwendung von Sprüngen.

```
 1  00001000                  1  START     ORG    $1000
 2  00001000                  2
 3  00001000  4EF9 00001008   3            JMP    weiter1
 4  00001006  4E71            4            NOP
 5  00001008  4E71            5  weiter1:  NOP
 6  0000100A  6100 0004       6            BSR    tuNix
 7  0000100E  4E71            7            NOP
 8  00001010  4E71            8  tuNix:    NOP
 9  00001012  4E71            9            NOP
10  00001014                 10            RTS
```

Listing 2.3: Beispiel für die Verwendung von Sprüngen. Das JMP-Kommando in Zeile 3 überspringt das NOP-Kommando (NOP steht für „No Operation"; dieses Kommando hat entsprechend keine Auswirkung) in Zeile 4 und springt zur symbolischen Marke weiter1, die den Wert $1008 hat; entsprechend findet sich die Konstante $1008 auch im Maschinencode des JMP-Kommandos. Die Ausführung des BSR-Kommandos in Zeile 6 bewirkt einen Sprung zur symbolischen Marke tuNix. Da es sich um ein „Branch"-Kommando handelt, wird relativ gesprungen, d. h. es wird – statt einer absoluten Adresse – eine Adressdistanz erzeugt. Diese Adressdistanz befindet sich als Konstante $0004 im Maschinencode des BSR-Kommandos, d. h. es wird um 4 Bytes nach vorne gesprungen.

Man sieht, dass der Maschinencode des JMP-Befehls die absolute Sprungadresse enthält, wohingegen der Maschinencode des BSR-Befehls nur die Adressdistanz enthält.

Aufgabe 2.25
Wie müssten Sie den Maschinencode des BSR-Befehls in Zeile 6 in Listing 2.3 abändern, damit zur Zeile 3 statt zur Zeile 8 gesprungen wird.

Aufgabe 2.26
Geben sie das in Abbildung 2.3 gezeigt Beispielprogramm in den Easy68K Editor ein, assemblieren Sie es und führen Sie es im Einzelschritt Modus aus. Beobachten Sie, wie sich der Stack nach den einzelnen Befehlen verändert. Welcher Wert wird auf den Stack gespeichert?

Aufgabe 2.27
Was passiert, wenn sie den in Zeile 3 in Listing 2.3 befindlichen Maschinencode 4EF9 00001008 auf 4EF9 00001014 abändern? Testen Sie den Effekt im Easy68K aus.

2.6 Programmierung strukturierter Anweisungen

In der Assembler-Programmierung gibt es keine strukturierten Anweisungen, wie sie höhere Programmiersprachen aufweisen, also weder if-, for- noch while-Anweisungen. Es ist dennoch ratsam zu versuchen, übersichtliche Programme in strukturierter Weise zu erstellen, indem man Assembleranweisungen nach bestimmten strukturierten Mustern zusammenfügt. Obwohl es in der Assemblerprogrammierung keine strukturierten Anweisungen gibt, ist es trotzdem sinnvoll bei der Programmierung in strukturierten Anweisungen zu „denken". Daher führen wir eine Pseudocode-Notation und Flussdiagramme ein; beide Notationen evtl. auch in Kombination eignen sich als Zwischenstufe für die Erstellung komplexer Assembler-Programme, jede hat ihre

Vor- und Nachteile: Die Pseudocode-Notation ist kompakter, als die der Flussdiagramme, dagegen ist der Kontrollfluss eines Programms durch Flussdiagramme explizit dargestellt, was die Umsetzung eines Algorithmus in Assembler vereinfacht.

Wir betrachten im folgenden die Programmierung bedingter Anweisungen, Case-Anweisungen und Schleifen. Währenddessen werden einige neue Assembler-Befehle eingeführt, insbesondere bedingte Anweisungen.

2.6.1 Bedingte Anweisungen

Wir betrachten hier sowohl einseitig bedingte Anweisungen, wie sie in Abbildungen 2.21 und 2.22 dargestellt sind, als auch zweiseitige bedingte Anweisungen, wie sie in Abbildungen 2.23 und 2.24 dargestellt sind.

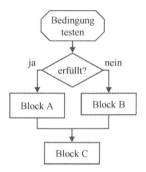

```
1: if Bedingung then
2:     Block A
3: end if
4: Block B
```

Abbildung 2.21: Pseudocode-Fragment einer einseitig bedingten Anweisung

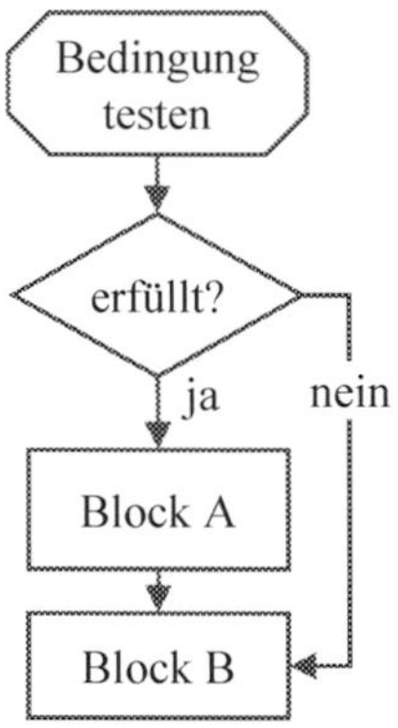

Abbildung 2.22: Flussdiagramm einer einseitig bedingten Anweisung.

```
1: if Bedingung then
2:     Block A
3: else
4:     Block B
5: end if
6: Block C
```

Abbildung 2.23: Pseudocode-Fragment einer zweiseitig bedingten Anweisung

Abbildung 2.24: Flussdiagramm einer zweiseitig bedingten Anweisung.

Zur Umsetzung dieser strukturierten Anweisungen werden Vergleichs- und Testbefehle und bedingte Sprünge benötigt.

Vergleichs- und Testbefehle

Vergleichs- und Testbefehle führen eine Testsubtraktion des Operanden mit einem Vergleichswert durch, ohne einen der Operanden zu verändern. Durch die Testsubtraktion werden aber die Flags der CCR-Registers beeinflusst. Ein nachfolgender bedingter Befehl (meist wird dies ein bedingter Sprungbefehl sein, wie z. B. Bcc) reagiert dann auf den Zustand der Flags. Der CMP-Befehl

$$\text{CMP} \qquad \langle \textit{Quelle} \rangle, \text{D}n$$

führt eine Test-Subtraktion nach dem Schema

$$\textit{Zielregister} \leftarrow \textit{Zielregister} - \textit{Quelloperand}$$

durch. Dabei werden aber wie gesagt keine Register verändert; nur die Flags werden beeinflusst. Der Befehl kann Byte, Wort und Langwortoperanden vergleichen.

Der Befehl CMPA hat ein Adressregister als Ziel und arbeitet im Langwortformat. Zum Vergleich mit einer Konstanten wird der Befehl CMPI verwendet

$$\text{CMPI} \qquad \#\langle \textit{data} \rangle, \langle \textit{ea} \rangle$$

Bedingte Befehle

Bei der Ausführung eines bedingten Befehls wird das CCR-Register (Flag-Register) im Steuerwerk geprüft. Der bedingte Befehl wird nur dann ausgeführt, wenn die spezifizierte Bedingung, die sich in einem oder mehreren Flags des CCR-Registers widerspiegelt, erfüllt ist. Andernfalls springt das Programm zum nächsten Befehl. Die bedingten Verzweigungsbefehle arbeiten mit relativer Sprungadressierung. Das Sprungziel wird i. A. als Label angegeben. Ähnlich wie bei den Befehlen BRA und BSR berechnet der Assembler beim Übersetzungsvorgang den Abstand des aktuell bearbeiteten Befehls zum Sprungziel und trägt diesen Abstand um zwei vermindert als relative Sprungadresse in den Maschinenbefehl ein. Auch hier ist die Adressdistanz eine vorzeichenbehaftete 8-Bit- oder 16-Bit-Zahl.

Der bedingte Verzweigungsbefehl

$$\text{Bcc} \qquad d_{16}$$

springt nur dann, wenn eine bestimmte Bedingung cc erfüllt ist. Diese Bedingungen können in drei Gruppen eingeteilt werden:

1. Abfrage einzelner Flags
2. Vergleich vorzeichenbehafteter Dualzahlen
3. Vergleich vorzeichenloser Dualzahlen

Tabelle 2.3 zeigt die die verschiedenen Bedingungen und die zugehörigen bedingten Sprungbefehle im Einzelnen. Weitere Befehle, die die angegebenen Bedingungen verwenden, sind Scc, ein bedingter Setzbefehl, und DBcc, ein typischer Schleifenbefehl, der später in diesem Abschnitt genau beschrieben wird.

| **Einzelflags** | | **Zahlen mit Vorz.** | | **Zahlen ohne Vorz.** | |
Befehl	*cc*	**Befehl**	**falls** *cc*	**Befehl**	**falls** *cc*
BPL	$N = 0$	BGT	$>$	BHI	$>$
BMI	$N = 1$	BGE	$\geq$	BHS	$\geq$
BVC	$V = 0$	BEQ	$=$	BEQ	$=$
BVS	$V = 1$	BNE	$\neq$	BNE	$\neq$
BCC	$C = 0$	BLE	$\leq$	BLS	$\leq$
BCS	$C = 1$	BLT	$<$	BLO	$<$

Tabelle 2.3: Die verschiedenen Bedingungen „*cc*" und die zugehörigen Sprungbefehle.

Beispiele

Listing 2.4 zeigt ein kleines einfaches Beispielprogramm, das einen bedingten Sprung verwendet.

```
1            ORG      $3300
2 Wort1:     DC.B     'abcd'         ; ASCII-Werte:97,98,99,100
3
4 START      ORG      $1000
5            CLR.L    D0
6            MOVEA.L  #Wort1,A0
7            CMPI     #97,(A0)
8            BNE      Weiter
9            MOVEQ    #97,D0
10 Weiter:   ...
```

Listing 2.4: Beispielprogramm, das einen bedingten Sprung enthält.

Aufgabe 2.28

Betrachten Sie das in Abbildung 2.4 dargestellte Assemblerprogramm.

(a) Welchen Wert enthält die Speicherzelle $3300 bei Start des Assemblerprogramms? Welchen Wert enthält die Speicherzelle $3003?

(b) Welcher Wert steht nach der MOVEA-Instruktion in Register A0?

(c) Welche Werte werden durch die CMPI-Instruktion miteinander verglichen?

(d) Welche Flags des CCR-Registers sind nach dem Vergleich gesetzt?

(e) Welcher Wert steht beim Label Weiter im Register D0?

Das in Listing 2.5 gezeigte Assemblerprogramm stellt das „Skelett" einer zweiseitig bedingten Anweisung (deren Pseudocodefragment und Flussdiagramm in Abbildungen 2.23 und 2.24 zu sehen sind) dar. Block *A* wird übersprungen, wenn die Bedingung nicht erfüllt ist; Block *A* schließt mit einem unbedingten Sprung nach Block *C* ab.

```
1            ORG      $3300
2 Wort1:     DC.B     'abcd'         ; ASCII-Werte 97 98 99 100
3
4 START      ORG      $1000
```

```
 5             MOVE.L   #Wort1,A0
 6             CMPI.B   #97,1(A0)
 7             BNE      Bpruef1
 8             MOVEQ    #97,D0      ; Block A
 9             BRA      CWeiter
10  Bpruef1:   CMPI.B   #98,1(A0)   ; Block B
11             MOVEQ    #98,D0
12  Cweiter:   NOP                  ; Block C
```

Listing 2.5: Skelett eines Assemblerprogramms, das die zweistufige bedingte Anweisung implementiert

Aufgabe 2.29
Welche Werte werden mit dem CMPI-Befehl in obigem Beispielprogramm miteinander verglichen?

2.6.2 Fallunterscheidungen

Eine Fallunterscheidung besteht aus mehreren Alternativen, deren Ausführung von jeweils einer Bedingung abhängt. Die Fallunterscheidung ist eigentlich nichts anderes als eine Erweiterung der bedingten Anweisung und kann – genau wie diese – mit Vergleichsbefehlen und bedingten Sprungbefehlen in Assembler umgesetzt werden. Abbildung 2.25 zeigt eine Fallunterscheidung mit vier Fällen.

```
 1: if Bedingung₁ then
 2:     Block A
 3: else if Bedingung₂ then
 4:     Block B
 5: else if Bedingung₃ then
 6:     Block C
 7: else
 8:     Block D
 9: end if
10: Block E
```

Abbildung 2.25: Pseudocode-Fragment einer Fallunterscheidung.

Aufgabe 2.30
Zeichnen Sie ein Flussdiagramm, das dem Pseudocode-Fragment aus Abbildung 2.25 entspricht.

Das in Abbildung 2.6 gezeigte Assemblerprogramm stellt das „Skelett" einer Fallunterscheidung dar. Die einzelnen Blöcke werden übersprungen, wenn die jeweilige Bedingung nicht erfüllt ist. Jeder Block schließt mit einem unbedingten Sprung ans Ende der Fallunterscheidung ab.

```
 1             ORG      $3300
 2  Wort1:     DC.B     'abcd'      ; ASCII-Werte 97 98 99 100
 3  LOOP:      CMPI.B   #97,2(A0)
 4             BNE      Bpruef
```

```
 5                  MOVEQ    #97,D0          ; Block A
 6                  BRA      Eweiter
 7  Bpruef:         CMPI.B   #98,2(A0)
 8                  BNE      Cpruef
 9                  MOVEQ    #98,D0          ; Block B
10                  BRA      Eweiter
11  Cpruef:         CMPI.B   #99,2(A0)
12                  BNE      Dpruef
13                  MOVEQ    #99,D0          ; Block C
14                  BRA      Eweiter
15  Dpruef:         CMPI.B   #100,2(A0)
16                  BNE      Eweiter
17                  MOVEQ    #100,D0
18  Eweiter:        NOP
19  Schluss:        NOP
```

Listing 2.6: Beispiel eines Assemblerprogramms, das eine Fallunterscheidung implementiert

Aufgabe 2.31
Betrachten Sie das Assemblerprogramm in Listing 2.6. Welche Werte werden durch die CMPI-Instruktionen jeweils miteinander verglichen?

2.6.3 Programmschleifen

Wir betrachten hier die Implementierung verschiedener Arten von Schleifen:

- Die Wiederholungsschleife (auch **for**-Schleife genannt).

  1: **for** $i = Anfangswert$ **to** $Endwert$ **step** $Schrittweite$ **do**
  2:     Block A
  3:     Block B
  4: **end for**

  Der Schleifenzähler wird zu Beginn mit der Anzahl der gewünschten Durchläufe geladen. Mit jedem Schleifendurchlauf wird der Schleifenzähler um die Schrittweite verändert. Die Schleife wird so oft durchlaufen, bis der Stand des Schleifenzählers den Endwert erreicht hat.

- Die **while**-Schleife.

  1: **while** $Bedingung$ **do**
  2:     Block A
  3:     Block B
  4: **end while**

  Die Prüfung der Terminierungsbedingung findet hier am Schleifenanfang statt. Block A wird nicht ausgeführt, wenn die Terminierungsbedingung nicht erfüllt ist. Schleifen dieses Typs werden auch „abweisende Schleifen" genannt.

- Die **repeat**-**until**-Schleife.

  1: **repeat**
  2:     Block A
  3:     Block B
  4: **until** *Bedingung*

Die Terminierungsbedingung wird am Ende der Schleife kontrolliert. Schleifen dieses Typs werden immer mindestens einmal durchlaufen

Schleifenbefehle

Zum Programmieren von Schleifen im 68000-Assembler werden üblicherweise für die Erhöhung bzw. Erniedrigung der Laufvariablen die folgenden Befehle verwendet:

$$\text{ADDQ} \qquad \#\langle data\rangle, \langle ea\rangle$$
$$\text{SUBQ} \qquad \#\langle data\rangle, \langle ea\rangle$$

Mit dem ADDQ-Befehl kann eine Konstante, deren Wert zwischen 1 und 8 liegt, zu einem Byte-, Wort- oder Langwortoperanden addiert werden. Der ADDQ-Befehl wird in Schleifen dem allgemeineren ADD-Befehl wegen der kürzeren Ausführungszeit und des kompakteren Opcodes vorgezogen. Der SUBQ-Befehl dient dazu von einem Operanden (vom Typ Byte, Wort oder Langwort) eine Konstante zwischen 1 und 8 zu subtrahieren. Ebenso wie der ADDQ-Befehl dem ADD-Befehl ist auch der SUBQ Befehl dem SUB-Befehl vorzuziehen.

Es gibt einen Befehl, der genau auf die Anforderungen der Schleifenprogrammierung zugeschnitten[4] ist, die DBRA-Instruktion; das Mnemonic DBRA steht übrigens für „Decrement and Branch":

$$\text{DBRA} \qquad \text{D}n, \langle Ziel\rangle$$

Ähnlich wie bei anderen relativen Sprunginstruktionen arbeitet DBRA mit Befehlszähler-relativer Adressierung. Die Adresse des Sprungziels wird also berechnet aus aus dem Stand des Befehlszählers (genauer: PC + 2) und dem vorzeichenbehafteten Wortabstand. Der Befehl DBRA dient zum Aufbau von Zählschleifen der Schrittweite -1. Schleifenvariable ist immer das untere (d. h. niederwertige) Wort eines Datenregisters. Bei jedem Aufruf eines DBRA-Befehls werden die folgenden beiden Aktionen ausgeführt:

1. Vermindere zuerst den Zähler im eins.

2. Falls Zähler $\neq -1$ springe zu $\langle Ziel\rangle$.

Die Schleife wird also bei einem Zählerstand von -1 abgebrochen; bei der letzten Ausführung des Schleifenkörpers hat der Zähler den Wert 0.

---

[4] Das ist übrigens typisch für den Instruktionensatz eines CISC (= „Complex Instruction Set Architecture") Prozessors. Hier liegt zwischen den Maschinenbefehlen und der eigentlichen Hardware des Prozessors noch eine Software-„Schicht", der sog. Mikro-Interpreter. Dies bringt den Prozessordesignern den Vorteil, den Maschinenbefehlssatz flexibel zu ändern und zu erweitern, ohne die Hardware anzutasten.

Befehl	Abbruch bei ...	Befehl	Abbruch bei ...
DBPL	$N = 0$ (positiv)	DBMI	$N = 1$ (negativ)
DBNE	$Z = 0$ (nicht Null)	DBEQ	$Z = 1$ (Null)
DBVC	$V = 0$ (kein Überl.)	DBVS	$V = 1$ (Überlauf)
DBCC	$C = 0$ (kein Übertr.)	DBCS	$C = 1$ (Übertrag)

Tabelle 2.4: Abbruchbedingungen der Schleifenbefehle DBcc

Betrachten wir das Pseudocodefragment

for $i = 99$ **to** 0 **step** -1 **do**
   Schleifenkörper
end for

Wir können ein entsprechendes Assemblerprogramm relativ einfach mit Hilfe des DBRA-Befehls erstellen. Es gibt prinzipiell zwei Möglichkeiten. Zum Einen können wir die Schleife durch eine wiederholte Kontrolle der Laufvariablen *hinter* dem Schleifenkörper implementieren – dies wird in folgendem kleinen Assemblerprogrammfragment umgesetzt:

```
        MOVE.W  #99,D0    ; 99 = Anzahl Schleifendurchläufe - 1
loop:   ...               ; Schleifenkörper
        DBRA    D0,loop   ; Schleifenkontrolle
```

Die andere Möglichkeit ist, die Schleife durch eine abweisende Kontrolle *vor* dem Schleifenkörper zu implementieren:

```
        MOVE.W  #100,D0   ; 100 = Anzahl der Schleifendurchläufe
kont:   DBRA    D0,loop   ; Schleifenkontrolle
        BRA     exit
loop:   ...               ; Schleifenkörper
        BRA     kont
```

Aufgabe 2.32
Zeichnen Sie für jedes der beiden obigen Assemblerprogrammfragmente ein passendes Flussdiagramm

Die DBRA-Instruktion ist nur die einfachste aus einer ganzen Gruppe von (ähnlich gestrickten) Schleifenbefehlen

$$DBcc \qquad Dn, \langle Ziel \rangle$$

Hier steht *cc* für eine Abbruchbedingung. Die DBcc-Instruktion bricht ab, falls entweder der Zähler $= -1$ ist, oder falls die durch *cc* spezifizierte Abbruchbedingung auftritt. Tabelle 2.4 zeigt, welche Abbruchbedingungen existieren.

Aufgabe 2.33
In einer Schleife, die durch Eingabe des Zeichens * abgebrochen werden kann, sollen alle Kleinbuchstaben in Großbuchstaben umgewandelt werden und ausgegeben werden. Ein C-Programm, das diese Aufgabe erfüllt (und in diesem Fall auch spezifiziert) ist in Listing 2.7 zu sehen.

```
1  #include <stdio.h>      // für cout
2  #include <conio.h>      // für getch und putch
3  main()
4  {
5    char z;
6    cout << "\nEnde mit *\n";
7    while (1)
8    {
9      z = getch();
10     if (z == '*') break;
11     if (z >= 'a' && z <= 'z') z = z-32;
12     putch(z);
13   }
14   cout << "\nAuf Wiedersehen";
15   return 0;
16 }
```

Listing 2.7: C Programm das die Zeichen aus der Standardeingabe in Großbuchstaben umwandelt

Aufgabe 2.34
Gegeben sei folgendes Anfangsstück eines Assemblerprogramms:

```
        ORG $2000
stg:    DC.B 'Eine umzudrehende Zeichenkette'
rvstg:  DS.B 31
size:   DC.W 31
...     ...
```

Vervollständigen Sie das Programmfragment durch eine Schleife so, dass nach Ende der Ausführung rvstg den umgedrehten String enthält, also den Wert 'etteknehcieZ edneherduzmu eniE'.

Aufgabe 2.35
Gegeben sei folgendes Anfangsstück eines Assembler-Programms:

```
        ORG $2000
array:  DC.W 5,-1,100,10,25,-7,122,-19,0
size:   DC.W 9
min:    DS.W 1
max:    DS.W 1
```

Vervollständigen Sie das Programmfragment durch eine Schleife so, dass nach Ende der Ausführung in min der kleinste und in max der Größte Wert von array stehen.

2.7 Unterprogrammtechnik

Wir haben in den vorigen Abschnitten die Instruktionen JSR, BSR und RTS kennengelernt, mit denen Sprünge in Unterprogramme realisiert werden können. Es lohnt sich, weitere Details bezüglich der Unterprogrammprogrammierung hier zu vertiefen. Es werden zum Einen Techniken der Parameterübergabe in Abschnitt 2.7.1 besprochen, die es unter anderem erlauben, Assemblerunterprogramme in Programme einer höhere Programmiersprache einzubinden. Dies kann beispielsweise sinnvoll sein, wenn man bestimmte geschwindigkeitskritische Routinen direkt in Assemblersprache erstellen möchte, den Rest des Programms aber (verständlicherweise) lieber in einer Hochsprache programmieren möchte. Kapitel 4 beschreibt, wie diese Interaktion zwischen C und dem 68000-Assembler funktionieren kann.

Schließlich werden wir erklären, was wiedereintrittsfeste Unterprogramme sind und wie man sie programmiert. Auch dies ist wichtig für das weitere Verständnis von Kapitel 4. Alle Unterprogramme einer höheren Programmiersprache sind i. A. wiedereintrittsfest und nahezu jeder C-Compiler bedient sich der Techniken, die in Abschnitt 2.7.2 besprochen werden.

2.7.1 Parameterübergabe

Wir betrachten zwei Aspekte der Parameterübergabe genauer. Zum Einen den Speicher-Ort der Parameterübergabe (bei Maschinenprogrammen können wir hier wählen, bei Programmen einer höheren Programmiersprache dagegen nicht). Zum Anderen betrachten wir die Art der Parameterübergabe.

Ort der Parameterübergabe

Für den *Ort* der Parameterübergabe in Maschinenprogrammen gibt es mehrere Möglichkeiten:

- Werte in Datenregister

- Adressen der Werte in Adressregister

- Werte über den Stack

- Adressen der Werte über den Stack

In Maschinenprogrammen bevorzugt man oft eine Parameterübergabe in Registern. Das ist die zeiteffizienteste Möglichkeit der Parameterübergabe; Zugriffe auf prozessor*interne* Register sind um Größenordnungen schneller als Zugriffe auf den (i. A.) prozessor*externen* Hauptspeicher, der unter Anderem den Stack enthält.

Es gibt aber trotzdem Situationen, in denen eine Parameterübergabe über den Stack gewählt werden sollte. Zum Einen gibt der Stack keine Einschränkung an die Anzahl der Parameter vor, die zu übergeben sind. Zum Anderen wird der Stack meist bereits zur Speicherung des Prozessorstatus und der lokalen Variablen eines Unterprogramms benutzt. Die Benutzung des Stacks bewirkt so eine Vereinheitlichung der für Daten-, Status- und Parameterzugriffe eingesetzten Mechanismen. Der dritte insbesondere für Kapitel 4 wichtige Punkt: Auch übersetzte C-Programme benutzen den Stack für die Parameterübergabe; nur wenn man in Assembler die gleichen Mechanismen verwendet ist eine sinnvolle Interaktion zwischen Assembler-Unterprogrammen und C-Unterprogrammen möglich.

Art von Parametern

Wir unterscheiden zwei unterschiedliche Arten von Parametern: Zum Einen die sog. *call-by-value*-Parameter. Hier wird der Wert der Variablen in den Datenbereich des Unterprogramms kopiert; das Unterprogramm arbeitet dann nur auf der Kopie und verändert den Wert des Oberprogramms[5] nicht. Zum Anderen kann man Parameter als *call-by-reference*-Parameter an ein Unterprogramm übergeben. Hier wird nicht der Wert selbst, sondern eine Referenz auf den Wert (d. h. die Adresse der Speicherzelle, an der der Wert gespeichert ist) übergeben. Unter- und Oberprogramm arbeiten auf derselben Kopie.

Auch in höheren Programmiersprachen wird i. A. zwischen diesen beiden Arten der Parameterübergabe unterschieden. In der Programmiersprache C beispielsweise werden normalerweise alle Parameter „by-value" übergeben; d. h. durch das Unterprogramm werden lokale Kopien der Parameter angelegt; das Unterprogramm arbeitet dann auf den Kopien und die Variablen des Oberprogramms bleiben unangetastet. Listing 2.8 zeigt eine C-Funktion in der by-value übergeben wird. Listing 2.9 zeigt die gleiche Funktion, mit dem einen Unterschied, dass die Parameter hier „by-reference" übergeben werden. Die Parameterdeklarationen int *base* und int *n* legen fest, dass der Funktion *Adressen* auf integer -Werte übergeben werden.

```
1  /* power: Berechne base
2     "hoch" n für n>=0 */
3
4  int power1(int base, int n)
5  {
6     int p;
7     for (p = 1; n > 0; --n)
8        p = p *base;
9     return p;
10 }
```

```
1  /* power: Berechne base
2     „hoch" n für n>=0 */
3
4  int power2(int *base, int *n)
5  {
6     int p;
7     for (p = 1; *n > 0; --(*n))
8        p = p **base;
9     return p;
10 }
```

Listing 2.8: C-Code-Beispiel einer call-by-value-Parameterübergabe.

Listing 2.9: C-Code-Beispiel einer call-by-reference-Parameterübergabe.

Software-technisch ist es grundsätzlich sinnvoll, wenn das Unterprogramm möglichst wenig Einfluss auf das Oberprogramm hat. Man spricht auch in diesem Zusammenhang von *Seiteneffekten* auf das Oberprogramm; Ziel sollte immer sein, möglichst seiteneffektfreie Funktionen zu programmieren; eine Parameterübergabe by-value trägt unter anderem dazu bei. Trotzdem ist es manchmal sinnvoll Parameter „by-reference" zu übergeben:

- Das aufgerufene Programm soll Daten innerhalb eines Datenfeldes des aufrufenden Programms ändern.

- Im aufgerufenen Programm werden nur einige wenige Elemente eines Datenfeldes benötigt, das im aufrufenden Programm vereinbart wurde. Ein call-by-value-Übergabe würde hier zu viel Speicher brauchen, denn call-by-value kopiert den Parameter in eine neue temporäre Variable. Bei einer Call-By-Reference-Übergabe braucht nicht das gesamte Daten-

---

[5]Der Programmteil, der das Unterprogramm aufruft, nennt man auch *Oberprogramm*; Synonyme sind „Hauptprogramm" oder einfach „aufrufendes Programm"

feld übergeben zu werden. An das aufrufende Programm müssen mehrere Rückgabewerte übergeben werden.

Ganz anders als bei vielen höheren Programmiersprachen, ist der Standardfall in Assembler die by-reference-Parameterübergabe. Eine by-value-Übergabe, d. h. die Erzeugung einer lokale Kopie der Parameter, muss der Assemblerprogrammierer „von Hand" programmieren. Hierfür gibt es prinzipiell zwei Realisierungsmöglichkeiten:

1. *Übergabe der Parameter bzw. Parameteradressen in Daten- bzw. Adressregistern*:
   Im Oberprogramm werden die Parameter (Werte oder Adressen) in Register geladen, dann wird das Unterprogramm aufgerufen. Im Unterprogramm kann über die Register auf die Parameter zugegriffen werden. Im Unterprogramm veränderte Arbeitsregister werden zu Beginn lokal gesichert und am Ende zurück gesichert. Nach der Rückkehr in das aufgerufene Programm können evtl. vorhandene Rückgabeparameter (in Registern) ausgewertet werden

2. *Übergabe der Parameteradresse über den Stack*:
   Wie oben schon erwähnt, wird diese Möglichkeit meist im Zusammenhang mit höheren Programmiersprachen verwendet. Im Oberprogramm werden die zu übergebenden Parameter auf dem Stack abgelegt, dann wird das Unterprogramm aufgerufen. Im Unterprogramm können die Eingabeparameter vom Stack kopiert werden. Für den Zugriff auf die Parameter muss zum momentanen Stand des Stackpointers ein Offset berechnet werden; das Beispiel und die Aufgaben im nächsten Abschnitt beschäftigen sich auch damit. Im Unterprogramm veränderte Arbeitsregister werden zu Beginn lokal gesichert und am Ende zurück gesichert. Eventuell können auch Rückgabeparameter über den Stack übergeben werden, dies ist aber oft nicht üblich. Nach der Rückkehr in das aufgerufene Programm können evtl. vorhandene Rückgabeparameter (in Registern oder im Stack) ausgewertet werden. Der Stackpointer muss so „korrigiert" werden, dass er wieder den selben Wert bekommt, den er vor dem Unterprogrammaufruf hatte.

Beispiele

Wir betrachten das in Listing 2.10 dargestellte C-Programm, das die benutzerdefinierte Funktion austext aufruft,die einen nullterminierten String ausgibt; in C sind Strings üblicherweise nullterminiert, d. h. werden mit $00 abgeschlossen:

```
1  #include <conio.h>
2  void austext(char text[])
3  {
4    int i = 0;
5    putch('\r'); putch('\n');
6    while (text[i] != 0) putch(text[i++]);
7  }
8
9  main()
10 {
11   char meldung[81] = "Benutzerdefinierte C-Funktion";
```

```
12   austext(meldung);
13   return 0;
14 }
```

Listing 2.10: Die Funktion `austext` gibt einen nullterminierten String aus. Die Variable `text` ist ein Zeiger auf das erste Zeichen des auszugebenden Strings. Die while-Schleife in Zeile 6 durchläuft die Zeichen des Strings und gibt diese einzeln aus, bis der Inhalt der Speicherzelle `text+i` (was in C-Syntax nichts anderes als `text[i]` ist) den Wert 0 hat.

Listing 2.11 zeigt ein äquivalentes Programm in Assembler: Die TRAP-Instruktion startet eine Ausnahme- oder Betriebssystem-Routine (Details zu Ausnahmen und Interrupts werden in Kapitel 3 behandelt) mit einer Vektor-Nummer zwischen 0 und 255. Mit der Ausnahme-Routine Nummer 15 können bestimmte Routinen des Betriebssystems aufgerufen werden. Der Inhalt des Registers D0 gibt an, welche Routine verwendet werden soll. Im Falle des obigen Programms wird die Routine Nummer 6 angesprochen; diese interpretiert den in D1.B stehenden Wert als ASCII-Zeichen und gibt dieses auf dem Bildschirm aus.

Aufgabe 2.36
Durch welche Art der Parameterübergabe wird der auszugebende Text durch das obige C-Programm übergeben? Wo wird der entsprechende Parameter durch das obige Assemblerprogramm übergeben?

Aufgabe 2.37
Normalerweise entwirft man ein Assemblerprogramm, indem man zunächst den zu implementierenden Algorithmus in Pseudocode oder durch ein Flussdiagramm formuliert und im nächsten Schritt daraus ein Assemblerprogramm entwickelt. Wir machen es hier ausnahmsweise umgekehrt: Zeichnen Sie ein Flussdiagramm, das dem oben gezeigten Assemblerprogramm entspricht.

Aufgabe 2.38
Skizzieren Sie den Stack nach Ausführung von Zeile 8 in oben gezeigtem Assemblerprogramm.

Aufgabe 2.39
Zeichnen Sie den Stackaufbau vor dem Parameterzugriff in `Unt3` (Listing 2.12). Welchen Wert sollte der Offset *xx* des Stackpointers zum Zugriff auf den Parameter haben (Zeile 32 in Listing 2.12)?

```
1  START          ORG      $1000
2                 LEA      text(PC),A0
3                 BSR      austext
4                 MOVE.L   #9,D0
5                 TRAP     #15          ; Stoppe Programmausführung
6
7  austext:       MOVE.L   D0,-(A7)     ; Push D0
8                 MOVE.L   D1,-(A7)     ; Push D1
9                 MOVE.L   A0,-(A7)     ; Push A0
10                MOVE.L   #6,D0        ; Task-Number 6: putchar D1
11                MOVE.B   #10,D1       ; lf-Line Feed
12                TRAP     #15
13                MOVE.B   #13,D1
14                TRAP     #15
15 austext1:      MOVE.B   (A0)+,D1     ; Textzeichen lesen
16                BEQ      austext2     ; Falls 0 -> fertig
17                TRAP     #15
18                BRA      austext1     ; Ausgabeschleife
19 austext2:      MOVE.L   (A7)+,A0     ; Pop A0
20                MOVE.L   (A7)+,D1     ; Pip D1
21                MOVE.L   (A7)+,D0     ; Pop D0
22                RTS
23
24 text           DC.B     'Hier ist eine Assemblerfunktion',0
25 END            START
```

Listing 2.11: In Zeile 3 wird mittels BSR in das Unterprogramm austext gesprungen. Hier werden zunächst die Register D0 und A0 auf dem Stack gesichert, und zwar aus folgendem Grund: Sowohl A0 als auch D0 werden im Laufe der Ausführung des Unterprogramms verändert; um sicherzustellen, dass die Ausführung des Unterprogramms möglichst seiteneffektfrei auf das Oberprogramm ist, sollten die Register A0 und D0 *nach* Ausführung von austext dieselben Werte haben wie davor; genau dafür bietet sich eine Zwischensicherung dieser Register auf dem Stack an. In den Zeilen 10, 11 und 12 wird ein Zeilenvorschub (ASCII-Code 10) ausgegeben. Das Durchführen einer Ausgabe auf dem Bildschirm wird mittels einer Betriebssystemroutine realisiert. Betriebssystemroutinen werden mittels der TRAP-Anweisung gestartet; hierbei muss sich die Nummer der Routine immer in Register D1 befinden; die Routine 6 gibt ein Zeichen, dessen ASCII-Code sich in Register D1 befinden muss, auf dem Bildschirm aus. In den Zeilen 15 bis 18 findet sich das Pendant zur while-Schleife aus Listing 2.10: Der String bei der Marke text wird solange durchlaufen, bis die 0 gelesen wird. Dieser Test wird durch das BEQ-Kommando in Zeile 16 durchgeführt. Sobald die 0 des Strings erreicht wurde, werden die ursprünglichen Werte der gesicherten Register wieder zurück geschrieben (Zeilen 19 bis 21) und mittels RTS das Unterprogramm verlassen.

Das in folgendem Listing 2.12 gezeigte Assemblerprogramm liefert Beispiele für unterschiedliche Arten der Parameterübergabe:

```
 1          ORG     $3300
 2 Dat1:    DC.L    $89ABCDEF
 3 Dat2:    DC.L    $01234567
 4 Wort1:   DC.B    0,1,2,3,4,5,6,7,8,9,$FF
 5 Wort2:   DC.B    9,8,7,6,5,4,3,2,1,0,$FF
 6
 7 START    ORG     $1000
 8          MOVE.L  Dat1,D1
 9          MOVE.L  Dat2,D2
10          BSR     Unt1
11          LEA     Wort1,A0
12          BSR     Unt2            ; Wort ausgeben
13          PEA     Wort1
14          BSR     Unt3
15          ADDQ.L  #4,A7           ; Korrektur wg PEA
16 Unt1:    NOP
17          ADD.L   D2,D1
18          MOVE    SR,D2
19          RTS
20 Unt2:    NOP
21          MOVEM.L A0/D0,-(A7)     ; Push A0 und D0
22 Unt2w:   MOVE.B  (A0)+,D0        ; Zeichen nach D0
23          CMPI.B  #$FF,D0         ; Endezeichen?
24          BEQ     Unt2e           ; zurück
25          BSR     GibAus          ; Zeichen ausgeben
26          BRA     Unt2w
27 Unt2e:   MOVEM.L (A7)+,A0/D0     ; Pop A0 und D0
28          RTS
29
30 Unt3:    NOP
31          MOVEM.L A0/D0,-(A7)     ; Push A0 und D0
32          MOVE.L  xx(A7),A0
33 Unt3w:   MOVE.B  (A0)+,D0        ; Zeichen nach D0
34          CMPI.B  #$FF,D0
35          BEQ     Unt3e
36          BSR     GibAus          ; Zeichen ausgeben
37          BRA     Unt3w
38 Unt3e:   MOVEM.L (A7)+,A0/D0     ; Pop A0 und D0
39          RTS
40 GibAus:  NOP
41          MOVE.L  D1,-(A7)        ; Push D1
42          MOVE.L  D0,D1           ; Param nach D1
43          MOVE.L  D0,-(A7)        ; Push D0
44          MOVE.L  #6,D0           ; Task 6: putChar
45          TRAP    #15
46          MOVE.L  (A7)+,D0
```

```
47        MOVE.L    (A7)+,D1
48        RTS
49  END   START
```

Listing 2.12: Beispielprogramm, das unterschiedliche Arten der Parameterübergabe veranschaulicht. Hierbei werden für die Unterprogramme Unt1, Unt2 und Unt3 jeweils unterschiedliche Möglichkeiten gezeigt, wie Parameter vom Hauptprogramm aus übergeben werden können. Das Unterprogramm Unt1 bekommt eine Parameterübergabe by-value, das Unterprogramm Unt2 bekommt eine Parameterübergabe by-reference (hier wird ein Array übergeben; die by-reference-Technik ist hier also auch am sinnvollsten) und das Unterprogramm Unt3 bekommt ebenfalls eine Parameterübergabe by-reference, allerdings nicht wie Unt2 über ein Adressregister, sondern hier wird die Adresse des Parameters auf dem Stack übergeben.

2.7.2 Wiedereintrittsfestigkeit

Es ist eine Situation denkbar, in der ein Unterprogramm durch einen Interrupt unterbrochen werden kann. Die dann laufende Interrupt-Routine könnte das unterbrochene Unterprogramm wiederum aufrufen. Falls das Unterprogramm seine Variablen in einem Bereich mit fester Adresse hat, so wird beim 2. Aufruf der ursprüngliche Variableninhalt überschrieben. Hier ist Vorsicht geboten: es kann zu unerwarteten Ergebnissen kommen, wenn das unterbrochene Unterprogramm mit den veränderten Variablen fortgesetzt wird. Das gleiche Problem entsteht bei rekursiven Unterprogrammaufrufen (wenn das Unterprogramm sich also selbst wiederholt aufruft).

Unterbrechbare und rekursive aufrufbare Unterprogramme brauchen also für jeden Aufruf einen eigenen Variablenbereich. Es muss gewährleistet sein, dass vor dem erneuten Aufruf des Unterprogramms sein momentaner Datenbereich gerettet und nach Rückkehr in das Unterprogramm sein voriger Datenbereich (mit allen lokalen Variablen und Parametern) wiederhergestellt wird. Dies funktioniert dann am einfachsten, wenn der Variablenbereich auf dem Stack angelegt wird. Unterprogramme, die der gerade beschriebenen Art unterbrechbar sind, werden *wiedereintrittsfest* oder *reentrant* genannt. Mit dem LINK-Kommando

$$\text{LINK} \qquad \text{A}n,\#\langle \textit{offset} \rangle$$

kann man bei jedem Unterprogrammaufruf einen neuen Speicherbereich auf dem Stack einrichten, und diesen mit UNLK

$$\text{UNLK} \qquad \text{A}n$$

bei Verlassen des Unterprogramms wieder freigeben.

Bei Aufruf des LINK-Befehls werden folgende Aktionen ausgeführt:

1. Zunächst wird der Inhalt des für den LINK-Befehl benötigten Adressregisters An auf den Stack gespeichert. An bezeichnet man hier als meist als *Framepointer*. Durch dieses Speichern wird der Stackpointer A7 um vier vermindert.

2. Der neue Wert von A7 wird An zugewiesen, so dass An nun auf seinen alten Wert zeigt. Übrigens wird oft das Register A5 als Framepointer verwendet (also: $n = 5$).

3. Danach wird zu A7 die im LINK-Befehl angegebene vorzeichenbehaftete Konstante zu A7 aufaddiert. Diese Konstante ist die Größe des zu reservierenden Stackbereichs für die lokalen Variablen des Unterprogramms (für den aktuellen Aufruf). Um den Wert dieser

Konstanten wird also der Stackpointer verschoben. Da der Stackpointer in Richtung des freien Stackbereichs (fallende Adressen) bewegt werden soll, muss die Konstante eine *negative* Zahl sein. Wenn nun während des Ablaufes des Unterprogramms weitere Daten auf den Stack gelegt werden, bleibt der reservierte Variablenbereich frei.

Der UNLK-Befehl hebt diese Wirkungen des LINK-Befehls wieder auf. Es werden also folgende Schritte ausgeführt:

1. Zunächst wird der Inhalt des Registers A*n*, das während der Wirkung des LINK-Befehls unverändert bleiben muss, in das Register A7 (also den Stackpointer) kopiert.
2. Dann wird A*n* vom Stack genommen und der ursprüngliche Zustand des Stacks ist wiederhergestellt.

Betrachten wir das in Listing 2.13 dargestellte Beispielprogramm:

```
1 start   ORG     $1000
2         MOVE.L  #$10101010, D0  ; einige Beispielwerte in Register
3         MOVE.L  #$20202020, D1
4         MOVEA.L #$30303030, A5
5         BSR     proc
6         ...
7 proc    NOP
8         MOVE.L  D0, -(A7)        ; Registersicherung
9         MOVE.L  D1, -(A7)
10        LINK    A5, #-8
11        ...                      ; Hier folgen die eigentlichen
12        ...                      ; Aktionen des Unterprogramms
13        UNLK    A5
14        MOVE.L  (A7)+, D1        ; Wiederherstellen der alten Werte
15        MOVE.L  (A7)+, D0
16        RTS
```

Listing 2.13: Programmierung eines wiedereintrittsfesten Unterprogramms.

Das Unterprogramm proc nimmt in den Zeilen 8 und 9 eine Registersicherung von D0 und D1 vor, d. h. die Werte von D0 und D1 *vor* Aufruf des Unterprogramms werden auf den Stack gespeichert; diese beiden Register können dann für Berechnungen des Unterprogramms verwendet werden, ohne dass das Oberprogramm davon etwas „merkt", denn vor Rücksprung ins Oberprogramm werden die alten Werte von D0 und D1 wieder hergestellt (Programmzeilen 14 und 15). Das Entscheidende hier ist aber die Wirkung des LINK-Befehls in Programmzeile 10: der Stackpointer wird um 8 erniedrigt (und der alte Stand von A5 auf dem Stack und der alte Stand von A7 in A5 gespeichert, um den ursprünglichen Zustand überhaupt wiederherstellen zu können); wir wissen ja (siehe Anhang C), dass der Stack beim 68000-Assembler grundsätzlich nach „unten" wächst, d. h. der LINK-Befehl bewirkt, dass 8 Speicherzellen auf dem Stack freigehalten werden. Falls alle für das Unterprogramm benötigten lokalen Variablen sich ausschließlich in diesen 8 Speicherzellen (und evtl. den beiden Registern D0 und D1) befinden, dann ist das Unterprogramm wiedereintrittsfest.

Aufgabe 2.40
Skizzieren Sie den Stack, Stack- und Framepointer jeweils ...

(a) ... nach Ausführung von Zeile 9

(b) ... nach Ausführung von Zeile 10

(c) ... nach Ausführung von Zeile 13

(d) ... nach Ausführung von Zeile 15

Verifizieren Sie selbst die Korrektheit ihrer Stack-Skizzen: Erstellen und assemblieren Sie obiges Assemblerprogramm im Easy68K und führen Sie es im Einzelschrittmodus aus und beobachten Sie dabei den Stack.

Aufgabe 2.41
Durch den LINK-Befehl in obigem Programm wurde Platz für beispielsweise 2 Langwortvariablen geschaffen. Ersetzen Sie die Platzhalter in Zeile 11 und Zeile 12 durch zwei Kommandos, die der einen Langwortvariablen den Wert $11112222 und der andere Langwortvariablen den Wert $33334444 zuweisen.

Die Wirkungen des LINK- und UNLK-Befehls kann man selbstverständlich auch „von Hand" programmieren. Ein erfahrener 68000-Assemblerprogrammierer würde dies natürlich nicht tun, aber es veranschaulicht nochmals die Funktionsweise dieser Befehle. Folgendes Assemblerprogramm ist also äquivalent zu obigem Programm und kommt ohne die Verwendung des LINK- und UNLK-Befehls aus:

```
1  start   ORG      $1000
2          MOVE.L   #$10101010, D0   ; einige Beispielwerte in Register
3          MOVE.L   #$20202020, D1
4          MOVEA.L  #$30303030, A5
5          BSR      proc
6          . . .
7  proc    NOP
8          MOVE.L   D0, -(A7)        ; Registersicherung
9          MOVE.L   D1, -(A7)
10         MOVE.L   A5, -(A7)
11         MOVEA.L  A7, A5
12         ADDA.L   #-8, A7
13         . . .                     ; Hier folgen die eigentlichen
14         . . .                     ; Aktionen des Unterprogramms
15         MOVEA.L  A5, A7
16         MOVEA.L  (A7)+, A5
17         MOVE.L   (A7)+, D1        ; Wiederherstellen der alten Werte
18         MOVE.L   (A7)+, D0
19         RTS
```

3 Synchronisation und Interrupthandling

In technischen Systemen besteht oft die Notwendigkeit, bestimmte Vorgänge zu synchronisieren (d. h. zeitlich aufeinander abzustimmen). Die denkbar einfachste Art der Abstimmung ist das sog. *Polling*. Etwas komplexer – aber in den meisten Fällen auch sinnvoller – ist die Synchronisation durch Interrupts.

In diesem Kapitel lernen Sie ...

- ... wie Synchronisation durch einfaches Polling funktioniert.

- ... welche Vorteile Synchronisation durch Interrupts bietet.

- ... wie das Interrupt-Handling beim Motorola-68000 und beim Motorola 68332 funktioniert.

- ... wie ein Interrupt im Detail abläuft.

- ... wie man selbst Interrupts programmieren kann.

Eine größere Anzahl von Interrupt-Programmierbeispielen und eine detailliertere Einführung in das Interrupt-Handling des Motorola-68332 findet sich in [Sch98].

3.1 Synchronisation durch Polling

Beim Polling – auch *aktives Warten*, *ausschließliches Warten* oder die Methode des *Sendeaufrufs* genannt – wartet ein Vorgang, bis ein vorangehender Vorgang abgeschlossen ist. Laut Merriam-Webster ist Polling definiert als:

> automatic, sequential testing of each potential source of input to a computer, usually a terminal, to find its operational status [elec.] [comp.]

Als Beispiel nehmen wir an, dass ein Eingabeprogramm Daten von einer Schnittstelle einlesen möchte. Ein bestimmtes Flag gibt an, ob die Daten gültig waren und vollständig eingelesen wurden. Die nachfolgende Verarbeitung beginnt erst nachdem die vorangehende Eingabe erfolgreich abgeschlossen wurde. Die Abbildungen 3.1 und 3.2 veranschaulichen dies durch einen Pseudocode-Algorithmus bzw. durch ein Flussdiagramm. Beim Polling ist also die Schnittstelle passiv: Sie wird laufend vom Programm aus abgefragt und muss ausschließlich reagieren, nie agieren.

Der Vorteil des Polling-Verfahrens sind dessen Einfachheit und die kurze Antwortzeit, allerdings nur unter der Voraussetzung, dass die Schnittstelle entsprechend schnell antwortet. Die Nachteile sind offensichtlich: Falls die Schnittstelle nicht gleich antwortet, können die Kosten[1],

---

[1] Als „Kosten" bezeichnet man in der Informatik oft die Rechenzeit-Kosten.

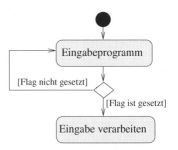

Eingabeprogramm
repeat
  Nop
until Flag ist gesetzt
Weitere Verarbeitung

Abbildung 3.1: Pseudocodefragement, das die Datenabfrage durch Polling beschreibt.

Abbildung 3.2: Flussdiagramm, das die Datenabfrage durch Polling beschreibt.

die Polling verursacht, unverhältnismäßig hoch sein; falls die Schnittstelle gar nicht antwortet, kann das Polling-Verfahren dauerhaft Kosten verursachen, falls das Polling-Verfahren nicht automatisch nach einer gewissen Zeit selbst abbricht.

3.2 Synchronisation durch Interrupts

Anders als bei der Synchronisation durch Polling, spielt bei der Synchronisation durch Interrupts die Schnittstelle den aktiven Part. Liegen neue Daten an, dann macht die Schnittstelle durch einen Interrupt auf sich aufmerksam. Ein Interrupt ist eine Anforderung zur (vorübergehenden) Unterbrechung des momentan vom Prozessor abgearbeiteten Maschinenprogramm. Wird der Interrupt akzeptiert[2] hält der Prozessor die Abarbeitung des momentan laufenden Programms an und startet eine sog. *Interrupt-Service-Routine* (kurz oft auch ISR genannt). Eine ISR ist ein Stück Maschinenprogrammcode, das die für die Unterbrechung notwendigen Aktionen durchführt. Das können zum Beispiel Aktionen für eine Fehlerbehebung sein, falls der Interrupt durch einen internen Fehler hervorgerufen wurde oder Aktionen für das Auslesen eines Datenpuffers der Schnittstelle, falls der Interrupt durch ein externes Gerät – diese Situation ist in Abbildung 3.3 angedeutet – hervorgerufen wurde.

Ein Interrupt und ein Unterprogrammaufruf sind sich in vieler Hinsicht ähnlich: Der Programmzähler wird mit einem anderen Wert geladen und die Maschinenprogrammausführung wird an einer anderen Stelle fortgeführt. Das Ende eines Unterprogramms markiert beim 68000-Assembler das RTS-Kommando, das die auf dem Stack gespeicherte Rücksprungadresse in den Programmzähler lädt. Auch das RTE-Kommando[3] lädt die Rücksprungadresse vom Stack in den Programmzähler. Interrupt und Unterprogrammaufruf unterscheiden sich aber in folgenden Punkten:

- Ein Unterprogramm wird nur an bestimmten, vom Programmierer festgelegten Stellen des Hauptprogramms aufgerufen. Die Ursache eines Interrupts ist in der Regel ein externes Signal, das nicht unbedingt in direktem Zusammenhang mit dem momentan laufenden

---

[2]Es gibt auch Situationen, in denen der Interrupt vom Prozessor als weniger „wichtig" erkannt wird, als das momentan laufende Programm, was dann zu einer Nicht-Akzeptanz des Interrupts führt; dazu aber später mehr.
[3]RTE ist ein Kürzel für „Return from Exception"

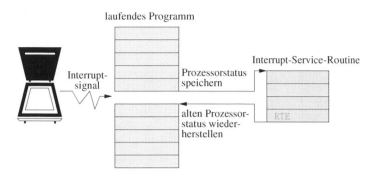

Abbildung 3.3: Ein Beispiel für Synchronisation durch Interrupts: Ein Programm wird durch eine Interruptanforderung unterbrochen, und es wird zeitweise eine Interrupt-Service-Routine ausgeführt.

Programm steht. Ein Interrupt kann somit asynchron zum Programmablauf auftreten, an vom Programmierer nicht vorhersehbaren Zeitpunkten.

- Bei einem Unterprogrammaufruf wird nur die Rücksprungadresse gespeichert; bei einem Sprung in eine Interrupt-Service-Routine wird zusätzlich zur Rücksprungadresse noch das Statusregister auf dem Stack gespeichert; vor dem Rücksprung wird dann der alte Stand des Statusregisters wieder vom Stack geladen. Warum dies Sinn macht, und für das fehlerfreie Funktionieren eines Prozessor sogar unerlässlich ist, sieht man an folgendem einfachen Beispiel:

```
1 ...
2 CMPI   #$0, D0
3 BEQ    proc
4 ...
```

Nehmen wir an, das Register D0 hätte den Wert $00000000 und kurz nach Ausführung von Programmzeile 2 und vor Ausführung von Programmzeile 3 würde eine Interruptanforderung eine ISR anstoßen. Die ISR führt Berechnungen aus, die das durch den CMPI-Befehl gesetzte Zero-Flag wieder auf Null setzen (jeder MOVE-Befehl, der einen von Null verschiedenen Wert in ein Datenregister lädt würde dies tun). Würde die Interrupt-Service-Routine den alten Stand des Statusregisters (das ja unter Anderem das Zero-Flag enthält) nicht wiederherstellen, dann würde der bedingte Sprungbefehl BEQ fälschlicherweise nicht an die Marke proc springen. Und noch schlimmer: dieser Fehler wäre für den Assemblerprogrammierer vermutlich nicht mehr nachvollziehbar, da er keinen Überblick darüber hat, wann welche Interrupts aufgetreten sind und wie diese sein Maschinenprogramm beeinflusst haben. Man sieht: Die Sicherung und Rücksicherung des Prozessorstatus ist für ein konsistentes Funktionieren des gesamten Prozessors wichtig.

- Der Motorola-68000 bietet zwei Betriebsarten an, in denen der Prozessor sich befinden kann: zum Einen den sog. Benutzer-Modus (oft auch in der deutschen Literatur mit dem englischen Ausdruck „user mode" bezeichnet) in dem sich der Prozessor bei der Abarbeitung eines Maschinenprogramms üblicherweise befindet; zum Anderen den sog. Supervisor-Modus der einen durchgreifenderen Zugriff auf Prozessoreinstellungen zulässt und der aus Sicherheitsgründen einen separaten Stack anbietet. Während der Prozessor sich im Benutzer-Modus befindet, wenn er ein herkömmliches Unterprogramm abarbeitet, befindet sich der Prozessor im Supervisor-Modus, während er eine Interrupt-Service-Routine abarbeitet. Entsprechend wird für die Speicherung der Rücksprungadresse und des Prozessorstatus auch nicht der Userstack verwendet, sondern der Supervisor Stack (das Register A7', der sog. Supervisor-Stack-Pointer, oder kurz: SSP, zeigt auf den Supervisor Stack).

- Die Startadresse des Unterprogramms ist direkt im Sprungbefehl mit kodiert. Die Startadresse eine Interrupt-Service-Routine ist in der sog. Vektortabelle hinterlegt. Das Wort „Vektor" ist synonym für „Zeiger" – die Vektortabelle ist ein Teil des Hauptspeichers (beim MC68000 der unterste Teil des Hauptspeichers) der eine Liste von Zeigern auf die ISRs enthält. Tritt ein Interrupt auf, so wird (explizit oder implizit) eine Vektornummer mitgeliefert aus der dann die Speicheradresse der ISR berechnet werden kann. Details hierzu werden in Abschnitt 3.4.3 vertieft.

Die Synchronisation durch Interrutps ist der Synchronisation durch Polling meist überlegen. Allerdings müssen dafür einige „Vorbereitungen" bei Hardware und Software getroffen werden: Der Prozessor muss Eingänge für Interruptanforderungen bereitstellen, diese müssen hardwaretechnisch weiterverarbeitet werden und die Interrupt-Service-Routinen müssen bereitgestellt werden.

3.3 Arten von Interrupts

Die Ursachen eines Interrupts kann zum Einen zwar ein gewolltes, aber nicht exakt vorhersehbares Ereignis sein wie etwa Typische Interruptquellen, die zu dieser Gruppen gehören, sind Tastatur und Drucker, oder Hintergrundspeicher, wie die Festplatte. Aber auch andere prozessornahe Komponenten können Ursache von „gewollten" Interrupts sein. Beispiele solcher Interruptquellen sind etwa ein Watchdog (also eine Rechner-Komponente, die andere Komponenten eines Rechners überwacht), ein Zeitgeber oder Coprozessoren, wie die TPU des MC68332 aber auch Interrupts die im Rahmen einer Debugging-Möglichkeit (Einzelschrittsteuerung, Haltepunkte) bereitgestellt werden.

Zum Anderen kann die Ursache eines Interrupts ein „ungewolltes" Ereignis sein, wie etwa ein Hardwarefehler, ein fehlerhaftes Bussignal oder auch der Versuch eine Zahl durch Null zu teilen. Solche ungewollten Ereignisse bezeichnet man oft als *Exceptions* oder *Ausnahmen* Die meisten Interrupts – gewollte und ungewollte – werden nicht direkt durch die Prozessorhardware behoben, sondern durch Software, d. h. durch die Ausführung von Interrupt-Service-Routinen. Es ist klar, dass die meisten dies Interrupt-Service-Routinen einen durchgreifenden Zugriff auf interne Register des Prozessors benötigen, um interne Fehlerzustände zu bereinigen. Dies ist der wichtigste Grund dafür, dass Interrupt-Service-Routinen grundsätzlich im Supervisor-Modus ablaufen.

3.4 Interruptbehandlung beim Motorola-68000 und -68332

Dieser Abschnitt beschreibt das konkrete Interrupt-Handling der Motorola-68000 Prozessor-Familie. An einigen Stellen gehen wir auf einige (wenige) Erweiterungen des Interrupt-Handling des Motorola-68000 ein, die etwa der Motorola-68020 und dessen Nachfolger und einige auf den Bereich eingebetteter Systeme spezialisierte Varianten wie der Motorola-68332 anbieten. Eine dieser Erweiterungen besteht etwa in der Möglichkeit, die Vektortabelle an einer beliebigen Stelle im Speicher zu halten (der eigentliche Motorola-68000 schreibt für die Vektortabelle eine feste Stelle im Hauptspeicher vor).

3.4.1 Prozessorzustände

Verbunden mit dem Interrupt-System sind die Prozessorzustände, denn die Interruptverarbeitung schließt immer auch ein Umschalten in den privilegierten Prozessorzustand (dem sog. *Supervisor-Modus*) mit ein; viele wichtige Interruptereignisse erfordern einfach einen „durchgreifenderen" Zugriff auf interne Register des Prozessors als ihn der normale Modus (der sog. *Benutzer-Modus*) bieten könnte.

Der aktuelle Modus des Prozessors ist immer am S-Bit des Statusregisters (siehe Abschnitt 2.2) zu erkennen: Falls das S-Bit gesetzt ist, befindet sich der Prozessor im Supervisor-Modus, falls es nicht gesetzt ist, befindet sich der Prozessor im User Modus.

Befindet sich der Prozessor im Supervisor-Modus, so hat man Zugriff auf alle internen Register des Prozessor. Im User-Modus ist dagegen der Zugriff beschränkt auf:

- Alle Datenregister D0 bis D7 und die Adressregister A0 bis A6.

- Der User Stackpointer A7.

- Der Programmzähler PC.

- Das User-Byte des Statusregisters (das sog. CCR = condition-Code-Register).

- Das System-Byte des Statusregisters darf nur gelesen werden.

3.4.2 Interruptpriorisierung

Es kann durchaus häufig vorkommen, dass mehrere Interruptanforderungen zur gleichen Zeit gestellt werden, bzw. während der Ausführung einer ISR eine weitere Interruptanforderung gestellt wird. Die einfachste Möglichkeit – aber nicht unbedingt die zweckmäßigste – wäre es, einen Interrupt grundsätzlich durch jeden anderen Interrupt unterbrechen zu lassen. Besonders bei Prozessoren wie dem MC68332, einer Variante des Motorola-68000 die hauptsächlich im Embedded-Umfeld eingesetzt wird, ist das aber nicht praktikabel: es gibt sehr wichtige Interrupts, die auf jeden Fall so schnell wie möglich abgearbeitet werden müssen und nicht unterbrechbar sein dürfen; man denke nur an einen Prozessor, der eine Software-gesteuerte Bremse in einem Automobil kontrolliert. Kommt ein durch den Fahrer ausgelöstes Bremssignal als Interruptanforderung, so darf es verständlicherweise keine Verzögerung geben.

Beim Motorola-68332 ist das folgendermaßen gelöst: Es gibt drei Interrupteingänge in den Prozessor: die Leitungen $\overline{\text{IPL0}}$, $\overline{\text{IPL1}}$, und $\overline{\text{IPL2}}$. Dem Prozessor wird also bei einer Unterbrechung ein 3-Bit-Interruptcode übermittelt. Der Prozessor nutzt diese drei Bits um sieben verschiedene Interrupt-Prioritäten zu unterscheiden. Der Interruptcode 7 hat die höchste Priorität, der Interruptcode 1 die niedrigste; eine Null bedeutet, dass momentan keine Interruptanforderung anliegt. Ein Interrupt kann nur dann das laufende Programm unterbrechen, wenn der Interrupt eine höhere Priorität hat, als das laufende Programm. Eine Ausnahme bilden die Interrupts mit Priorität 7; diese können nicht maskiert[4] werden und werden deshalb auch NMI (Non-Maskable-Interrupts) genannt. Die Priorität des laufenden Programms wiederum ist im Statusregister hinterlegt, in den sog. *Interruptmaskenbits* (Abbildung 3.4 zeigt das Statusregister mit den Interrupt-Maskenbits).

Supervisor-Byte									User-Byte						
15	14	13	12	11	10	9	8	7	6	5	4	3	2	1	0
T1	T2	S	-	-	I2	I1	I0	-	-	-	X	N	Z	V	C

Abbildung 3.4: Die Interruptmaskenbits I0, I1 und I2 innerhalb des Supervisor-Bytes des Statusregisters.

Bei der Programmierung der Maskenbits muss man darauf achten, dass die nicht beteiligten Bitpositionen unverändert bleiben müssen. Mit dem ANDI-Befehl können einzelne Bits gelöscht und mit dem ORI-Befehl können einzelne Bits gesetzt werden. Beispielsweise löscht der Befehl

```
ANDI    #$F8FF, SR
```

die drei Interruptmaskenbits, was zur Folge hat, dass das momentan laufende Programm durch jede Interruptanforderung (egal welcher Priorität) unterbrochen werden kann. Dieser Befehl kann aber nur ausgeführt werden, wenn sich der Prozessor im Supervisor-Modus befindet, denn es wird auf das Supervisor-Byte des Statusregisters zugegriffen, das im User-Modus nur gelesen aber nicht beschrieben werden kann.

Aufgabe 3.1
Können Sie eine ORI-Instruktion finden, die dasselbe tut, wie obige ANDI-Instruktion, die also alle Interruptmaskenbits löscht?

Aufgabe 3.2
Geben Sie eine Instruktion an, die die Interruptmaskenbits des Statusregisters so setzt, dass nur Interruptanforderungen mit einer Priorität größer als 5 durchgelassen werden.

Aufgabe 3.3
Angenommen, die Maskenbits I2 und I0 sind gesetzt, I1 ist nicht gesetzt. Welche Interrupts können dann das aktuelle Maschinenprogramm noch unterbrechen? Welche Signalkombinationen von $\overline{\text{IPL2}}$, $\overline{\text{IPL1}}$ und $\overline{\text{IPL0}}$ haben diese Interrupts?

---

[4]Das Wort Maske / maskieren steht in der technischen Informatik für das Ausblenden von Information durch einen bestimmten Bitstring.

3.4.3 Die Vektortabelle

Die Startadresse eine Interrupt-Service-Routine ist in der sog. Vektortabelle hinterlegt. Das Wort „Vektor" ist synonym für „Zeiger" – die Vektortabelle ist ein Teil des Hauptspeichers (beim Motorola-68000 liegt sie im „untersten" Teil des Hauptspeichers, also ab Adresse $00 0000) der eine Liste von Zeigern auf die Interrupt-Service-Routinen enthält. Tritt ein Interrupt auf, so wird (explizit oder implizit) eine Vektornummer mitgeliefert aus der dann die Speicheradresse der ISR berechnet werden kann.

Jedem Interrupt ist ein Interrupt-Vektor zugeordnet. Mit dem Wort „Vektor" ist hier ein Zeiger, also eine Hauptspeicheradresse gemeint. Jeder Vektor enthält die Startadresse einer Interrupt-Service-Routine, die sich an einer beliebigen Stelle im Hauptspeicher befinden kann. Die Zeiger auf die ISRs jedoch, befinden sich an einem ganz bestimmten zusammenhängenden Bereich im Hauptspeicher, der sog. *Vektortabelle*[5]. Das Register VBR, also das Vektorbasisregister (siehe Abschnitt 2.2) enthält die Anfangsadresse dieser Vektortabelle. Oft enthält das VBR den Wert $00000000, d. h. die Vektortabelle befindet sich im Allgemeinen im „untersten" Bereich des Hauptspeichers. Wichtig zu wissen ist, dass jeder Eintrag der Vektortabelle genau 4 Byte Speicherplatz in Anspruch nimmt, denn jeder Eintrag ist eine Hauptspeicheradresse. Der Motorola-68000 hat 24 Adressleitungen, die eigentlich in 3 Byte Platz hätten; hier wird dann aber einfach auf ein Langwort „aufgerundet", da der Prozessor nur mit Bytes, Worten oder Langworten umgehen kann, nicht jedoch mit 3-Byte-Einheiten.

Einige interruptauslösende Quellen können beim Senden einer Interruptanforderung eine 8-Bit lange Vektornummern mitliefern; sendet der betreffende Baustein Vektornummer n mit, dann wird diejenige Interrupt-Service-Routine gestartet, auf die der n-te Eintrag in der Vektortabelle zeigt. Angenommen die Vektortabelle befindet sich bei Adresse $000000, dann zeigt das Langwort auf Adresse $n * 4$ auf die betreffende Interrupt-Service-Routine. Interrupts, die eine Vektornummer mitliefern können – das sind meist Interrupts, die prozessorinterne Komponenten auslösen – nennt man auch *Non-Autovektor-Interrupts*. Entsprechend heißen Interrupts, die keine Vektornummer mitliefern können, *Autovektor-Interrupts*. Autovektor-Interrupts werden in der Regel durch externe Komponenten ausgelöst.

Aber welche Interrupt-Service-Routine wird ausgeführt, wenn ein Autovektor-Interrupt auftritt? Hier wird ja keine Vektornummer mitgegeben, die Rückschlüsse auf die auszuführende ISR geben würde. Die Antwort ist: die Interrupt-Service-Routine wird abhängig von der Priorität ausgewählt. Es gibt spezielle Einträge in der Vektortabelle, die diese sieben Autovektoren enthalten, einen je Priorität (für die Priorität Null gibt es selbstverständlich keinen Vektor, da Priorität Null ja einfach bedeutet, dass kein Interrupt anliegt). Tabelle 3.1 zeigt den Aufbau der Vektortabelle des Motorola-68332.

Für einige der Einträge in der Vektortabelle sind zusätzliche Erläuterungen notwendig:

- Vektoren 0 und 1 sind die Reset-Vektoren. Immer dann, wenn der Prozessor zurückgesetzt wird, d. h. wenn am Reset-Pin für mehr als 10 Taktzyklen das Low-Potential anliegt, werden Stackpointer und Programmzähler mit den Werten dieser beiden Vektoren geladen. Streng genommen sind diese beiden „Vektoren" also gar keine Interruptvektoren.

---

[5]Zeigertabellen sind übrigens immer die Datenstruktur der Wahl, wenn man mit Feldern umgehen will, deren Einträge unterschiedlich lang sind, beispielsweise Felder, deren Einträge Strings beliebiger Länge enthalten oder – wie in diesem Abschnitt – deren Einträge unterschiedliche lange Maschinenprogramme enthalten.

Nr.	Adresse	Interrupt-Quelle
0	$00	Initalwert Stackpointer
1	$04	Initialwert Programmzähler
2	$08	Busfehler (BERR-Eingang)
3	$0C	Adressfehler: ungerade Wort oder Langwortadresse
4	$10	Ungültiger Maschinencode
5	$14	Division durch Null
6	$18	CHK-Instruktionen
7	$1C	TRAP-Instruktionen
8	$20	Privilegienverletzung im User Modus
9	$24	Einzelschrittsteuerung (T-Bits = 1)
10	$28	Maschinencode Axxx$ (für Emulator)
11	$2C	Maschinencode Fxxx$ (für Emulator)
12	$30	Hardware Breakpoint
13	$34	— (reserviert)
14	$38	Formatfehler bei RTE
15	$3C	Interrupt nicht initialisiert
16 – 23	$40 – $5C	Reserviert
24	$60	Fehlerhafter Interrupt
25	$64	Autovektor 1
26	$68	Autovektor 2
. . .	. . .	. . .
31	$7C	Autovektor 7
32 – 47	$80 – $BC	Software Interrupts 0-15
48 – 63	$C0 – $FC	Reserviert
64 – 255	$100 – $3FC	Benutzerdef. Vektoren

Tabelle 3.1: Aufbau der Vektortabelle des Motorola-68332-Prozessors.

- Vektor 6 zeigt auf eine Routine, die immer dann ausgeführt wird, wenn der CHK-Befehl positiv ausgewertet wird. Dieser Befehl prüft, ob der Inhalt eines Datenregisters sich innerhalb bestimmter Grenzen bewegt. Bei Verletzung dieser Grenzen wird dann eine „Exception" ausgelöst.

- Vektor 9: Ist das Trace-Bit des Statusregisters gesetzt, dann wird nach jedem Maschinenbefehl ein Interrupt ausgelöst, der diesen Vektor benutzt. So ist ein Einzelschrittmodus möglich, um dem Assemblerprogrammierer das Debugging zu erleichtern.

- Vektor 10: Ein Opcode, dessen höchste 4 Bits gleich %1010 sind, löst diese „Exception" aus. Dies ermöglicht ein effizientes Testen selbst implementierter Maschineninstruktionen.

- Vektoren 25 – 31: Peripheriebausteine, die über kein Interrupt-Vektorregister verfügen, die also mit einer Interruptanforderung keine Vektornummer mitliefern, bekommen diese Vektoren zugewiesen (immer abhängig von der Priorität).

- Vektoren 32 – 47: Diese Vektoren können über den TRAP-Befehl angesprochen werden. Ein TRAP-Befehl schaltet. den Prozessor immer vom User-Modus in den Supervisor-Modus und führt die durch den entsprechenden Vektor spezifizierte ISR aus. TRAP-Instruktionen werden häufig für Betriebssystemaufrufe verwendet, die beispielsweise Texte oder Graphik auf dem Bildschirm ausgeben können, oder etwa die serielle Schnittstelle verwenden.

Aufgabe 3.4
Finden Sie heraus, wie im Easy68K Simulator unter Verwendung eines TRAP-Befehls ein String auf dem Bildschirm ausgegeben werden kann und wie ein String von der Tastatur eingelesen werden kann. Schreiben Sie ein einfaches Assemblerprogramm, das einen String durch Benutzereingabe einliest und diesen in umgekehrter Reihenfolge auf dem Bildschirm wieder ausgibt.

Aufgabe 3.5
Angenommen, in einem Rechner löst ein Zeitgeber im Abstand von 1 ms einen periodischen Interruptrequest aus. Warum sollte man alle Interrupts sperren, wenn man mit dem Debugger im Einzelschritt-Mode arbeitet?

3.4.4 Ablauf eines Interrupts

Der Interrupt eines Prozessors der Motorola-68000 Familie läuft – beginnend mit dem Stellen einer Interruptforderung bis hin zur Ausführung der Interrupt-Service-Routine und dem abschließenden Rücksprung ins unterbrochene Programm – wie folgt ab:

1. Eine Interruptquelle (d. h. entweder eine externe Komponente, eine Rechner-interne Komponente oder auch eine Prozessorinterne Quelle) löst eine Interruptanforderung (IRQ oder Interruptrequest) aus, in dem sie entsprechende Signale an die Leitungen $\overline{IPL2}$, $\overline{IPL1}$ oder $\overline{IPL0}$ gibt.

2. Die Priorität der Interruptanforderung, die sich aus den Werten an den Leitungen $\overline{IPL2}$, $\overline{IPL1}$, $\overline{IPL0}$ ergibt wird mit den Interruptmaskenbits I2, I1 und I0, die die Priorität des momentan laufenden Programms kodieren, verglichen. Falls sich die aus den Prioritätsleitungen ergebende Binärzahl größer ist als die sich aus den Interruptmaskenbits ergebende Binärzahl, d. h. falls[6]

$$(\overline{IPL2}\ \overline{IPL1}\ \overline{IPL0})_2 > (I2\ I1\ I0)_2$$

wird die Interruptanforderung akzeptiert und es geht weiter mit Punkt 3. Andernfalls wird die Interruptanforderung verworfen und das momentan laufende Maschinenprogramm regulär weiter abgearbeitet – alle weiteren hier beschriebenen Punkte werden übersprungen.

3. Der alte Stand des Statusregisters wird in einen Zwischenpuffer geschrieben. Das Statusregister wird danach folgendermaßen angepasst:

---

[6]Die Notation$(\ldots)_2$ betont, dass die zwischen den Klammern befindliche Zahl eine Zahl in Binärdarstellung ist. $(I2\ I1\ I0)_2$ ist also diejenige Zahl in Binärdarstellung, die sich aus den Binärziffern I2, I1 und I0 ergibt.

$$I2\ I1\ I0 \leftarrow \overline{IPL2}\ \overline{IPL1}\ \overline{IPL0};$$
$$\text{S-Bit} \leftarrow 1; \text{T1-Bit} \leftarrow 0; \text{T2-Bit} \leftarrow 0;$$

4. Falls es sich um einen Non-Autovektor-Interrupt (was der Prozessor an der speziellen $\overline{\text{AVEC}}$-Leitung erkennen kann) handelt, wird die Vektornummer über die Datenleitungen D0 bis D7 dem Prozessor übergeben.

5. Der Inhalt des Befehlszählers (der noch auf dem zuletzt ausgeführten Befehl des momentan laufenden Programms steht) und der zwischengebufferte alte Wert des Statusregisters werden auf dem Supervisor-Stack abgelegt.

6. Der Interruptvektor, der sich im Falle eines Non-Autovektor-Interrupt an Speicherzelle VBR+4∗vektorummer befindet, wird in den Befehlszähler geladen.

7. Die Interrupt-Service-Routine wird abgearbeitet.

8. Mit dem RTE-Kommando – das letzte Kommando der ISR – wird der alte Stand des Statusregisters und der alte Stand des Befehlszählers wieder vom Stack geladen und damit in das unterbrochene Programm zurückgesprungen.

Abbildung 3.5 zeigt diesen Ablauf nochmals in zusammengefasster Form als Aktivitätsdiagramm.

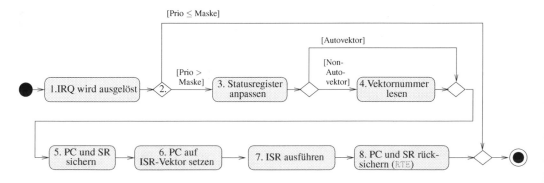

Abbildung 3.5: Darstellung des Interruptablaufs als Aktivitätsdiagramm.

Aufgabe 3.6
Erläutern Sie Schritt 3 in obiger Ablaufbeschreibung näher.

(a) Welchen Sinn hat es, die Interruptmaskenbits auf die Werte der Interruptprioritätsleitungen zu setzen?

(b) Warum wird das S-Bit auf 1 gesetzt?

(c) Welchen Sinn hat es, die Trace-Bits auf 0 zu setzen?

Aufgabe 3.7
Nach Ausführung der Interrupt-Service-Routine muss vom Supervisor-Modus wieder in den User-Modus zurückgekehrt werden.

(a) Wie genau geschieht das?

(b) Können Sie sich vorstellen, wie man verhindern kann, dass der Prozessor nach Ausführung der Interrupt-Service-Routine den Supervisor-Modus verlässt? Schreiben Sie ein Assembler-Fragment, das dies bewerkstelligt.

3.4.5 Programmbeispiel

Listing 3.1 zeigt ein Programmbeispiel, das einen MC68332-Prozessor für einen einfachen Interrupt-Test konfiguriert. Bevor wir Funktionsweise und Sinn diese Programmbeispiels beschreiben, erläutern wir einige bisher noch nicht behandelte Maschinenbefehle, die im Programmbeispiel verwendet werden.

In Zeile 5 wird ein Befehl verwendet, um n identische Werte hintereinander im Speicher abzulegen:

$$DCB.x \qquad n,wert$$

In Zeile 18 in Listing 3.1 wird der spezielle Datenverschiebe-Befehl MOVEC verwendet, um auf Systemregister zuzugreifen:

$$MOVEC.x \qquad Rn,\text{Systemregister}$$
$$\text{oder}$$
$$MOVEC.x \qquad \text{Systemregister},Rn$$

Die „Anweisungen" in den Zeilen 1 bis 14 schreiben bestimmte Werte (in diesem Falle sind die Startadressen von Interrupt-Service-Routinen) in einen bestimmten Teil des Hauptspeichers (in diesem Falle ist dies die Vektortabelle). Das eigentliche Programm beginnt ab Zeile 16: Neben der Konfiguration einiger interner Register, die wir hier der Einfachheit halber nicht mit angegeben haben, wird der Wert $10\,0000 in das Vektorbasisregister VBR geladen, d. h. der Prozessor wird so konfiguriert, dass sich die Vektortabelle im Speicherbereich ab Adresse $10\,0000 befindet. Nach einigen weiteren Konfigurationen wird der Befehl ANDI #$F8FF,SR ausgeführt, der bewirkt, dass die Interruptmaskenbits des Statusregisters auf Null gesetzt werden; hiermit will man bezwecken, dass eingehende Interrupts nicht maskiert werden, also alle eingehenden Interrupts akzeptiert werden. In Zeile 21 befindet sich eine Endlosschleife; der Prozessor soll nichts mehr „tun", und nur noch auf eingehende Interrupts warten. Ab Zeile 22 befinden sich einige kurze selbst programmierte Interrupt-Service-Routinen, deren Funktionsweise durch den in diesem Listing programmierten Interrupt-Test geprüft werden sollen. Dass es sich tatsächlich um Interrupt-Service-Routinen handelt und nicht um gewöhnliche Unterprogramme, sieht man auf den ersten Blick daran, dass sie mit dem Kommando „Return from *Exception*" (RTE) enden. Die Interrupt-Service-Routinen legen allesamt bestimmte Werte auf Ausgangs-Ports des Motorola-68332, um den Interrupt-Test einfach durch Messungen an den Ausgangsports durchführen zu können (um insbesondere unabhängig von einem angeschlossenen Monitor zu sein).

```
 1  stapel  EQU     $100800    ; Stapel im oberen TPU-RAM
 2          ORG     $100000    ; Anfang der Vektortabelle
 3          DC.L    stapel     ; Initialwert Stackpointer
 4          DC.L    start      ; Initialwert Programmzähler
 5          DCB.L   22,ausn    ; Eine ISR für die folgenden 22 Interrupts
 6          DC.L    error      ; Interruptfehler
 7          DC.L    auto       ; Autovektor Ebene 1
 8          DC.L    auto       ; Autovektor Ebene 2
 9          DC.L    auto       ; Autovektor Ebene 3
10          DC.L    auto       ; Autovektor Ebene 4
11          DC.L    auto       ; Autovektor Ebene 5
12          DC.L    auto       ; Autovektor Ebene 6
13          DC.L    auto7      ; Autovektor Ebene 7
14          DCB.L   32,ausn    ; Eine ISR für die folgenden 32 Interrupts
15
16  start   ...                ; Konfigurationen
17          MOVEA.L #$100000,A0
18          MOVEC   A0,VBR
19          ...                ; Konfigurationen
20          ANDI    #$F8FF,SR
21  loop    BRA     loop
22  auto7   MOVE.B  #7,PORTE0  ; Ebene nach PORTE0
23          ADDQ.B  #1,PORTC   ; PORTC: Anzahl Interrupts
24          RTE
25  auto    MOVE.B  7(A7),PORTE0 ; Stapel nach PORTE0
26          ADDQ.B  #1,PORTC   ; PortC: Anzahl Interrupts
27          RTE
28  ausn    MOVE.B  #$AA,PORTE0 ; Marke Ausnahme
29          RTE
30  error   MOVE.B  #$BB,PORTE0 ; Marke Interruptfehler
31          RTE
32          END     START
```

Listing 3.1: Beispielprogramm, das einen Motorola-68332-Prozessor für einen Interrupt-Test konfiguriert.

Dieses Testprogramm läuft auf einem „blanken" Motorola-68332-Prozessor, der kein Betriebssystem besitzt. Wird der Prozessor hochgefahren, so wird der Programmzähler PC mit der Adresse start geladen und der Befehl bei Adresse start der erste Befehl der ausgeführt wird.

Aufgabe 3.8
Präzisieren Sie obige Aussage: wie genau stellt das oben vorgestellte Programm sicher, dass der Programmzähler PC sofort nach Hochfahren des Prozessors mit der Adresse start geladen wird?

Aufgabe 3.9
Wozu dient der ANDI-Befehl in Zeile 20?

Das Hauptprogramm ab Adresse start legt fest in welchem Teil des Speichers sich die Vektortabelle befindet – nämlich ab Adresse $100000. Die Vektortabelle wird mit Hilfe der DC- und

`DCB`-Befehle gefüllt mit den Adressen der Interrupt-Service-Routinen. In dem einfachen Testsystem gibt es nur vier verschiedene Interrupt-Service-Routinen, nämlich `auto7`, `auto`, `ausn` und `error`. Jede dieser Routinen setzt zum Einen bestimmte Bits im PORTE0-Register, gibt diese Bits also nach außen. Zusätzlich wird zu Testzwecken der am PortC anliegende Wert bei jedem Interrupt hochgezählt.

Aufgabe 3.10
Sie wollen lieber, dass die Vektortabelle bei Adresse $100100 liegt. Wie müssen Sie obiges Maschinenprogramm modifizieren?

Wir haben bewusst einen Teil des Programmcodes ausgeblendet und durch . . . ersetzt. Dieser Programmcode dient der Konfiguration der Parallelports und des Interrupt-Systems des MC68332-Prozessors. Konfiguriert wird immer durch Setzen bestimmter Bits in bestimmten Steuerregistern.

4 Hardwarenahe C-Programmierung

Viele hardwarenahe Anwendungen, insbesondere Betriebssysteme, sind teilweise in Assembler, teilweise in C programmiert. Die Programmiersprache C, ursprünglich von Richie und Thompson entwickelt um Unix zu programmieren, eignet sich sehr gut für hardwarenahe Anwendungen und ist quasi die Standard-Sprache für die Entwicklung von Betriebssystem-Kernels. Daher findet sich die Kombination aus Assembler- und C-Programmierung in der Praxis sehr häufig.

In diesem Kapitel lernen Sie ...

- ... die entscheidenden Unterschiede zwischen einer Hochsprache und Assembler kennen.

- ... grundlegende hardwarenahe Konstrukte der Programmiersprache C kennen.

- ... hardwarenahe Spracherweiterungen der Programmiersprache C kennen.

- ... Möglichkeiten kennen, wie man C und Assembler kombinieren kann.

- ... Möglichkeiten kennen, wie man C-Programme für sehr zeitkritische Anwendungen optimieren kann.

Eine etwas detailliertere Einführung in die Möglichkeiten der Kombination von C- und Assemblerprogrammen findet sich in [Fli05].

4.1 Assembler vs. Hochsprache

Tabelle 4.1 stellt die Eigenschaften von Assembler denen eine Hochsprache gegenüber. Man sieht: Programmentwicklung in Assembler gibt dem Programmierer die größtmögliche Flexibilität, dafür aber Einschränkungen im Programmier-„Komfort". Oft ist die Programmierung komplexer Algorithmen und umfangreicher Software mit Assembler sehr schwierig bis fast unmöglich. Ein Blick in die Geschichte der Informatik unterstreicht das: Dennis Richie und Ken Thompson versuchten 1969 an sehr ambitioniertes und entsprechend anspruchsvolles Softwareprojekt in Assembler zu realisieren, das Betriebssystem Unix – und scheiterten unter Anderem an dem mangelnden Programmier-Komfort der verwendeten Maschinensprache. Erst unter Verwendung einer höheren Programmierung, nämlich der eigens hierfür von Richie und Thompson entwickelten Programmiersprache C, gelang es ihnen, dieses Betriebssystem, später Unix genannt, zu entwickeln.

Wir stellen uns nun die gleiche Frage, vor der schon Richie und Thompson bei der Entwicklung von Unix standen: Wie soll man also sehr komplexe Systeme entwickeln, die hardwarenahe Programmierung erfordern? Es gibt mehrere Möglichkeiten:

	Assembler	Hochsprache
Hardware-Zugriff	möglich	in C möglich
Geschwindigkeit	max. Geschwindigkeit	hohe Geschwindigkeit
Code-Größe	min. Code-Größe	geringe Code-Größe
Zugriff auf CPU-Register	möglich	nicht möglich
Lesbarkeit Code	eher schlecht	besser
Produktivität	gering	besser
Portabilität	nein	ja
Wiederverwendbarkeit	bedingt	ja

Tabelle 4.1: Vergleich Assembler und Hochsprache

1. Die Programmiersprache C ist schon recht hardwarenah, und wurde ja sogar eigens für die sehr hardwarenahe Aufgabe der Entwicklung eines Betriebssystems entwickelt. Evtl. genügen die in ANSI-C[1] schon vorhandene Konstrukte, um einen Teil der hardwarenahen Aufgabenstellungen zu lösen. Abschnitt 4.2 geht darauf ein.

2. Die Verwendung von Spracherweiterungen von ANSI-C, die eine besonders hardwarenahe Programmierung zulassen. Abschnitt 4.3 geht darauf ein.

3. Oft ist eine Kombination aus einem Hochsprachprogramm (in unserem Fall: einem C-Programm) und einem kleinen Anteil Assembler günstig. In Abschnitt 4.4 werden zwei Vorgehensweisen besprochen: Erstens die Verwendung von Inline-Assembler und zweitens das Einbinden von Assemblermodulen in ein C-Programm.

4.2 Konstrukte in C

C ist eine prozedurale hardwarenahe Programmiersprache. Viele C-Compiler sind bekannt dafür sehr schnellen Maschinencode zu produzieren. Aus diesen Gründen ist C eine sehr weit verbreitete Programmiersprache. Befasst man sich mit der Programmierung eingebetteter Systeme, so kommt man um die Kenntnis der Programmiersprache C nicht herum. Wie jede andere höhere Programmiersprache auch, abstrahiert C von der konkreten Prozessorhardware. Diese Abstraktion macht eine höhere Programmiersprache *portabel*, d. h. die Programme sind i. A. auch auf anderen Prozessoren lauffähig (sofern es für den Prozessor einen Compiler dieser Sprache gibt).

In diesem Abschnitt befassen wir uns mit C-Konstrukten, insbesondere Datentypen, über die man sich bei der hardwarenahen Programmierung Gedanken machen muss und auf die man evtl. öfter zurückgreift.

[1] ANSI steht für „American National Standards Institute", ein Standardisierungsgremium, das 1990 auch die Programmiersprache C standardisierte.

4.2.1 Einfache Datentypen

Einfache, nicht zusammengesetzte Datentypen sind in ANSI-C zum einen die Integerdatentypen short, long, char, bit und die Gleitkommadatentypen float und double. Tabelle 4.2 zeigt diese Datentypen nochmals im Überblick zusammen mit dem Speicherplatz, den sie einnehmen. Um eine bestimmte Speicherzelle lesen bzw. schreiben zu können verwendet man den

Integertypen		Gleitkommatypen	
short	2 Byte	float	4 Byte
long	4 Byte	double	8 Byte
char	1 Byte		
bit	1 Bit		

Tabelle 4.2: Einfache C-Datentypen mit jeweiligem Speicherplatzbedarf

Datentyp char. Aufpassen muss man mit dem Datentyp int: je nach Plattform wird dieser als short oder als long interpretiert. Normalerweise werden die C-Integertypen vorzeichenbehaftet umgesetzt. Falls man einen Datentyp vorzeichenlos verwenden möchte, so muss man dies bei der Variablendeklaration mit dem Schlüsselwort unsigned explizit angeben. Beispielsweise deklariert die Befehlszeile

unsigned char i;

die Variable i als vorzeichenlos.

4.2.2 Abgeleitete Datentypen

Zeiger

Zur Interpretation der Inhalte von Adressregistern als Zeiger auf Speicherzellen und zu Adressregister-indirekten Adressierungsarten gibt es in C Parallelen. Variablen können in C als Zeiger deklariert; auf den Inhalt der Speicherzellen kann dann durch den Dereferenzierungs-Operator * zugegriffen werden. Umgekehrt kann man die Adresse der Speicherzelle, in die eine Variable gespeichert wurde, durch den Adress-Operator & ansprechen. Einige Beispiele zeigt folgendes Listing, bei dem ein Variable verwendet wird, die auf einen Schnittstellenport zeigen soll.

```
1 char PortA;
2 char* ptrPortA;        // Zeigerwert erst nach Zuweisung sinnvoll
3
4 ptrPortA = &PortA;
5 *ptrPortA = 0x0A;      // Wertzuweisung mit dem
6                        // Dereferenzierungsoperator
```

So definierte Schnittstellen PortA und PortB können folgendermaßen gelesen und beschrieben werden:

```
1 ptrPortA = 0xFF00000A;
2 hilfA = *ptrPortA;
```

```
3 ptrPortA = ptrPortA +1;
4 *ptrPortA = hilfB;
```

Arrays

Alle Elemente eines Arrays müssen vom selben Typ sein. Folgendes Listing zeigt die Definition eines Integer-Arrays, eines Character-Arrays und eines Strings (der eigentlich ebenfalls ein Character-Array ist, allerdings nullterminiert):

```
1 int  x1[5];   // 5 Integer-Elemente
2 char x2[5];   // 5 Character-Elemente
3 char x3[] = "Zeichenkette";
```

Folgendes Listing zeigt, wie ein Zugriff auf ein einzelnes Element möglich ist:

```
1 x1[0] = 1;
2 x2[4] = '\0';  // Character-Array ist nullterminiert
3 x3[1] = 'E';
```

Strukturen

Strukturtypen (auch Record-Typen genannt) werden in C mit dem Schlüsselwort struct definiert. Folgende Deklaration erzeugt einen Datentyp, der den Zustand eines 68000-Prozessors speichern könnte:

```
1  struct Prozessor {
2    unsigned long A0;
3    unsigned long A1;
4          . . .
5        unsigned long A7;
6        unsigned long D0;
7          . . .
8        unsigned long D7;
9        unsigned long PC;
10       unsigned short SR;
11 }
```

Aufgabe 4.1
Erläutern Sie, warum als Typ für die einzelnen Komponenten obiger Struktur unsigned long gewählt wurde.

Eine Instanz dieses Typs kann dann folgendermaßen deklariert werden:

```
struct Prozessor mc68000;
struct Prozessor *ptrMC68000;
```

Auf die einzelnen Komponenten dieser Struktur kann dann folgendermaßen zugegriffen werden:

```
mc68000.A0 = 0x00001000;
```

oder, falls es sich um einen Zeiger auf eine Struktur handelt:

```
ptrMC68000     = &mc68000;
ptrMC68000←A0 = 0x00001000;
```

4.3 Hardwarenahe Spracherweiterungen

Es werden zwei Beispiele möglicher hardwarenaher C-Erweiterungen vorgestellt. Es sollte klar sein, dass es viele weitere Spracherweiterungen gibt und dass es für die beiden vorgestellten Beispiele auch andere praktizierte Möglichkeiten gibt. Diese Erweiterungen sind eben nicht standardisiert und können sich von C-Compiler zu C-Compiler deutlich unterscheiden. Durch solche nicht-standardisierten Spracherweiterungen, die oft Merkmale bestimmter Prozessoren ausnutzen, wird die Portabilität eingeschränkt. Der letzte Teil dieses Abschnitts beschäftigt sich mit der Frage, wie man trotz allem ein Gewisses Maß an Plattformunabhängigkeit bewahren kann.

Adressräume

In manchen Fällen ist es vorteilhaft, mehr Kontrolle über Speicherzugriffe zu haben, als das übliche ANSI-C erlaubt. Ein Beispiel ist die Programmierung digitaler Signalprozessoren[2]. Eine häufig vorkommende Aufgabe dieser Signalprozessoren ist die Verknüpfung großer Vektoren. Digitale Signalprozessoren besitzen oft zwei oder mehrere getrennte Speicherbereiche auf die parallel zugegriffen werden kann. Werden die beiden zu verknüpfenden Vektoren in unterschiedlichen Speichern (d. h. Adressräumen) gehalten, so bringt dies Performance-Vorteile. Bei jeder Variablen muss festgelegt werden, in welchem Speicherbereich sie sich befindet; bei einer Zeigervariablen muss zusätzlich festgelegt werden, auf welchen Adressraum sie zeigt. In C wird dies häufig so realisiert, dass zwei spezielle Schlüsselwörter xdata und ydata vorgeben, auf welchen Speicherbereich sich eine Variable bzw. ein Zeiger bezieht. Folgendes Code-Fragment gibt ein Beispiel für solch eine Variablendeklaration:

```
char xdata *ydata zeiger = (char xdata *ydata) 0x1001;
*zeiger = 0x12; // Speicherzugriff
```

> **Aufgabe 4.2**
> (a) In welchem Speicherbereich liegt die Zeigervariable zeiger?
> (b) In welchem Speicherbereich liegt der Wert auf den zeiger zeigt?

Interrupts

Auch wenn man C-Programme schreiben möchte, die Interrupts verarbeiten, sind bestimmte Erweiterungen von ANSI-C notwendig. Zum Einen, um Interrupt-Service-Routinen deklarieren zu können (auch später in Abschnitt 4.4.2 verwenden wir eine solche Deklaration) und zum

---

[2]das sind Prozessoren, die einen kontinuierlichen Eingabefluss in Echtzeit verarbeiten können; Anwendungsbeispiele sind Rausch- oder Echounterdrückung, sowie Spracherkennung und Sprachsynthese.

Anderen um den Interrupt zu initialisieren (d. h. die Zuordnung eines Vektors zum Interrupt-Signal und die Freischaltung des Interrupt-Signals). Folgendes Listing zeigt ein Beispiel (wobei hier die Zuordnung Interrupt-Vektor zu Interrupt-Signal nicht explizit behandelt wird):

```
1  interrupt service_funktion (){
2     ... // Code für die Behandlung des Interrupts
3  }
4
5  void main (){
6     // Anweisungen, die dem Interrupt-Signal
7     // den Vektor 0x0064 zuweist.
8
9     // Initialisierung der Vektortabelle
10    void (**fktzeiger)() = 0x0064;
11    *fktzeiger = service_funktion;
12
13    irq_on; // Interrupt freigeben
14
15    for (;;);
```

Die Anweisung `irq_on` gibt den Interrupt frei, d. h. es werden entsprechende Einträge für die Interrupt-Maskenbits im Statusregister vorgenommen.

Aufgabe 4.3
Beantworten Sie zu obigem Programmlisting folgende Fragen:

(a) Erklären Sie, was die Zuweisung in Zeile 10 bewirkt. Warum sind hier zwei Dereferenzierungs-Operatoren in Hintereinander-Ausführung notwendig?
(b) Erklären Sie, was die Zuweisung in Zeile 11 bewirkt.
(c) Erklären Sie den Sinn der `for`-Anweisung in Zeile 15.

Portabilität

Verwendet man nicht standardisierte hardwarenahe Konstrukte in C, so ist immer auch die Portabilität (d. h. die Plattformunabhängigkeit) gefährdet, insbesondere dann, wenn diese Konstrukte weniger von der Prozessorhardware abstrahieren, als die ANSI-C Konstrukte. Wir wollen hier beschreiben, wie die Portabilität von hardwarenahen C-Programmen verbessert werden kann, indem man eine Abstraktions„schicht" einfügt, die prozessorspezifische Schreibweisen versteckt. In C bieten sich an, den Präprozessor zu verwenden. Der Präprozessor ersetzt, *vor* – daher das Präfix „Prä" – dem eigentlichen Übersetzungsvorgang Namen durch bestimmten Zeichenfolgen. Welche Namen durch was ersetzt werden, kann der Programmierer durch die Präprozessordirektive `#define` steuern. Folgender Anfangsteil eines C-Programms zeigt, wie das geht:

```
1  // Abstraktion von Datentypen
2  #define BIT        bit
3  #define INT        int
4  #define UNSIGNED   unsigned int
5  ...
```

```
 6 #define CHARPOINTER far char*
 7 #define INTPOINTER  far int*
 8
 9 // Wichtige Konstanten
10 #define MAXINT      ((INT)32767)
11 #define MININT      ((INT)-32768)
12 ...
13 // Makros fuer die Interruptverarbeitung
14 #define INTERRUPT   interrupt
15 #define INITIRQ(no, addr, fkt) {void (**fktp)() = addr;\
16                                 *fktp = fkt;\
17                                 irq_on = no;}
```

Beispielsweise ist die Makrodefinition für den Datentyp int sinnvoll, da in C keine einheitliche Definition dieses Datentyps existiert. Soll ein anderer C-Compiler auf einer anderen Plattform verwendet werden, dessen Definition von int eine Andere ist, so kann durch Ändern der Makrodefinition sehr einfach ein äquivalentes Programm erzeugt werden.

4.4 Kombination von Assembler und C

In manchen Fällen reichen Erweiterungen der Sprache C um hardwarenahe Konstrukte nicht aus, beispielsweise dann wenn man direkten Zugriff auf prozessorinterne Register benötigt. Einen noch direkteren Zugriff auf die Hardware eines Prozessors erhält man durch die gleichzeitige Verwendung von Assembler-Code und C-Code. Es gibt zwei Möglichkeiten, das zu erreichen: die Verwendung von Inline-Assembler im C-Code oder das Einbinden von externen Assembler-Modulen in ein C-Programm.

Aufgabe 4.4
Falls man einen direkten Zugriff auf die Prozessorhardware benötigt, könnte man dann nicht ein rein in Assembler geschriebenes Programm verwenden? Erklären Sie, warum es in viele Fällen am sinnvollsten ist, eine Mischung aus Assembler und C zu verwenden.

4.4.1 Inline-Assembler

Viele C-Compiler bieten eine Möglichkeit, Assembler-Code direkt mit ins Programm einzubinden. Der C-Übersetzer verarbeitet diese Assemblerbefehle nicht direkt – das macht der sog. *Inline-Assembler*, der i. A. als eigenständiges Funktionsmodul des C-Compilers realisiert ist. Die Übersetzung läuft dann in zwei Stufen ab:

1. Zunächst erzeugt der C-Compiler Assembler-Code. Die im C-Programm eingebetteten Assemblerbefehle werden dabei (fast) unverändert übernommen.

2. Dieses Assemblerprogramm wird dann vom Inline-Assembler in ein ausführbares Programm übersetzt.

Aufgabe 4.5
Welcher große Nachteil entsteht, falls Assemblermodule in C eingebettet werden? – Gegenüber einem
rein in C geschrieben hardwarenahen Programm?

Um dem C-Compiler mitzuteilen, dass Assembler-Code folgt, findet man häufig folgendes
Sprachelement:

```
#pragma ASM
    // Assembler-Anweisungen
#pragma END_ASM
```

Dies ist jedoch nicht standardisiert und es hängt immer von der konkreten Entwicklungsumgebung ab, wie die Assembler-Einbettung konkret geschieht. In einer Entwicklungsumgebung, die
Code für den Motorola-68332 erzeugt sieht die Einbettung in Inline-Assembler beispielsweise
folgendermaßen aus:

```
_ASMLINE("<Assembler-Anweisung>");
```

Folgendes Listing ist ein einfaches Beispiel für die Einbettung von Assembler-Code auf beide
beschriebene Arten.

```
1  void main (void)
2  {
3      ...
4      #pragma ASM
5        MOVE.L D0,D1
6      #pragma END_ASM
7      _ASMLINE("MOVE.L D0,D1");
8  }
```

Ein komplexeres und realistischeres Beispiel zeigt Listing 4.1:

```
1  #define CONTROL_REGISTER 0xfffc08
2  #define STATUS_REGISTER 0xfffc0c
3  #define RECEIVE_REGISTER 0xfffc0e
4  #define ACTIVATE 0x12
5  #define TIMEOUT
6
7  volatile unsigned char receive;
8
9  void main() {
10     int time;
11     receive = 0;
12     // Konfiguration der Schnittstelle
13     _ASMLINE("MOVE.W #$370c,CONTROL_REGISTER");
14     for (time = 0; receive != ACTIVATE) && (time < TIMEOUT);
15         time++){
16         // Auslesen der Schnittstelle
17         _ASMLINE("    BTST.W   #8,STATUS_REGISTER     ");
18         _ASMLINE("    BNE _11                         ");
19         _ASMLINE("    MOVE.B   RECEIVE_REGISTER,_receive");
```

```
20    _ASMLINE("_l1: NOP                          ");
21    }
22 }
```

Listing 4.1: Ein realistisches Beispiel für die Verwendung von Inline-Assembler-Code in einem C-Programm

Ein Teil dieses C-Programms besteht aus Inline-Assembler-Code. Die Variable `receive` wird gemeinsam benutzt – sie ist in diesem Fall die Schnittstelle zwischen dem C-Code und dem Assembler-Code. Im Assembler-Code wird einer C-Variablen ein Unterstrich vorangestellt; das ist ein sehr übliche Namenskonvention. Schaut man sich die Deklaration der Variable `receive` in Zeile 7 des Listings genauer an, so fallen zwei Punkte auf:

1. Die Variable `receive` ist global deklariert, also nicht in der Prozedur `main`, sondern „außerhalb"; nur so kann der Inline-Assembler-Code auf diese Variable zugreifen. Lokale Variablen werden durch den C-Compiler auf dem Stack untergebracht. Der Inline-Assembler kann nur dann auf lokale Variablen zugreifen, wenn der Stackaufbau genau bekannt ist. Zugriff auf eine in C lokal deklarierte Variable ist von Assembler aus zwar möglich (Details werden in folgendem Abschnitt beschrieben) aber komplizierter als der Zugriff auf eine globale Variable.

2. In der Deklaration der Variablen `receive` steckt das Schlüsselwort `volatile`. So kann man sicherstellen, dass der C-Compiler die Variable im Speicher und *nicht* in einem Register unterbringt. Warum ist es so wichtig, die gemeinsam genutzte Variable nicht im Registersatz zu speichern? Der Grund ist, dass es nicht möglich ist dem C-Compiler vorzuschreiben in welchem Register er die Variable abzuspeichern hat; ist das Register, in dem sich die Variable befindet, nicht bekannt, so ist es für den Inline-Assembler unmöglich auf diese Variable direkt zuzugreifen.

Aufgabe 4.6

Erläutern Sie genau, was das in Abbildung 4.1 gezeigt Programm macht. Beantworten Sie insbesondere folgende Fragen:

(a) Wann bricht die `for`-Schleife ab?

(b) Was genau steht immer in der Variablen `time`?

(c) Was genau steht immer in der Variablen `receive`?

(d) Was macht der Assembler-Code innerhalb der Schleife?

(e) Kann der Assembler-Code auch durch C-Code ersetzt werden? Begründen Sie.

(f) Warum werden die Adressen der Register nicht direkt im Inline-Assembler-Code verwendet, sondern der „Umweg" über die Platzhalter `CONTROL_REGISTER`, `STATUS_REGISTER` und `RECEIVE_REGISTER` gegangen?

Aufgabe 4.7

Wie oben erläutert verhindert das Schlüsselwort `volatile` in einer Variablendeklaration, dass der C-Compiler die Variable in einem Register unterbringt. Das Gegenteil erreicht man durch das Schlüsselwort `register` in einer Variablendeklaration: man kann dadurch erzwingen, dass eine Variable in einem Prozessorregister gehalten wird und *nicht* im Hauptspeicher.

(a) Warum läuft man Gefahr, dass der C-Compiler ineffizienteren Code produziert, wenn man eine Variable als `volatile` deklariert?

(b) Warum läuft man Gefahr, dass der C-Compiler ineffizienteren Code produziert, wenn man eine Variable als `register` deklariert?

4.4.2 Assemblermodule in C-Programmen

Eine Alternative zur Verwendung von Assemblerbefehlen und C-Befehlen im selben Programm-modul, ist eine Aufspaltung in C-Programmmodule und Assembler-Programmmodule. Für ein Zusammenspiel der Module müssen die C- und Assemblersymbole gegenseitig lesbar gemacht werden. Ganz ähnlich wie beim Inline-Assembler auch, sind dafür unter Anderem bestimmte Namenskonventionen einzuhalten: Eine in C deklarierte Variable oder Funktion kann auch im Assemblermodul über den selben Namen, allerdings mit einem vorangestellten Unterstrich, angesprochen werden. Beispielsweise entspricht die C-Variable a dem Symbol _a im entsprechenden Assemblermodul; dem C-Funktionsnamen main entspricht das Symbol main im entsprechenden Assemblermodul. Die folgende Tabelle zeigt diesen Sachverhalt nochmals in kompakter Weise:

Deklaration in C		Symbol in Assembler
var a	$\to$	_a
main	$\to$	_main

Anders als beim Inline-Assembler genügen Namenskonventionen alleine allerdings nicht. Wollen ein C-Modul und ein Assembler-Modul bestimmte Variablen gemeinsam verwenden, so muss dies im Code explizit gemacht werden. Es gibt zwei Fälle:

1. Die Variable wird im Assembler-Modul deklariert; das C-Modul will auf diese Variable zugreifen. Oder in anderen Worten: das C-Modul importiert eine Assembler-Variable. Im Assembler-Modul muss diese Variable mit der Anweisung XDEF deklariert werden. Das C-Modul muss diese Variable dann als `extern` deklarieren.

2. Die Variable wird im C-Modul deklariert; das Assembler-Modul will auf diese Variable zugreifen. Oder in anderen Worten: das Assembler-Modul importiert eine C-Variable. Im Assemblermodul muss diese Variable mit der Anweisung XREF deklariert werden. Das C-Modul deklariert die Variable auf herkömmliche Weise.

Tabelle 4.3 stellt diese beiden Fälle anhand zweier Beispiele dar:

Interessanter als die gemeinsame Verwendung von Variablen ist die gemeinsame Verwendung von Funktionen, so dass aus dem C-Programm in eine Assembler-Routine gesprungen werden kann, bzw. aus dem Assemblerprogramm in eine C-Routine gesprungen werden kann. Man kann dies ähnlich vorbereiten, wie die gemeinsame Verwendung von Variablen. Wird in C eine in

	Assembler-Modul	**C-Modul**
Deklaration in Assembler	XDEF _asmVar	extern <Datentyp> asmVar;
Deklaration in C	XREF _cVar	<Datentyp> cVar;

Tabelle 4.3: Deklarationen zur gemeinsamen Verwendung von Variablen in C- und Assemblermodulen

Assembler geschriebene Funktion verwendet, muss aber – statt der oben gezeigten Variablendeklaration – der korrekte Prototyp der Funktion als extern in C deklariert werden.

Aufgabe 4.8
Erläutern Sie, welche Randbedingungen bekannt sein müssen, wenn in C eine Funktion verwendet wird, die in Assembler programmiert wurde.

Es ist notwendig, dass Funktionen, die von C und Assembler gemeinsam benutzt werden, den selben Konventionen gehorchen. Insbesondere müssen folgende Dinge sowohl vom C-Compiler als auch im Assembler-Code in gleicher Weise umgesetzt sein:

• die Parameterübergabe

• das Ablegen der Rücksprungadresse

• die Ablage und der Zugriff auf lokale Variablen

Es gibt keinen Standard, der vorschreibt, wie ein C-Compiler diese Dinge umzusetzen hat. Wir beschreiben aber im Folgenden einen sehr häufig gegangenen Weg, den viele gängige C-Compiler gehen. Abbildung 4.1 zeigt des Aufbau des Stacks nach Aufruf einer C-Funktion. Wie üblich wächst der Stack in Richtung fallender Adressen, in Abbildung 4.1 also nach oben. Der C-Compiler erzeugt in unserem Fall beim Aufruf einer C-Funktion Assembler-Code der folgende Aktionen ausführt: zunächst werden die Parameter in umgekehrter Reihenfolge auf den Stack gelegt. Dann wird die 4 Byte lange Rücksprungadresse auf den Stack gelegt, um nach Ende der Funktion die Programmausführung an der richtigen Stelle fortsetzen zu können; die Assembler-Befehle JSR und BSR machen genau das.

Der vom C-Compiler erzeugte Assembler-Code sichert dann den alten Stand des Registers A6 (den sogenannten Framepointer) auf den Stack und merkt sich diese Stelle im Register A6. Dann folgt Platz für die lokalen Variablen. Der aufmerksame Leser wird bemerken, dass das genau die Aktionen sind, die der in Abschnitt 2.7.2 besprochene Befehl LINK ausführt. Ein guter C-Compiler erzeugt nur wiedereintrittsfeste Funktionen und muss deshalb auf dem Stack Platz für die lokalen Variablen schaffen. Die Instruktion

```
LINK   A6,d8      ;Platz für die lokalen Variablen
```

würde genau den in Abbildung 4.1 grau hinterlegten Stackbereich erzeugen.

Schließlich wird, falls nötig, eine Registersicherung auf dem Stack durchgeführt. Das ist notwendig, um nach der Ausführung der Funktionen den alten Registerstand wiederherstellen zu können. Der Stackpointer zeigt zu Beginn der Funktionsausführung dann auf das oberste Element des Stacks.

Soll eine in Assembler definierte Funktion in C verwendet werden, so muss diese Funktion genau den in Abbildung 4.1 gezeigten Stack aufbauen; nur so ist gewährleistet, dass der

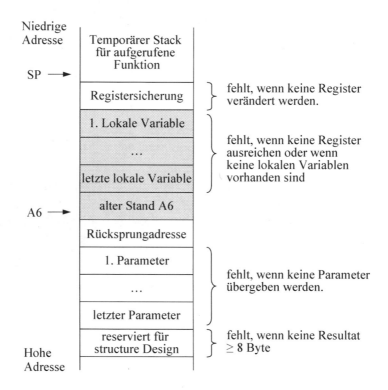

Abbildung 4.1: (Möglicher) Aufbau des Stacks nach Aufruf einer C-Funktion.

C-Programmteil mit dieser Funktion wie gewohnt „umgehen" kann. Soll umgekehrt eine in C geschriebene Funktion im Assemblermodul verwendet werden, so muss der Programmierer den Aufbau des in Abbildung 4.1 gezeigten Stacks genau kennen, um auf Parameter und lokale Variablen zugreifen zu können.

Nehmen wir an, in einem C-Modul sei eine Funktion summier die drei Zahlen aufsummiert, folgendermaßen deklariert:

```
int summier(int a, int b, int c)
```

Soll summier von einem Assemblermodul aus aufgerufen werden, so muss im Assemblermodul dafür gesorgt werden, dass die Parameter in der richtigen Reihenfolge auf den Stack gelegt werden; erst dann kann die C-Funktion angesprungen werden. Nach Abarbeitung der Funktion muss dafür gesorgt werden, dass der für die Parameter verwendete Speicherplatz auf dem Stack wieder freigegeben wird; der C-Compiler erzeugt übrigens Code, der dies „automatisch" bewerkstelligt, in Assembler müssen diese Aktionen jedoch „von Hand" programmiert werden. In Befehlen des 68000-Assembler sieht dies dann folgendermaßen aus:

```
1  XREF     _summier
2  ...         ...
3  MOVE.W   #Zahl₃,-(A7)  ; letzter Parameter auf den Stack
```

```
4 MOVE.W    #Zahl₂,-(A7) ; ...
5 MOVE.W    #Zahl₁,-(A7) ; erster Parameter auf den Stack
6 BSR       _summier     ; summier(Zahl₁, Zahl₂, Zahl₁)
7 ADDA      #6, A7
```

Aufgabe 4.9
Beantworten Sie folgende Fragen zu obigem Assembler-Listing:

(a) Wie viele Speicherzellen Platz braucht ein Integer-Wert in obigem Beispielprogramm?

(b) Was passiert, wenn man sich als Assemblerprogrammierer bei dem Platzbedarf eines Parameters verschätzt?

(c) Wozu ist der letzte Befehl in obigem Listing gut?

Aufgabe 4.10
Programmieren Sie in einem Asssemblermodul eine Funktion, die drei Zahlen addiert. Diese Funktion soll von einem separaten C-Modul mitverwendet werden können. Schreiben Sie den dafür notwendigen Assembler-Code und den Teil des C-Moduls, der die Assemblerfunktion verwendet.

Ein größeres Beispiel zeigt Abbildung 4.2. Hier werden die beiden Assemblerfunktionen _enable und _disable in der C-Funktion application verwendet. Weiter fällt auf, dass die C-Funktion application definiert ist als

interrupt void application ()

Das Schlüsselwort interrupt gibt an, dass diese Funktion eine Interrupt-Service-Routine sein soll.

Das Assemblermodul Startup verwendet einige in C definierte Funktionen und Variablen, nämlich main, stack und application.

Aufgabe 4.11
Beantworten Sie folgende Fragen zu dem in Abbildung 4.2 dargestellten Beispiel:

(a) Die beiden Assemblerfunktionen _enable und _disable, die von C aus aufgerufen werden, bauen keinen Stackframe auf, wie er in Abbildung 4.1 dargestellt ist. Warum ist das hier nicht notwendig?

(b) Erläutern Sie, was die Assemblerfunktionen _enable und _disable machen.

(c) Wie denken Sie unterscheidet sich der vom C-Compiler erzeugte Assembler-Code bei einer als interrupt deklarierten Funktion von einer herkömmlichen Funktion?

(d) Was macht das Assemblermodul Startup genau?

(e) Was macht die C-Funktion main genau?

4.5 Code-Optimierung

Besonders in der hardwarenahen Programmierung ist es oft hilfreich, wenn man zumindest in Grundzügen weiß, welchen Assembler-Code ein Compiler erzeugt. In manchen Fällen kann es auch notwendig sein, den vom C-Compiler erzeugten Assembler-Code manuell zu optimieren. Dies kann besonders bei der Programmierung im Bereich eingebetteter Systeme notwendig sein,

Die Assembler-Module und das C-Hauptmodul mit der main-Funktion

Assembler-Startup

```
1 XREF    _main
2 XREF    _stack
3 XREF    _application
4
5 ORG     $0
6 DC.L    _stack
7 DC.L    _main
8
9 ORG     $7c
10 DC.L    _application
```

Service-Routinen

```
1 XDEF  _enable
2 XDEF  _disable
3 SECT  asmSR,,
4
5 _enable:
6 ANDI.W #$F8FF,SR
7 RTS
8
9 _disable:
10 ORI.W #$2700,SR
11 RTS
```

C-Funktion main

```
1 void main (void){
2   char value = 0;
3   initPI( );
4   while(1)
5   {
6     outPI(value++);
7     wait( );
8   }
9 }
```

Für den Interrupt-Test notwendige C-Funktionen

C-Funktion writeByte

```
1 void writeByte(unsigned long addr,
2                char value){
3   ((char)(addr)) = value;
4 }
```

C-Funktion wait

```
1 void wait( ){
2   int i;
3   for(i = 0; i < 100000; i++);
4 }
```

C-Funktion initPI

```
1 void initPI( ){
2   writeByte(ADR_PIT +
OFF_PIT_PGCR, 0x30);
3   ...
4 }
```

C-Funktion wait

```
1 interrupt void application( ){
2   disable( );
3   outPI(0xAA);
4   wait( );
5 }
```

Abbildung 4.2: Beispiel für ein Zusammenspiel von Assembler und C-Modulen. Die mittels XREF deklarierte externe Variable _main in Listing „Assembler-Startup" bezieht sich auf die in Listing „C-Funktion main" deklarierte main-Funktion; die Variable main enthält deren Startadresse (genau wie übrigens der Wert der Variablen main die Startadresse der Funktion main() enthält). Listing „Assembler-Startup" enthält eigentlich keine Kommandos; es wird lediglich die Vektortabelle initialisiert mit der Adresse der C-main-Funktion als initial auszuführendes Programm und mit der Adresse der in Listing „C-Funktion application" definierten Interrupt-Service-Routine application an Stelle $7C der Vektortabelle. Betrachten wir die Hauptfunktion main in Listing „C-Funktion main". Zunächst wird der Prozessor mittels der Funktion iniPI() konfiguriert. In der anschließenden Endlosschleife ab Zeile 4 wartet der Prozessor auf einkommende Interrupts und gibt mittels outPI einen stetig inkrementierten Wert auf einem Port aus. Was passiert, wenn der Interrupt eintritt? Dann wird, wegen des entsprechenden Eintrags in der Vektortabelle, die C-Routine application ausgeführt. Diese führt zunächst die Routine disable aus, die in Listing „Service-Routinen" in Assembler implementiert ist. Anschließend wird der Wert $AA auf dem Port ausgegeben (wir gehen davon aus, dass der zu testende Prozessor nicht unbedingt einen angeschlossenen Monitor oder ein anderes Ausgabegerät besitzt; mittels Ausgabe auf einen Port kann der Benutzer aber relativ einfach auf Ausgaben zugreifen.)

wo aus Kostengründen die Prozessorperformance oft gering ist, aber trotzdem eine schnelle Reaktion auf Ereignisse eine große Rolle spielt.

Die Ziele sollten hier sein: maximale Geschwindigkeit, minimale Code-Größe, Entfernen von Redundanzen, Zusammenfassung von Konstanten, Variablen möglichst in Registern halten, die Optimierung von Schleifen und die Entfernen „toten" Codes.

4.5.1 Maximale Geschwindigkeit und minimale Code-Größe

In vielen Situationen braucht man Geschwindigkeit und Code-Größe des von einem Compiler erzeugten Maschinencodes nicht weiter zu optimieren: Viele C-Compiler zeichnen sich durch die Erzeugung sehr effizienten Maschinencodes aus. Und besonders die Programmiersprache C kann, obwohl sie von der konkreten Hardware abstrahiert, doch viele Spezifika bestimmter Prozessoren ausnutzen. Ein gutes Beispiel ist eine Anweisung wie a = b++;. Viele CISC-Prozessoren (nicht aber der Motorola-68000) besitzen einen speziellen INC-Befehl, der den Inhalt eines Register um eins erhöht. Dieser Befehl ist deutlich schneller als die Addition mit einer Konstanten und die C-Syntax „++" legt die Verwendung eines solchen INC-Befehls nahe. Außerdem kann man sich leicht vorstellen, dass das obige Beispiel durch eine Postinkrement-Adressierungsart umgesetzt werden könnte.

4.5.2 Entfernen von Redundanzen

Das Entfernen von Redundanzen – in der englischsprachigen Literatur auch *redundancy elimination* genannt – wird von guten Compilern weitgehend automatisch vollzogen, oft in einem zweiten Durchlauf über den erzeugten Code. Hat man es mit einem eher rudimentären C-Compiler zu tun. Dies ist keine unrealistische Situation; nicht für jeden Prozessor gibt es ausgefeilte C-Compiler, insbesondere dann nicht wenn man es mit einer Spezialarchitektur zu tun hat, die nur in kleinen Stückzahlen produziert wurde. Für Compilerbaufirmen lohnt es sich dann einfach nicht zu viel Aufwand in einen allzu ausgefeilten C-Compiler zu stecken. So kann es, zumindest bei der Programmierung eingebetteter Systeme, durchaus sein, dass man auch manuell nachhelfen muss. Das in Abbildung 4.3 gezeigte Beispiel zeigt, wie Redundanzen entstehen können.

```
x = x +1;        Wird übersetzt in ...      MOVE.B -6(A6),D0
y = x +2;                                    ADDI.B #1,D0
                   ==>                       MOVE.B D0,-6(A6)

                                             MOVE.B -6(A6),D0
                                             ADDI.B #2,D0
                                             MOVE.B D0, -7(A6)
```

Abbildung 4.3: Auf der linken Seite sieht man ein einfaches C-Code-Fragment. Die rechte Seite zeigt daraus erzeugten, (noch) nicht optimierten Assembler-Code.

Aufgabe 4.12

Beantworten Sie folgende Fragen zu der in Abbildung 4.3 gezeigten Übersetzung:

(a) Welcher Teil des Assembler-Codes ist die Übersetzung der C-Code-Zeile `x = x +1;`? Welcher
Teil ist die Übersetzung der C-Code-Zeile `y = x +2;`?

(b) Wo sind die Variablen x und y gespeichert? (Die Antwort können sie aus dem erzeugten Assembler-
Code ablesen).

(c) Erklären Sie genau die Assemblerzeile `MOVE.B -6(A6),D0`. Was passiert hier?

(d) Wie viel Speicherplatz nehmen die beiden Variablen x und y ein? (Die Antwort können Sie aus dem
erzeugten Assembler-Code ablesen.

(e) Geben Sie an, wo in dem erzeugten Assembler-Code Redundanzen (d. h. unnötiger Code) stecken
und entfernen Sie die Redundanzen.

4.5.3 Zusammenfassung von Konstanten

Es gibt Fälle, in denen der Wert einer Variablen während des ganzen Programmablaufs konstant
ist. Dann ist es im Allgemeinen effizienter, eine solche Variable durch die Konstante zu ersetzen,
die sie repräsentiert. In der englischsprachigen Literatur wird diese Technik als *constant propagation* bezeichnet. Ein einfaches Beispiel zeigt folgende Situation:

```
i = 100;              Wird vereinfacht zu:
y = x[i*10];                 ⟹              y = x[1000];
```

Aufgabe 4.13

Wenden Sie die eben beschriebene Technik *Constant Propagation* an, um den in Abbildung 4.4 gezeigten
C-Code zu vereinfachen

```
1  int x = 14;
2  int y = 7 -x / 2;
3  return y *(28 / x +2);
```

Abbildung 4.4: Weiteres Beispiel eines C-Code-Fragments, das durch die Technik *constant propagation*
vereinfacht werden kann.

4.5.4 Variablen möglichst in Registern halten

Werden Variablen in Registern gehalten, so entfällt der Zugriff auf den sehr viel langsameren
Hauptspeicher. Es gibt nicht standardisierte Konstrukte bei einigen C-Compilern, die dem Programmierer die Kontrolle darüber geben, ob Variablen in Registern oder Speicherzellen gehalten
werden sollen. Einige C-Compiler erlauben das Schlüsselwort `register`, dem C-Compiler vorschreibt, die Variable in einem Register zu halten. Beispielsweise wird durch folgende Deklaration eine Variable var erzeugt, die in einem Prozessorregister gehalten wird:

```
register char var;
```

4.5.5 Schleifenoptimierung

Programmteile, die durch einen Schleifendurchlauf nicht verändert werden, sollten aus der Schleife entfernt werden. Diese Optimierung könnte beispielsweise in folgendem C-Code-Fragment durchgeführt werden:

```
1  for (i=0; i < 1000; i++){
2    for (j=0; j < 1000; j++){
3      b[i]    = i*i;
4      a[i][j] = b[i];
5    }
6  }
```

Entfernen von „totem" Code

In der englischsprachigen Literatur auch als *Dead Code Elimiation* bezeichnet. Programmcode der niemals ausgeführt werden kann, sollte aus dem Programm entfernt werden. Ein einfaches Beispiel zeigt folgender Code-Ausschnitt:

```
1  a = 1;
2  if (a == 1) {
3      x = x +1;
4  } else {
5      x = 0;
6  }
```

Wie man leicht sehen kann, stellt der `else`-Zweig toten Code dar. Dieser kann komplett entfernt werden, ohne die Semantik des Programms zu verändern.

Technische Grundlagen

5 Rechner

Während wir im ersten Teil gelernt haben wie wir einen Prozessor anwenden und programmieren, beschäftigen wir uns in diesem zweiten Teil damit, wie ein Prozessor und ein Computer bzw. Rechner[1] strukturiert sind und intern funktionieren. Bevor wir in den Kapiteln 6 und 7 die Funktionsweise eines Prozessors im Detail kennenlernen, verschaffen wir uns in diesem Kapitel zunächst einen Überblick über das den Prozessor umgebende System – den Rechner.

Wir werden in diesem Kapitel lernen ...

- ... aus welchen Komponenten ein Rechner typischerweise besteht.

- ... wie diese Komponenten miteinander verbunden sind.

- ... welche Informationen diese Komponenten typischerweise austauschen.

- ... welche Besonderheiten heutige PC-Systeme aufweisen und welche speziellen Komponenten diese besitzen.

5.1 Komponenten und Struktur

Ein Rechner besteht typischerweise aus den folgenden Komponenten:

- Eine *CPU* (= „Central Processing Unit"), auch (Haupt-)Prozessor genannt.
  Der Prozessor liest Instruktionen und Daten, und speichert nach der Verarbeitung Daten. Der Prozessor erzeugt Kontrollsignale, um alle anderen Rechnerkomponenten steuern zu können.

- Eine oder mehrere *Speichereinheiten*.
  Diese Speichereinheiten bilden in ihrer Gesamtheit den Hauptspeicher. Eine Speichereinheit besteht aus *Speicherzellen*, denen jeweils eine eindeutige Adresse zugeordnet ist. Ein Hauptspeicher erlaubt zwei Operationen: Lesen und Schreiben.

- Mehrere Schnittstellen.
  Diese Schnittstellen werden oft auch als *Ein-Ausgabe-Einheiten* oder *Input/Output-Module* (oder kurz *I/O* für Input/Output) bezeichnet. Aus Prozessorsicht haben Ein-Ausgabe-Module ein ähnliches funktionales Verhalten, wie Speichereinheiten. Viele lassen, ähnlich wie die Speichereinheiten, Schreiben- und Lese-Operationen zu. Ein-Ausgabe-Einheiten bilden die Schnittstellen zu externen Geräten, wie Drucker, Tastatur, Bildschirm, usw.

---

[1]Die Begriffe „Rechner" und „Computer" sind Synonyme.

Jede Komponente muss mit jeder anderen Komponente Informationen austauschen, d. h in der Lage sein mit jeder anderen Komponente kommunizieren zu können.

Aufgabe 5.1
Überlegen Sie sich, welche Informationen die drei Komponenten(-gruppen) untereinander austauschen müssen, getrennt nach Komponenten und Richtung des Informationsaustauschs. Also: Welche Informationen müssen von der CPU zum Hauptspeicher fließen, welche Information muss vom Hauptspeicher zur CPU fließen, welche Information muss von den I/O-Komponenten zum Prozessor fließen, usw.

Theoretisch könnte man jede Komponente eines Rechners mit jeder anderen direkt verbinden. Das würde aber zum Einen sehr teuer werden, wenn viele Komponenten im Spiel sind, und zum Anderen wäre solch eine Struktur auch schwer erweiterbar. Eine günstigere und effizientere Methode ist die Verbindung der Komponenten durch ein Bussystem, wie in Abbildung 5.1 dargestellt. Bei der Bus-Topologie[2] greifen alle beteiligten Komponenten auf ein gemeinsames Übertragungsmedium zu. Problematisch ist hierbei, dass mehrere Komponenten gleichzeitig auf den Bus zugreifen können. Man benötigt Mechanismen, die verhindern, dass dadurch unerwünschte Situationen entstehen können. Es könnte etwa passieren, dass Daten verloren gehen, weil eine Komponente B, die durch Komponente A gerade gesendeten Daten überschreibt, oder dass auf dem Bus ein Daten-„Kuddelmuddel" entsteht, da zwei Komponenten zu genau derselben Zeit ihre Daten auf den Bus schreiben.

Aufgabe 5.2
Ein Rechner besitzt drei Speichermodule und zwei IO-Module. Angenommen Sie wollen – was nicht zu empfehlen ist – eine Rechnerarchitektur entwerfen, in der jede Komponente direkt mit jeder anderen verbunden ist: Wie viele „Leitungen" müssten sie in diesem Fall legen?

Aufgabe 5.3
Was spricht so stark für eine Bus-Topologie als Vernetzungsstruktur der Rechnerkomponenten? Informieren Sie sich grob über das grundlegende Aussehen der Ring-, Stern-, und Baumtopologie; vergleichen Sie jede mit der Bus-Topologie und finden Sie Argumente die in jedem Fall für die Bus-Topologie sprechen.

Wie in Abbildung 5.1 gezeigt, können die Signale auf dem Steuer- und Datenbus in beide Richtungen laufen: Die CPU sendet Daten an Speicher und IO, kann aber auch Daten von diesen Komponenten empfangen; die CPU sendet Steuersignale an Speicher und IO, kann aber auch Steuersignale empfangen. Die Signale auf dem Adressbus können jedoch nur in eine Richtung laufen: Die CPU sendet Adresssignale an Speicher und IO, kann aber keine Adresssignale empfangen.

Sowohl der Datenbus, als auch der Steuer- und Adressbus bestehen aus einzelnen Leitungen, die jeweils pro Takt ein Bit Information übertragen können. Ein typischer Datenbus besteht aus 32, 64 oder auch mehreren Hundert Leitungen. Die Anzahl dieser Leitungen bezeichnet man oft als die *Breite* des Busses. Die Busbreite gibt an, wie viel Bits gleichzeitig pro Takt übertragen werden können. Die Breite des Datenbusses beeinflusst entscheidend die Leistungsfähigkeit des ganzen Rechners mit. Beim MC68000 ist der Datenbus beispielsweise 16 Bit breit. Um ein Langwort aus dem Speicher in ein Register einzulesen, muss er also zwei Mal auf den Speicher zugreifen.

---

[2]Unter dem Wort *Topologie* versteht man die Struktur der Verbindungen mehrerer Geräte oder Komponenten untereinander. Neben der Bus-Topologie gibt es beispielsweise die Stern-, die Baum- und die Ring-Topologie.

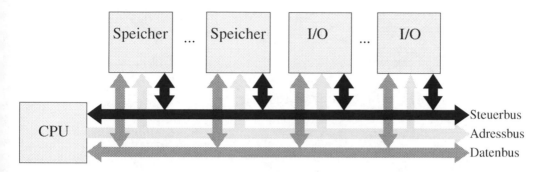

Abbildung 5.1: Vereinfachte Darstellung eines Rechnersystems. Alle Komponenten sind durch verschiedene Busse miteinander verbunden. Die eigentlichen Nutzdaten werden über einen Datenbus verschickt, Steuerinformationen

Aufgabe 5.4
Wie viele Speicherzugriffe muss der MC68000 im ungünstigsten Fall durchführen, um eine neue Instruktion vom Speicher in den Prozessor zu laden?

Die Adressleitungen des Adressbusses werden dazu verwendet das Ziel oder die Quelle der auf dem Datenbus anliegenden Daten anzugeben. Die Breite des Adressbusses bestimmt die maximal mögliche Anzahl an Speicherzellen, die durch den Prozessor angesprochen werden können. Oft werden die höherwertigen Adressleitungen dazu benutzt, bestimmte IO-Ports (das sind prozessorinterne Schnittstellen) anzusprechen. Die Steuerleitungen werden dazu verwendet, Zugriff und Benutzung des Daten- und Adressbusses zu kontrollieren. Typische Signale, die über die Steuerleitungen eines Busses verschickt werden könnten, sind:

- `Write`: Die Daten auf dem Datenbus werden in die durch den Adressbus spezifizierten Adresse geschrieben.

- `Read`: Der Inhalt der durch den Adressbus spezifizierten Adresse wird ausgelesen und auf den Datenbus gelegt.

- `Bus Grant`: Einer (anfragenden) Komponente wurde der Zugriff auf den Bus gestattet.

- `Bus Request`: Zeigt an, dass eine Komponente Zugriff auf den Bus erhalten möchte.

Falls eine relativ große Zahl externer Geräte an einen Bus angeschlossen ist, wird die Übertragungsgeschwindigkeit leiden. Je mehr Geräte angeschlossen sind, desto größer die Länge des Busses und desto größer folglich die Übertragungszeiten. Außerdem gibt es erhebliche Unterschiede zwischen einzelnen Komponenten, was den Anspruch an die Busbreite betrifft. So benötigt beispielsweise ein schneller Cache-Speicher einen breiteren Bus, als eine Festplatte; diese wiederum ist viel datenhungriger als eine Maus oder eine Tastatur. Es ist ineffizient und unpraktisch alle diese Komponenten durch denselben Datenbus zu bedienen. Ein typisches Rechnersystem verwendet mehrere hierarchisch angeordnete Datenbusse. Abbildung 5.2 zeigt eine gängige Busarchitektur mit 3 hierarchisch angeordneten Bussystemen.

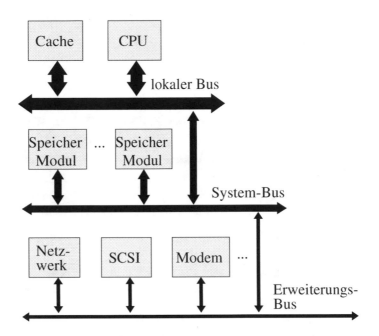

Abbildung 5.2: Häufig verwendete Busarchitektur in einem Rechner. Die Dicke der Linien drückt die Breite des jeweiligen Busses aus. Man sieht, dass der lokale Bus sehr breit ist, d. h. dass er in der Lage ist, Daten sehr schnell zu übertragen. Der interne Bus überträgt üblicherweise Daten vom Prozessor zum sehr schnellen Cache-Speicher oder zu anderen prozessornahen Komponenten, wie etwa zur Graphikkarte oder zu Coprozessoren. Über den Systembus läuft i. A. die Kommunikation mit dem (im Vergleich zu CPU und Cache) relativ langsamen Hauptspeicher; die Verbindung zwischen Systembus und lokalen Bus wird oft „Northbridge" genannt – eine Verbindung zwischen Busses nennt man in der englischsprachigen Literatur „Bridge". Weniger anspruchsvolle Komponenten (was die Datenrate betrifft) hängen an dem Erweiterungsbus. Die Verbindung zwischen Systembus und Erweiterungsbus bezeichnet man häufig als „Southbridge".

5.2 Funktionsweise

Rechner führen (Maschinen-)Programme aus. Die einfachste Art der Befehlsverarbeitung besteht aus zwei Schritten (siehe auch Abbildung 5.3):

1. Der Prozessor liest eine Instruktionen aus dem Hauptspeicher. In der englischsprachigen Literatur wird dieser Schritt auch *Instruction Fetch* genannt.

2. Der Prozessor führt die Instruktion aus. In der englischsprachigen Literatur wird dieser Schritt auch *Instruction Execution* genannt.

Die durch den Instruction Fetch geladenen Instruktion wird zunächst in einem prozessorinternen Register gespeichert – dem *Instruction Register*, oder kurz *IR*. Der Maschinencode der Instruktion enthält bestimmte Bits, die die internen Aktionen spezifizieren, die der Prozessor zur Instruction Execution durchführen muss. Diese internen Aktionen lassen sich in folgende Gruppen einteilen:

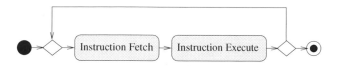

Abbildung 5.3: Ein einfacher Befehlszyklus.

- Datentransfer zwischen Prozessor und Hauptspeicher.

- Datentransfer zwischen Prozessor und IO.

- Datenverarbeitung (beispielsweise die Ausführung von arithmetischen Operationen auf den Daten)

- Sprünge. Statt die nächste Instruktion aus der nächsten Speicherzelle zu laden, wird bei einem Sprung eine beliebige Hauptspeicherzelle festgelegt, an der die Befehlsverarbeitung fortgesetzt wird.

Oft besteht die Ausführung eines Maschinenbefehls auch in einer Kombination mehrerer der oben aufgeführten Aktionen. Ein Beispiel ist der DBRA-Befehl, der eine Sprungaktion und mehrere Datenverarbeitungsaktionen anstößt.

Aufgabe 5.5

Welche der oben aufgeführten Aktionen werden durch die MC68000-Befehle

(a) ADD $1000,$2000

(b) LINK A0,#-8

(c) UNLK A0

(d) PEA 2(A0)

angestoßen? Geben Sie die Aktionen in der vom Prozessor verwendeten Reihenfolge an.

Viele Befehle des MC68000 benötigen mehrere Zugriffe auf den Hauptspeicher. Modernere Prozessoren haben Maschinenbefehlssätze, die dies eher vermeiden.

Die oben aufgeführten Aktionen, die ein Rechner bei der Abarbeitung von Maschinenbefehlen durchführt, sind eigentlich Kategorien von Aktionen. Sie geben lediglich eine abstrakte Sicht auf die Funktionsweise eines Rechners. Es ist sinnvoll sie zu detaillieren; folgende Aktionen muss ein Prozessor bei der Ausführung eines Maschinenbefehls durchführen:

- *Instruction Address Calculation* (iac): Berechne die Adresse der nächsten auszuführenden Instruktion. Beim MC68000 muss dafür die Länge der letzten Instruktion bzw. das Sprungziel der letzten Instruktion mit in Betracht gezogen werden.

- *Fetch Instruction* (fi): Die nächste auszuführende Instruktion wird in ein prozessorinternes Register geladen.

- *Decode Instruction* (di): Der Instruktionstyp (also der Opcode) wird bestimmt und die zum Opcode gehörenden Operanden analysiert.

- *Calculate Operand Address* (coa): Die effektive Adresse eines Operanden wird berechnet. Hierbei kann es evtl. notwendig sein, arithmetische Operationen auszuführen.

- *Fetch Operand* (fo): Ein Operand der sich im Hauptspeicher befindet wird in den Prozessor zur weiteren Verarbeitung geladen.

- *Execute Instruction* (ei): Jetzt, da die Operanden dem Prozessor zur Verfügung stehen, kann die eigentlich Instruktion ausgeführt werden.

- *Write Operand* (wo): Bei der Befehlsausführung des letzten Schrittes können Ergebnisse entstehen, die im Hauptspeicher abgelegt werden sollen; die entsprechende Schreib-Operation wird in diesem Schritt ausgeführt.

Aufgabe 5.6
  (a) Bei welchen Adressierungsarten kann der „Calculate Operand Address"-Schritt entfallen?
  (b) Bei welchen Adressierungsarten benötigt Ihrer Meinung nach der „Calculate Operand Address"-Schritt die meiste Zeit?
  (c) Sortieren sie die Adressierungsarten nach der Zeitdauer, die der „Calculate Operand Address"-Schritt benötigt.

Abbildung 5.4 zeigt ein entsprechendes Aktivitätsdiagramm. Das Aktivitätsdiagramm berücksichtigt unter Anderem Maschinenbefehle, die mehrere Operanden haben können und Maschinenbefehle, die mehrere Ergebnisse zurückliefern können. Außerdem können für manche Maschinenbefehle (bzw. für manche Adressierungsarten) einige der Zustände übersprungen werden.

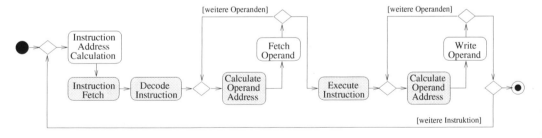

Abbildung 5.4: Eine detaillierte Sicht des Befehlszyklus. Die durch Rechtecke mit weißer Füllung dargestellten Schritte benötigen für ihre Durchführung den Speicher. Die durch farbig hinterlegte Rechtecke dargestellten Schritte laufen prozessorintern ab und benötigen keine Speicherzugriffe.

Aufgabe 5.7
Der in Abbildung 5.4 gezeigte Befehlszyklus ist so universell, dass praktisch alle Maschinenbefehle als Durchläufe – mit evtl. übersprungenen Zuständen – durch den Zustandsautomaten dargestellt werden können. Allerdings gibt es im Befehlssatz des MC68000 eine Ausnahme. Geben Sie einen Motorola-68000-Befehl an, den man nicht als Durchlauf durch das Zustandsdiagramm darstellen kann.

Aufgabe 5.8

Stellen Sie Durchläufe durch das in Abbildung 5.4 dargestellte Zustandsdiagramm – evtl. auch mit übersprungenen Zuständen – dar, die der Ausführung der folgenden MC68000-Maschinenbefehle entspricht.

(a) `CLR D0`

(b) `ANDI #$F8FF, CCR`

(c) `ADD $1000,$2000`

(d) `LINK A0,#-8`

(e) `RTS`

Die einzelnen in Abbildung 5.4 dargestellten Schritte werden in den meisten Mikroprozessoren direkt in Hardware implementiert.

5.3 Buskommunikation

Man bezeichnet den aktiven Teilnehmer am Bus auch oft als *Master*(-Komponente), die passive Komponente als *Slave*(-Komponente). Der Master bestimmt die Kommunikation, der Slave gibt meist nur Quittungssignale zurück – und natürlich Daten, falls diese durch den Master angefordert wurden.

Für die Verbindung der Rechnerkomponenten kommen prinzipiell zwei Busstrukturen in Frage:

- Der *Synchrone Bus*. Für jede Aktion, die auf diesem Bus stattfindet gilt: Die Zeitdauer, die diese Aktion benötigt, lässt sich immer als ganzzahliges Vielfaches des Systemtaktes dargestellt. Auf einem synchronen Bus kann keine Aktion schneller geschehen, als der Systemtakt. Solche synchronen Busse sind zwar recht einfach zu benutzen, aber sie sind auch wenig flexibel. Angenommen der Fall, nachdem das System einige Jahre in Betrieb ist, steht ein viel schnellerer Speicher zur Verfügung. Dieser Geschwindigkeitsvorteil kann eventuell mit einem synchronen Bus gar nicht genutzt werden, denn die Geschwindigkeit, in der Datenpakete übertragen werden können, ist immer an den konstanten Systemtakt gekoppelt und damit – ebenso wie der Systemtakt – nicht variabel.

- Der *Asynchrone Bus*. Die Geschwindigkeit eines Asynchronen Busses ist nicht durch ein globales Taktsignal bestimmt. Über den Bus kommunizierende Komponenten verständigen sich untereinander über zu verwendende Übertragungsgeschwindigkeit, je nach Bedarf – unabhängig von einem gemeinsamen Taktsignal.

Ist eine Menge von Geräten an einen Bus angeschlossen, von denen einige schnell, die anderen relativ langsam Daten übertragen können, so muss ein synchroner Bus sich nach dem langsamsten Gerät richten. Die Kapazitäten des schnellsten Gerätes können so aber nie voll ausschöpft werden. Abhilfe würde eine einfache Erweiterung des Busprotokolls schaffen: der Slave muss ein Bereitschaftsignal $\overline{\text{READY}}$ erzeugen können. Langsamere Slaves halten dieses Signal länger aktiv; der Master muss daraufhin den Zyklus um ein oder mehrere Takte verlängern.

Ein weiterer Nachteil gegenüber asynchronen Bussen ist, dass synchrone Busse kurz sein müssen – zumindest wenn sie schnell sind, sonst treten Probleme mit der Taktabweichung auf. Einen großen Vorteil haben aber synchrone Busse gegenüber asynchronen: Sie sind einfacher zu implementieren. Die dafür benötigte Hardware ist billiger und weniger komplex.

Beide Arten von Bussen können in etwa dieselben Übertragungsgeschwindigkeiten zur Verfügung stellen. Die meisten neueren Busse sind für die synchrone Datenübertragung ausgelegt; ältere 68K-Prozessoren verwenden die asynchrone Datenübertragung.

5.3.1 Asynchrone Buskommunikation

Wir beschreiben im Folgenden die Funktionsweise des asynchronen Busses des MC68000, der zum Anschluss von Speicher- und Peripheriebausteinen genutzt wird. Externe Speicherbausteine, etwa, werden an einen 68020- (oder höher) oder 68332-Prozessor über den asynchronen Bus mit dem Prozessor verbunden. Abbildung 5.5 zeigt die für die asynchrone Busschnittstelle rele-

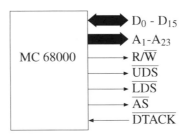

Abbildung 5.5: Anschlüsse der asynchronen Busschnittstelle des MC68000. Die dick gezeichneten Pfeile deuten an, dass es sich hierbei um mehrere Drähte handelt; beim Datenbus um 16 einzelne Drähte (D0 bis D15) und beim Adressbus um 23 einzelne Drähte (A1 bis A23; A0 verwendet der Prozessor lediglich intern). Die Pfeilrichtung gibt an, ob es sich um ein Eingabe- oder Ausgabesignal handelt (oder beides, wie im Falle des Datenbusses). Die Überstriche über Signalnamen deuten an, dass das jeweilige Signal *low-active* ist, d. h. dass der jeweilige Eingang als „aktiv" interpretiert wird, wenn keine Spannung („low voltage") anliegt.

vanten Anschlüsse des MC68000 bestehend aus den Steuersignalen R/$\overline{\text{W}}$ (für: Read/Write), $\overline{\text{UDS}}$ (für Upper Byte Data Select), $\overline{\text{LDS}}$ (für Lower Byte Data Select), $\overline{\text{AS}}$ (für Address Strobe) und $\overline{\text{DTACK}}$ (für Data Acknowledge). Die Überstriche an den Signalnamen haben eine Bedeutung. Es gibt "*high*-aktive" Signale, die im Aktivzustand sind, wenn sie den Wert logisch 1 haben. Und es gibt "*low*-aktive"-Signale, die im Aktivzustand sind, wenn sie den Wert logisch 0 haben. Die Namen 0-aktiver Signale werden überstrichen dargestellt, manchmal auch mit einem vorangestellten Stern (wenn der Zeichensatz keinen Überstrich zulässt). In der Mikroprozessortechnik sind fast alle Steuersignale als *low*-aktive Signale ausgelegt. Sie erlauben ein schnelleres Umschalten in den aktiven Zustand. Zusätzlich sind noch die 15 Leitungen des Datenbusses $D_0, \ldots, D_{15}$ und die 23 in der Schnittstelle vorhandenen Leitungen des Adressbusses $A_1, \ldots, A_{23}$ relevant (A_0 wird prozessorintern verwendet); anders als die meisten Steuerleitungen arbeiten diese jedoch mit positiver Logik.

Die Signale haben im einzelnen folgende Bedeutung:

• R/$\overline{\text{W}}$: Diese Leitung zeigt an, ob es sich um einen Lese-, oder Schreibzugriff handelt. Ist die Leitung auf eins, so handelt es sich um einen Lesezugriff.

- $\overline{\text{AS}}$: Diese Leitung Adress Strobe (engl.: to strobe – abtasten) gibt an, ob die an den Adress-leitungen anstehenden Adressen gültig sind. Falls $\overline{\text{AS}}$ = *high*, so heißt das, dass die Adressen gültig sind und der Slave die auf dem Adressbus anliegenden Daten lesen kann.

- $\overline{\text{LDS}}, \overline{\text{UDS}}$: Aus diesen beiden Signalen wird das Adressbit A_0 abgeleitet. Mit den beiden Signalen kann die obere Hälfte des Datenbusses, die untere Hälfte des Datenbusses, oder der gesamte Datenbus ausgewählt werden. Falls nur $\overline{\text{LDS}}$ = *high* ist, wird die untere Hälfte des Datenbusses ausgewählt, falls nur $\overline{\text{UDS}}$ = *high*, so wird die obere Hälfte des Datenbusses ausgewählt. Wenn beide Leitungen gleichzeitig auf *high* sind, so ist der gesamte Datenbus aktiv. Diese Aufteilung des Adressbereichs mit $\overline{\text{LDS}}$ und $\overline{\text{UDS}}$ entspricht genau dem Speicherbelegungsplan des MC68000: Ein 16-Bit-Wort ist unterteilt in eine gerade Adresse n und eine ungerade Adresse $n + 1$. Das höherwertige Bit eines Wortes steht an der geraden und damit niedrigeren Adresse als das niederwertige Byte.

- $\overline{\text{DTACK}}$: Über den Eingang $\overline{\text{DTACK}}$ läuft die Rückmeldung der Peripherie-Bausteine und des Speichers an den Prozessor, in der angezeigt wird, ob sie bereit sind, Daten aufzunehmen bzw. abzugeben. Der Prozessor muss solange warten, bis die Leitung $\overline{\text{DTACK}}$ = *high* ist; und solange muss auch der Adress- und Datenbus eingefroren werden.

Wir betrachten einen Lesezyklus, bei dem ein 16-Bit Datenwort von einem über den asynchronen Bus angeschlossenen Speicherbaustein ausgelesen wird. Abbildung 5.6 zeigt einen solchen Lesezyklus in einem sogenannten *Zeitdiagramm*; hier wird dargestellt, welche Leitungen des asynchronen Busses wann und wie lange welchen Signalpegel haben. Anhang E gibt einen Überblick, wie diese Zeitdiagramme zu lesen sind.

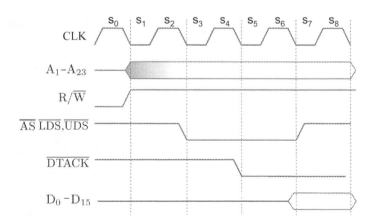

Abbildung 5.6: Zeitdiagramm eines Lesezyklus am asynchronen Bus des MC68000.

Aus Abbildung 5.6 lesen wir ab, dass folgendes bei einem typischen Lesezyklus auf dem asynchronen Bus passiert:

Halbtakte $s_0 - s_2$: Signaländerungen werden jeweils mit der nächsten fallenden Flanke des Taktes aktiv, d. h. erst mit der nächsten fallenden Flanke kommen die entsprechenden Informationen beim Prozessor an. Zum Zeitpunkt s_0 sind alle Steuersignale inaktiv. Während des Halbtaktes s_1 geht R/$\overline{\text{W}}$ auf *high*, um einen Lesezugriff anzuzeigen. Die Werte der Adressen werden vom Prozessor auf den Adressbus gelegt und stellen sich ein. Am Ende des Halbtaktes s_2 geht $\overline{\text{AS}}$ auf *low*, um anzuzeigen, dass die Adressen nun gültig sind. Am Ende des Halbtaktes s_2 gehen $\overline{\text{LDS}}$ und $\overline{\text{UDS}}$ auf *low*, um anzuzeigen, dass es sich um einen Wortzugriff handelt.

Halbtakte $s_3 - s_4$: Nun wartet der Prozessor bis die adressierte Speicher- oder Peripherieeinheit ihre Daten an den Datenbus anlegt und mit $\overline{\text{DTACK}}$ signalisiert, dass die Daten übernommen werden können. Das $\overline{\text{DTACK}}$-Signal muss spätestens am Ende von s_4 anliegen, ansonsten muss der Prozessor Wartezyklen einbauen und bei jeder fallenden Taktflanke den Wert von $\overline{\text{DTACK}}$ abfragen. Falls $\overline{\text{DTACK}}$ nach einer gewissen vorgegebenen Zeit nicht eintritt, so wird ein Busfehler gemeldet (und der Vorgang entsprechend abgebrochen).

Halbtakte $s_5 - s_7$: Wenn das $\overline{\text{DTACK}}$-Signal erschienen ist, werden zwei Halbtakte später die Daten in den Prozessor übernommen. Während des Halbtaktes s_7 werden $\overline{\text{AS}}$, $\overline{\text{LDS}}$ und $\overline{\text{UDS}}$ inaktiv. Die Speicher- oder Peripherieeinheit muss ihre Daten solange am Bus halten bis $\overline{\text{AS}}$, $\overline{\text{UDS}}$ und $\overline{\text{LDS}}$ inaktiv werden. Danach hat die Einheit einen Takt Zeit die Daten vom Bus zu nehmen und $\overline{\text{DTACK}}$ auf *high* zu setzen.

Aufgabe 5.9

Betrachten Sie das in Abbildung 5.6 dargestellt Zeitdiagramm und beantworten Sie folgende Fragen:

(a) Wie viel Takte dauert ein Lesezyklus im günstigsten Fall (der dann auftritt, wenn der Prozessor keine Wartezyklen einbauen muss)?

(b) Wie groß darf die Zugriffszeit auf einen Speicher (angegeben in Taktzyklen) höchstens sein, damit der Prozessor keine Wartezyklen einbauen muss?

(c) Nehmen wir an, dass unser Prozessor (es handelt sich um einen recht alten) mit der Frequenz von 8 MHz getaktet ist. Geben Sie nun in Sekunden an, wie lange ein Lesezyklus im günstigsten Fall dauert und wie groß die Zugriffszeit auf einen Speicher höchstens sein darf, damit der Prozessor keine Wartezyklen einbauen muss.

Aufgabe 5.10

Zeichnen Sie ein Zeitdiagramm, das einen Lesezyklus am asynchronen Bus des MC68000 darstellt, bei dem der Prozessor vier Wartezyklen einbauen muss.

Aufgabe 5.11

Zeichnen Sie ein Zeitdiagramm, das einen Schreibzyklus am asynchronen Bus des MC68000 darstellt.

Aufgabe 5.12

Zeichnen Sie ein Zeitdiagramm, das einen Lesezyklus am asynchronen Bus des MC68000 darstellt, das durch folgenden Maschinenbefehl entsteht:

```
MOVE.L $1000, D0
```

Ein Protokoll, wie das eben Beschriebene, nennt man auch *Handshake*-Protokoll. Master und Slave gehen nur dann zum jeweils nächsten Schritt weiter, wenn sich beide Parteien darüber einig sind. So setzt beim asynchronen Busprotokoll des Motorola-68000 der Slave das Signal $\overline{\text{DTACK}}$, um dem Master zu signalisieren, dass es weitergehen kann. Dann setzt der Master $\overline{\text{AS}}$, $\overline{\text{UDS}}$, $\overline{\text{LDS}}$ auf low, um dem Slave zu signalisieren, dass er damit einverstanden ist. Der Slave setzt $\overline{\text{DTACK}}$ zurück, und alles ist im Ausgangszustand, d. h. es kann tatsächlich weitergehen.

5.3.2 Synchrone Buskommunikation

Wir beschreiben im Folgenden die Funktionsweise des synchronen Busses, die weniger komplex und leichter zu verstehen ist, als die asynchrone Buskommunikation. Bei der synchronen Buskommunikation sind Master und Slave durch ein gemeinsames Taktsignal miteinander verbunden. Abbildung 5.7 das Zeitdiagramm einer asynchronen Buskommunikation. Das Signal $\overline{\text{CSTART}}$ wird durch den Master ausgelöst und signalisiert dem Slave den Beginn eines Buszyklus. Durch das Signal $\overline{\text{READY}}$ signalisiert der Slave das Ende des Buszyklus.

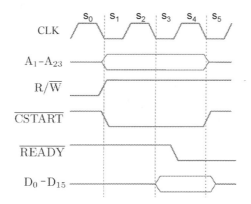

Abbildung 5.7: Zeitdiagramm eines Lesezyklus an einem synchronen Bus.

Der eigentlich Ablauf des Buszyklus ist denkbar einfach: Zu Beginn des Buszyklus setzt der Master das $\overline{\text{CSTART}}$ Signal auf aktiv. Nach Ablauf eines minimalen Buszyklus von zwei Takten geht der Master davon aus, dass der Buszyklus beendet ist. Falls aber zu diesem Zeitpunkt das Quittungssignal $\overline{\text{READY}}$ nicht aktiv ist, fügt der Prozessor Wartezyklen ein; nach jedem Takt fragt der Master dieses Signal erneut, bis $\overline{\text{READY}}$ aktiv ist.

Aufgabe 5.13
Es ist sowohl bei der synchronen als auch bei der asynchronen Buskommunikation üblich, das Signal $R/\overline{W}$ auf 1 zu legen, wenn gerade Busruhe herrscht. Was denken sie, warum das so ist?

5.4 PC-Systeme

Auch moderne PC-Systeme sind natürlich Rechnersysteme mit bestimmten Besonderheiten, die sie etwa von eingebetteten Systemen oder Großrechner unterscheiden.

5.4.1 Grundsätzlicher Aufbau

Ein typischer PC integriert alle wichtigen Komponenten auf der sog. Hauptplatine (engl.: *Motherboard*) eines Computers. Ein Motherboard enthält Steckplätze für den Prozessor, Speicherbausteine, Grafikkarten, Soundkarten und zusätzlich Komponenten, die diese miteinander verbinden.

Der klassische Entwurf eines Motherboards besteht, neben dem Steckplatz für den Hauptprozessor, aus zwei zentralen Chips, die den Datenverkehr auf dem Motherboard regeln: der *Northbridge* und der *Southbridge*. Diese Architektur bezeichnet man auch als *Zwei-Brücken-Architektur*. Als *Bridge* (bzw. *Brücke*) bezeichnet man in der Rechnertechnik eine Verbindung zweier Netzwerke bzw. zweier Bussysteme oder zwei verschiedener Protokolle. Die auf dem Motherboard fest integrierten Chips bezeichnet man als *Chipsatz*; sehr oft ist allerdings mit der Bezeichnung „Chipsatz" lediglich die Kombination aus North- und Southbridge gemeint. Die neusten Motherboards weichen jedoch teilweise wieder von dieser Architektur ab; es gibt eine zunehmende Anzahl von Herstellern, die "Ein-Chip-Chipsätze" anbieten.

North Bridge

Die Northbridge befindet sich im Gegensatz zur Southbridge dicht bei der CPU, um Daten schnell übertragen zu können; oft befindet sich die Northbridge im „oberen" Teil des Motherboards – wenn man so will im „Norden". Der Northbridge-Chip organisiert den Datentransfer zwischen CPU, Arbeitsspeicher, Cachespeicher[3] und Graphikkarten. Üblich waren bis vor kurzem (ca. 2005) noch 32-Bit-Chipsätze. Mittlerweile sind Chipsätze mit 64 Bit üblich. Ein North-Bridge-Chip muss mit einem sehr hohen Datenaufkommen zurechtkommen, ist sehr leistungsfähig und produziert entsprechend viel Wärme. Meist ist der North-Bridge-Chip daher mit einem Kühlkörper verknüpft, der die großen Wärmemengen ableitet.

South Bridge

Die Southbridge befindet sich i. A. näher an den Schnittstellen nach außen. Sie steuert den Datentransfer zwischen peripheren Geräten (PCI-Bus, ISA-Bus, ATA, ...). Die Leistungsfähigkeit des South-Bridge-Chips ist deutlich geringer als die Leistungsfähigkeit des North-Bridge-Chips.

Frontside-Bus

Der Frontside-Bus ist die Schnittstelle zwischen dem Prozessor und der Northbridge. Der Frontside-Bus gibt den Takt aller angesprochenen Komponenten vor. Entsprechend wird die Leistung des Frontside-Busses meist durch dessen Taktfrequenz angegeben – üblich sind Frequenzen zwischen 100 MHz und 400 MHz. Momentan sind zwei Übertragungsarten üblich: Die einen übertragen mit dem DDR (= „Double Data Rate")-Verfahren, die anderen mit dem QDR (= „Quadruple Data Rate")-Verfahren, bei dem vier Datenpakete pro Taktsignal übertragen werden.

---

[3]Ein Cachespeicher ist eine schnellere aber auch kleinere Version des Hauptspeichers. Um die Langsamkeit des Hauptspeichers auszugleichen, schaltet man zwischen CPU und Hauptspeicher einen viel schnelleren Cache-Speicher, der oft verwendete Teile des Hauptspeichers enthält; mehr dazu in Abschnitt 9.

Aufgabe 5.14
Beim Intel Chipsatz 82925XE ist der Frontside-Bus ein 64 Bit Parallelbus, der pro Taktrate 4 Datenpakete übertragen kann. Der Frontside-Bus hat eine Taktfrequenz von 266 MHz. Wie viel Bytes können mit diesem Chipsatz in einer Sekunde vom Prozessor zur Northbridge übertragen werden?

Aufgabe 5.15
Wo würden Sie die Northbridge, die Southbridge und den Front-Side-Bus in die in Abbildung 5.2 dargestellte hierarchische Busarchitektur einordnen?

5.4.2 Ein aktuelles Motherboard

Abbildung 5.8 zeigt das Bild einer modernen Hauptplatine (Stand: August 2010); die wichtigsten Komponenten sind beschriftet. Es verwendet Intels X58 Chipsatz, die erste Generation von Chipsätzen, die für Prozessoren mit integriertem Speichercontroller gedacht ist; folglich „fehlt" diesem Chipsatz der Speichercontroller. Da der Speichercontroller nun direkt auf den Prozessor integriert ist, hat sich Intel hier auch vom klassischen Front Side Bus getrennt, der ja vor allem die Schnittstelle zwischen Speichercontroller und Prozessor war. An die Stelle des Front Side Bus tritt das sog. Quick Path Interconnect (QPI) mit deutlich höheren Übertragungsraten bis zu 6.4 GT/s (= Milliarden Transfers pro Sekunden unter dem Hypertransport Protokoll) was in dem Falle ca. 25.6 GB/s entspricht. Jedes Motherboard braucht Mechanismen zur Kühlung des Prozessors und der Northbridge. Dieses Motherboard verwendet eine ausgeklügelte Kühltechnik ohne Verwendung eines i. A. lauten Lüfters: eine sog. „Heatpipe" führt die Wärme mittels einer Flüssigkeit ab. Überhaupt ist der Trend zu beobachten, dass viele frühere Einzelkomponenten zunehmend auf dem Motherboard fest integriert sind. So sind etwa serielle und parallele Schnittstellen, Netzwerk- oder Soundkarten fast ausnahmslos auf dem Motherboard integriert; sogar Graphikkarten sind häufig (vor allem bei Notebooks) auf dem Motherboard fest integriert (oft sagt man: diese Komponenten befinden sich jetzt *on-board*).

Abbildung 5.9 zeigt zur besseren Übersicht eine schematische Darstellung der Komponenten und Schnittstellen des Motherboards aus Abbildung 5.8.

5.4.3 PC-Bussysteme

Der ursprüngliche IBM-PC-Bus war ein de-facto Standard in allen 8088-Systemen und es gab eine große Anzahl von Ein-/Ausgabekarten die diesen Bus unterstützten. Er hatte 62 Signalleitungen, darunter 20 für eine Speicheradresse, 8 für die eigentlichen Daten und je eine um Leseoperationen vom und zum Speicher anzuzeigen. Nachdem aber IBM sich entschlossen hatte einen völligen Neubeginn zu starten, reagierte der Rest der Industrie mit der Entwicklung eines eigenen Standards, dem ISA-Standard, der praktisch dem IBM-PC-Bus entsprach. Das war nur deshalb möglich, da IBM diesen Bus an sehr viele Drittanbieter lizenziert hatte – was damals natürlich in IBMs Interesse lag: IBM wollte, dass möglichst viele IBM-kompatible I/O-Komponenten angeboten werden konnten. Im Endeffekt war dies aber ein Verhängnis für IBM. Der ISA-Bus hat eine Taktfrequenz von 8,33 MHz und kann pro Taktzyklus 2 Bytes übertragen. Er ist also gemessen an heutigen Standards sehr langsam. Trotzdem gibt es in jedem Intel-basierten PC diesen Bus heute immer noch.

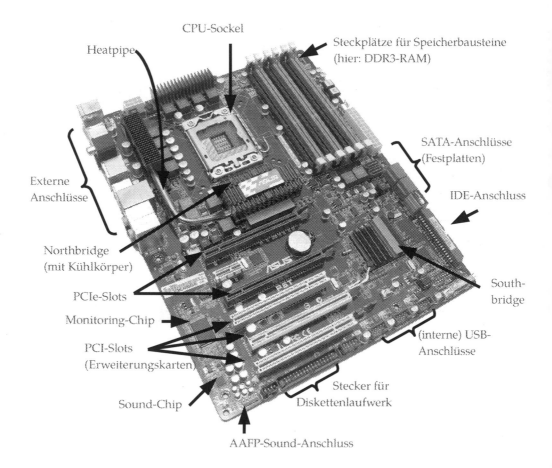

Abbildung 5.8: Ein aktuelles Motherboard mit Intels X58 Chipsatz: das 2009 auf den Markt gekommene Asus P6T Deluxe V2. Es verwendet Intels X58 Chipsatz und ist zur Verwendung von Prozessoren der Intel Core-i7-Familie ausgelegt. Da Core-i7-Prozessoren einen integrierten Speichercontroller besitzen ist auf diesem Motherboard auch kein Speichercontroller verbaut; die Northbridge beinhaltet „nur" noch 36 PCIExpress-Leitungen, an die unter Anderem die Graphikkarte angeschlossen wird. Intel bezeichnet daher die Northbridge als Input-Output-Hub, und nicht mehr wie früher Memory Controller Hub.

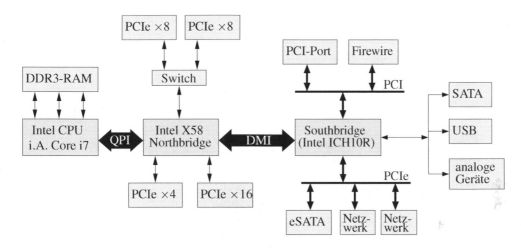

Abbildung 5.9: Schematische Darstellung des Motherboards aus Abbildung 5.8. Man sieht, dass (anstelle des früheren Front Side Busses) der Prozessor über das sog. Quick-Path-Interconnect-Protokoll (kurz: QPI), einer leistungsfähigen Punkt-zu-Punkt-Verbindung, mit der Northbridge kommuniziert. QPI kann auch dazu verwendet werden, mehrere Prozessoren miteinander zu verbinden; es stellt einen Routing-Mechanismus zur Verfügung, der die Daten an die richtige Empfänger-CPU weiterleiten kann. Die Northbridge leitet Daten an verschiedene PCIe-Schnittstellen weiter (über die auch die Graphikkarte angeschlossen wird). Northbridge und Southbridge kommunizieren ebenfalls über eine Punkt-zu-Punkt-Verbindung, der DMI (Direct Media Interface). Die Southbridge bietet einen Zugang zu einem PCI-Bus, einem PCIe-„Bus" und Zugänge zu weiteren Schnittstellen (SATA, USB und mehrere analoge Geräte).

Aufgabe 5.16
Warum gibt es in jedem heutigen Intel-basierten PC immer noch den veralteten ISA-Bus?

Aufgabe 5.17
Wie viel Bytes (ausgedrückt in Kilo-, Mega-, oder Giga-Byte) kann der ISA-Bus pro Sekunde übertragen?

Die Bandbreite des ISA-Busses reicht für Multimedia-Anwendungen nicht weit. Betrachten wir als Beispiel die Darstellung von Laufbildern. Angenommen wir wollen bewegte Bilder in einer Auflösung von 1024×768 Pixel in Truecolor[4], wofür man pro Pixel 3 Byte Speicherplatz benötigt. Ein Bild einer solchen Laufserie braucht also 2.25 MByte Speicherplatz. Damit Bewegungen ruckelfrei erscheinen braucht man mindestens 30 Bilder in der Sekunde. Dies entspricht in unserem Beispiel einer Übertragungsrate von 67.5 MByte/s. Will man aber Videodaten von DVD oder Festplatte abspielen, so müssen die Daten zuerst vom Laufwerk über den Bus in den Speicher fließen; für die eigentliche Anzeige auf dem Bildschirm reisen die Daten dann aber wiederum über den Bus zur Graphikkarte. Damit das in der vorgegebenen Zeit vonstatten geht brauchen wir also mindestens die doppelte Bandbreite – sprich: 135 MByte/s.

---

[4]Mit Truecolor bezeichnet man eine Farbtiefe von 24 Bit, mit der man $2^{24} \approx 17$ Mio Farben darstellen kann, wobei im RGB-Farbraum 8 Bit für die Farbe Rot, 8 Bit für die Farbe Grün und 8 Bit für die Farbe Gelb verwendet werden. Erst mit dieser Farbtiefe können Bilder dargestellt werden, die auf einen menschlichen Betrachter einen natürlichen Eindruck machen – darum der Name „Truecolor"

Aufgabe 5.18
Beantworten Sie folgende Fragen zu ISA- und PCI-Bus:

(a) Wie viel mal schneller ist der PCI-Bus im Vergleich zum ISA-Bus?

(b) Angenommen, Sie möchten auf einem alten Rechner (der intern noch keinen PCI, sondern nur einen ISA-Bus besitzt) ruckelfrei einen schwarz-weiß Film der Auflösung 400×300 darstellen. Würde die Bandbreite des ISA-Busses dafür ausreichen? (Begründen Sie, indem sie nachrechnen!)

(c) Angenommen, Sie möchten auf einem alten Rechner ruckelfrei einen Truecolor-Film (also 24 Bit pro Pixel) der Auflösung 400×300 darstellen. Würde die Bandbreite des ISA-Busses hierfür ausreichen? (Begründen Sie, indem sie nachrechnen!)

Intel entwickelte in weiser Voraussicht um das Jahr 1991 den *PCI*[5] Standard, Standard für Bussysteme, die IO-Geräte mit dem Chipsatz eines Prozessors verbinden. Der PCI-Standard sieht eine Datenrate von maximal 528 MByte/s vor; die ersten alten PCI-Busse erreichten aber nur etwa 133 MByte/s. Diese Bandbreiten mögen auf den ersten Blick sehr groß erscheinen. Aber PCI ist ein Bussystem und alle angeschlossenen Komponenten (LAN, Sound, IDE-Controller, USB, ...) müssen sich diese Bandbreite teilen. Im Jahre 1997, einige Jahre nach Einführung von PCI waren es als erstes die Grafikkarten, denen die Bandbreite von PCI zu gering war. Intel entwickelte den AGP (= "Accelerated Graphics Port"), der direkt mit der Northbridge verbunden wurde und somit unabhängig vom PCI war. Mit AGP $\times 8$ war immerhin eine Bandbreite von 2.1 GByte/s möglich. Heute ist AGP aber schon ein Auslaufmodell; seit 2007 gibt es praktisch keine Motherboards mehr, die AGP unterstützen. Es wurde durch *PCIe* (= „PCI-Express") abgelöst.

PCIe wird oft auch als IO der dritten Generation (nach ISA und PCI) bezeichnet. PCIe ist jedoch *kein* Bussystem, sondern eine serielle Punkt-zu-Punkt-Verbindung. Trotz des physikalisch vollkommen unterschiedlichen Aufbaus ist PCIe aber softwareseitig voll kompatibel zu PCI. Während PCI als schneller prozessornaher, jedoch prozessorunabhängiger Systembus entwickelt wurde, ist PCIe eher als (noch schnellere) rechnerinterne Verbindungsart konzipiert.

Die besonderen Eigenschaften von PCIe sind:

- PCIe arbeitet *seriell*: Hier werden nicht mehrere Bits parallel (wie bei Bussystemen üblich) übertragen, sondern Bit für Bit seriell über eine einzige Übertragungsleitung (bei PCIe oft als *Lane* bezeichnet) übermittelt. Eine Lane besteht aus vier Leitungen, pro Richtung eine Daten- und eine Masseleitung. Prinzipiell ist die serielle Übertragung etwas langsamer als die parallele, da die einzelnen Bits nacheinander über eine einzelne Leitung übermittelt werden, jedoch wesentlich robuster und wesentlich einfacher im Aufbau. Die Tendenz ist, dass immer mehr parallele Übertragungswege durch serielle ersetzt werden.

- PCIe ist *vollduplexfähig* : Das bedeutet, dass PCIe die Übertragung der Information in beide Richtung zur *gleichen* Zeit zulässt – in der Telefonie ist dies zum Beispiel auch möglich.

- PCIe verwendet die *8B10B-Kodierung*: Hier werden 8 Bit Daten mit 10 Bit kodiert. Die beiden zusätzlichen Bits werden für die *Taktrückgewinnung*[6] und für die Erkennung möglicher Übertragungsfehler verwendet.

---

[5]PCI steht für *Peripheral Component Interconnect*
[6]Durch die Taktrückgewinnung kann der Empfänger aus einem Datensignal den Sendetakt des Senders bestimmen; der Empfänger benötigt den Sendetakt, um die periodischen Abtastzeitpunkte zu bestimmen, zu denen neue Daten gelesen werden können.

- PCIe arbeitet mit einer Taktrate von 1.25 GHz. Man geht davon aus, in Zukunft für PCIe bis zu 12 GHz erreichen zu können.

Mit PCIe-×16 bezeichnet man einen PCIe mit 16 Lanes, der vorwiegend zur Anbindung von Grafikkarten verwendet wird; PCI ×1 kann man als Ersetzung des herkömmlichen PCI-Busses sehen.

Aufgabe 5.19
Wie viel Byte können durch eine PCIe-Lane pro Sekunde bei einer Taktrate von 1.25 GHz übertragen werden?

Aufgabe 5.20
Beantworten Sie die folgenden Fragen:

(a) Wie viel mal schneller bzw. breiter ist die QPI-Verbindung von Prozessor zur Northbridge als eine PCIe-Lane?

(b) Reicht die Datenbreite der QPI-Verbindung aus, um alle PCIe-Schnittstellen in maximaler Geschwindigkeit zu bedienen?

Die neuste Generation von PCIe ist PCI-Express-2.0 (kurz: PCIe-2.0), das Anfang 2007 spezifiziert wurde; die neusten Motherboards unterstützen diesen Standard schon. PCIe-2.0 vervierfacht die Bandbreite einer Lane auf 5 GBit/s. PCIe-2.0-Grafikkarten werden wohl hauptsächlich für aufwendige Computerspiel-Grafiken genutzt werden. Intels erster Chipsatz, der PCIe-2.0 unterstützt, ist der X38 und kam September 2007 auf den Markt.

Seriell	Parallel
V24 / RS232	Centronics
USB	SCSI
PCIe	PCI
Infrarot	ISA
WLAN	ATA / IDE
Bluetooth	AGP
Ethernet	

Tabelle 5.1: Auswahl existierender paralleler und serieller Datenübertragungssysteme.

5.4.4 Aktuelle Speichertechnologie

DDR steht für *Double Data Rate*. „Normale" SDRAM-Speicher sind mit 133 MHz getaktet und besitzen eine Wortbreite von 8 Bit, d. h. pro Taktzyklus können 8 Bit Information geholt, bzw. geschrieben werden, haben also eine Datenrate von 1.06 GBit/s. DDR-SDRAM-Speicherbausteine, die mit derselben Taktrate arbeiten haben (fast) den doppelten Durchsatz. Der einfache „Trick" der DDR-Technologie ist, dass Datenbit bei auf- *und* bei absteigender Taktflanke übertragen werden. Es sind folgende Speichermodule erhältlich: DDR-200 (Takt: 100 MHz), DDR-266 (Takt: 133 MHz), DDR-333 (Takt: 166 MHz) und DDR-400 (Takt: 200 MHz).

Aufgabe 5.21
Welchen Durchsatz (in Bit/s) haben die eben erwähnten Speicherbausteine DDR-200, DDR-266, DDR-333 und DDR-400?

Der Standard DDR2 ist eine Weiterentwicklung von DDR. Bei DDR2-Speicherbausteinen taktet der IO-Puffer mit der zweifachen Taktfrequenz der Speicherchips. Folge ist, dass bei gleichem Takt die doppelte Datenrate wie bei DDR-SDRAMs möglich ist. Momentan sind folgende DDR2-Speicherchips erhältlich: DDR2-400 (Takt: 100 MHz), DDR2-533, DDR2-800 und DDR2-1066.

Aufgabe 5.22
Welchen Durchsatz (in Bit/s) haben die eben erwähnten Speicherbausteine DDR2-400, DDR2-533, DDR2-800 und DDR2-1066?

Der Standard DDR3 ist eine Weiterentwicklung von DDR2. Bei DDR2-Speicherbausteinen taktet der IO-Puffer mit der zweifachen Taktfrequenz der Speicherchips. Folge ist, dass bei gleichem Takt die vierfache Datenrate wie bei DDR-SDRAMs möglich ist. Speicherchips die dem DDR3 Standard genügen sind momentan noch sehr teuer. Es wird erwartet, dass bis zum Jahr 2009 aber schon mehr als die Hälfte der in PCs verbauten Speicherchips DDR3-SDRAMs sein werden. Es sind folgende DDR3-Speicherchips erhältlich: DDR3-800, DDR3-1066, DDR3-1333, DDR3-1600.

Aufgabe 5.23
Welchen Durchsatz (in Bit/s) haben die eben erwähnten Speicherbausteine DDR3-800, DDR3-1066, DDR3-1333, DDR3-1600?

6 Logikbausteine

Bevor wir uns mit dem Entwurf eines einfachen Prozessors beschäftigen, müssen wir etwas über die Grundlagen des Hardware-Entwurfs wissen. In diesem Kapitel lernen Sie ...

- ... welche Arten von Logik- und Hardwarebausteinen es gibt.

- ... was Multiplexer sind.

- ... wie Speicherbausteine entworfen werden.

- ... wie man Hardwarebausteine mit Hardwarebeschreibungs-Sprachen spezifiziert.

- ... wie eine einfache ALU (Arithmetisch-Logische Einheit) entworfen werden kann.

Dieser Abschnitt kann jedoch lediglich ein „Gefühl" dafür geben, was die Probleme des Hardware-Entwurfs sind und wie die wichtigsten Bausteine spezifiziert werden können. Über dieses Thema gibt es mehrere hundert Seiten dicke „Einführungs"-Bücher [FK06, PM04, Ash02, RG07] durch die sich der interessierte Leser einen detaillierteren Einblick verschaffen kann.

6.1 Hardware-Beschreibungsprachen

Prozessoren werden heutzutage meist unter Verwendung einer Hardware-Beschreibungssprache – oft auch *HDL* als Akronym für *„Hardware Description Language"* entworfen. Mit HDLs kann man den Entwurf integrierter Schaltungen in kompakter Art und Weise beschreiben; gleichzeitig sind HDL-Programme auch „ausführbar", d. h. sie können dazu verwendet werden die Schaltungen zu simulieren. Einige HDL-Programme sind zusätzlich *synthetisierbar*. Unter der *Hardware-Synthese* versteht man das automatisierte Erzeugen einer *Netzliste* (d. h. der Beschreibung der Verbindung zwischen Bauelementen) die ganz direkt in Hardware umsetzbar ist.

HDLs sind Software-Programmiersprachen zwar ähnlich, HDLs benötigen aber zusätzlich Konzepte, um ...

- ... zeitliche Abläufe und Gleichzeitigkeiten beschreiben zu können.

- ... neben einer Beschreibung des *Verhaltens* eines Schaltkreises auch noch dessen *Struktur* beschreiben zu können.

Die weltweit verbreitetsten HDLs sind Verilog und VHDL – diese bieten momentan auch die besten Werkzeuge zur Hardware-Synthese. Viele andere HDLs basieren inzwischen auf Software-Programmiersprachen, die um entsprechende HDL-Konstrukte erweitert sind, wie beispielsweise SystemC (basierend auf C++), Lava (basierend auf der funktionalen Sprache Haskell), JHDL (basierend auf Java) und MyHDL (basierend auf Python). Mit diesen Sprachen kann

man Hardware-Design und Softwareprogrammierung auch mischen; dieses „Mischen" (manchmal auch als „Hardware-Software-Codesign" bezeichnet) wird immer gefragter und wichtiger
werden, umso mehr wir es in Zukunft mit rekonfigurierbaren Systemen zu tun haben, also Systemen deren Hardware nicht fest ist, sondern dynamisch angepasst werden kann – wie dies beispielsweise bei FPGAs der Fall ist.

In den nächsten Abschnitten folgt eine Beschreibung verschiedener einfacher Hardware-Bau-
steine und formale Beschreibungen dieser Bausteinen in VHDL. Mit jeder dieser VHDL-Be-
schreibungen erfolgt abschnittsweise eine Einführung in verwendete VHDL-Syntax und -Kon-
zepte. Bevor wir damit beginnen, treffen wir im folgenden Abschnitt eine Unterscheidung in
kombinatorische Logik und *sequentielle* Logik.

6.2 Kombinatorische und sequentielle Logik

In einem Rechner gibt es zwei grundsätzlich verschiedene Arten von Logikbausteinen:

- Elemente der *kombinatorischen Logik*:
  Kombinatorische Bausteine können Daten verarbeiten. Die Ausgangssignale dieser Bausteine hängen ausschließlich von den Eingabesignalen ab. In anderen Worten: Ein bestimmtes Eingangssignal ergibt bei diesen Bausteinen immer das gleiche Ausgabesignal.
  In einigen Prozessoren bestehen ALUs (= Arithmetic Logic Unit, also der Teil des Prozessors, der „rechnen" kann) nur aus kombinatorischen Bausteinen. Solche ALUs erzeugen
  bei gleichen Eingangssignalen immer die gleichen Ausgangssignale. Eine Kombination
  mehrerer kombinatorischer Bausteine nennt man oft auch *Schaltnetz*. Beispiele für Schaltnetze sind Oder-Gatter, Und-Gatter, Addier-Gatter, oder Schiebe-Gatter.

- Elemente der *sequentiellen Logik*:
  Im Gegensatz zu kombinatorischen Bausteinen, können sequentielle Bausteine Zustände
  speichern. Diese Bausteinen, oder eine Kombination dieser Bausteine bezeichnet man auch
  als *Schaltwerk*. Da die Schaltnetze keine Zustände speichern können, ist der Zustand eines
  ganzen Prozessors nur über die Zustände seiner sequentiellen Bausteine definiert.

  Ein Schaltwerk muss mindestens zwei Eingänge und einen Ausgang haben: Es muss eine
  Eingangsleitung vorhanden sein, die den gespeicherten Zustand bestimmt und eine Eingangsleitung für den Prozessortakt, über die bestimmt wird, wann der anliegende Daten-
  wert gespeichert wird.

  Beispiele für Schaltwerke sind Flip-Flops.

6.3 Multiplexer und Demultiplexer

Neben herkömmlichen Logikbausteinen wie Und-Gatter, Oder-Gatter, XOder-Gatter, usw. ist ein
sehr häufig gebrauchtes Gatter im Aufbau eines Prozessors der *Multiplexer*. Mit einem Multiplexer kann man eine aus mehreren Eingangsleitungen auswählen; die Auswahl wird durch eine
oder mehrere Kontrollleitungen bestimmt. Sprechender wäre eigentlich der Name „Selektor";
wir sollten uns aber trotzdem an den Namen „Multiplexer" als die gebräuchlichste Bezeichnung

gewöhnen. Abbildung 6.1 zeigt einen 2-zu-1-Multiplexer mit zwei Eingangssignalen e_0, e_1 und einer Steuerleitung s_0. Die Steuerleitung bestimmt, welcher der beiden Eingangssignale an den Ausgang a weitergeleitet wird. Abbildung 6.2 zeigt die Implementierung eines 1-Multiplexers mit zwei Und- und einem Oder-Gatter.

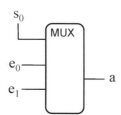

Abbildung 6.1: Graphische Darstellung eines Multiplexers mit einer Selektionsleitung s_0. Liegt an s_0 keine Spannung an, so wird die Eingangsleitung e_0 auf die Ausgangsleitung a durchgestellt. Andernfalls wird die Eingangsleitung e_1 auf die Ausgangsleitung a durchgestellt.

```
 1  LIBRARY ieee;
 2  USE ieee.std_logic_1164.all;
 3
 4  ENTITY Mux IS
 5    PORT (s0 :IN std_logic;
 6          e0 : IN std_logic;
 7          e1 : IN std_logic;
 8          a  : OUT std_logic);
 9  END Mux;
10
11  ARCHITECTURE MuxBehav OF Mux IS
12  BEGIN
13    SELECT_PROCESS: PROCESS (s0,e0,e1)
14    BEGIN
15      CASE s0 IS
16        WHEN '0'   => a <= e0;
17        WHEN others => a <= e1;
18      END CASE;
19    END PROCESS SELECT_PROCESS;
20  END MuxBehav;
```

Listing 6.1: VHDL-Code, die Schnittstellen (Entity-Block) und das Verhalten (Architecture-Block) des in Abbildung 6.1 dargestellten Multiplexers beschreibt.

Der in Listing 6.1 gezeigte synthesefähige[1] VHDL-Code spezifiziert das Verhalten des in Abbildung 6.1 gezeigten Multiplexers. Listing 6.1 ist ein Beispiel einer (einfachen) *Verhaltensbeschreibung* (in VHDL wäre es jedoch ebenso möglich, statt des Verhaltens die innere Struktur eines Multiplexer zu spezifizieren; siehe Listing 6.2). Wir werden im Folgenden auf die in Listing 6.1 enthaltenen neuartigen Konstrukte eingehen:

- *Entities und Architectures*:
  Zunächst wird in Zeile 4 bis 9 eine sog. *Entity* definiert; diese spezifiziert die nach „außen" sichtbaren Anschlüsse (d. h. die Schnittstelle), die die Schaltung haben soll. Die eigentliche Implementierung wird mit dem Schlüsselwort ARCHITECTURE eingeleitet. In Listing 6.1 befindet sich die Deklaration der Architecture zwischen den Zeilen 11 und 20. Diese strenge Trennung zwischen Schnittstellendefinition und Implementierung hat seinen Grund: In VHDL ist es möglich (und auch nicht unüblich) für eine Entity mehrere Architectures zu definieren, etwa um mehrere Alternativ-Entwürfe auszutesten; außerdem verwendet man gelegentlich eine Architecture zu Simulationszwecken und eine andere zur Synthese. Das in den Zeilen 1 und 2 importierte Modul ieee stellt den Datentyp std_logic bereit,

---

[1]Wie schon oben erwähnt, ist nicht jedes VHDL-Programm synthesefähig; viele VHDL-Anweisungen wie beispielsweise AFTER können lediglich zu Simulationszwecken verwendet werden.

der ähnlich wie der VHDL-Datentyp `bit`, binäre Werte modelliert. Während jedoch der Datentyp `bit` nur die beiden Werte `'0'` und `'1'` zulässt, definiert der `std_logic`-Typ eine mehrwertige Logik: neben `'0'` („low") und `'1'` („high„) gibt es noch die Werte `'Z'` („hochohmig"; relevant etwa bei Bussen), `'U'` ("uninitialized"; noch nicht gesetzt), `'W'` ("weak"; schwaches Signal) und noch einige mehr.

- *Prozesse und Sensitivitätslisten*:
  Während man in Softwareprogrammiersprachen i. A. den Code mittels Unterprogrammen strukturiert, strukturiert man in VHDL über Entities, Architectures und Prozesse (wenngleich es auch in VHDL die Möglichkeit gibt Unterprogramme zu schreiben). Auch die Architecture in Listing 6.1 besteht aus einem sog. *Prozess*. Üblicherweise besteht eine Architecture aus mehreren Prozessen; Prozesse sind nebenläufige[2] (bzgl. der Modellzeit) Programmteile und laufen in der Modellzeit gleichzeitig kontinuierlich ab. Der Code innerhalb eines Prozesses ist dagegen immer sequentiell zu verstehen. Bei der Deklaration eines Prozesses wird i. A. eine sog. *Sensitivitätsliste* mit angegeben; im Prozess `SELECT_PROCESS` aus Listing 6.1 besteht die Sensitivitätsliste aus drei Signalen: s0, e0 und e1. Ein Prozess wartet kontinuierlich auf Änderungen der Signale in der Sensitivitätsliste und wird nur dann „ausgeführt", wenn sich ein Signal in der Sensitivitätsliste ändert. Sollte ein Prozess keine Sensitivitätsliste enthalten, so müsste die Ausführung dieses Prozesses über `WAIT`-Anweisungen gesteuert werden.

- *Die `CASE`-Anweisung*:
  Diese wird in den Zeilen 15 bis 18 verwendet und besitzt eine ähnliche Semantik wie eine Case-Anweisung in herkömmlichen Software-Programmiersprachen. Man muss darauf achten, dass sich die Bedingungen der Verzweigungen gegenseitig ausschließen.

- *Der (nebenläufige) Zuweisungsoperator <=*:
  Der Zuweisungsoperator <= ist immer Teil einer einzelnen nebenläufigen Anweisung. Man kann eine Anweisung, die <= enthält, als „Mini"-Prozess betrachten, da sie zwar nicht explizit als Prozess deklariert ist, sich jedoch, was die Nebenläufigkeit betrifft, genau so verhält wie ein Prozess.

Abbildung 6.1 und Listing 6.1 beschreiben lediglich das Verhalten des Multiplexers; sie beschreiben nicht die innere Struktur, also die Verkabelung bzw. Verschaltung einzelner Komponenten zu einem Multiplexer. In VHDL hat man die Freiheit entweder in einer Verhaltensbeschreibung (wie in Listing 6.1 gezeigt) das Verhalten zu beschreiben oder in einer Strukturbeschreibung (wie in Listing 6.2) die innere Struktur, d. h. die Verschaltung einzelner Komponenten eines Bauteils zu beschreiben. Man kann sogar Verhaltens- und Strukturbeschreibungen mischen, etwa indem man die Verschaltung einzelner Komponenten spezifiziert, aber die Komponenten selbst durch eine Verhaltensbeschreibung spezifiziert – oder andersherum, indem Teile einer Verhaltensbeschreibung aus strukturell spezifizierten Komponenten bestehen.

Abbildung 6.2 zeigt eine mögliche Implementierung der inneren Struktur eines Multiplexers. Listing 6.2 zeigt VHDL-Code der diese Struktur des Multiplexers spezifiziert. Auch dieser Code

---

[2]Unter *Nebenläufigkeit* versteht man die Tatsache, dass zwei Prozesse oder Ereignisse in keinem kausalen Zusammenhang stehen, d. h. wenn keines die Ursache des anderen ist. Nebenläufigkeit bedeutet immer auch Parallelisierbarkeit, d. h. nebenläufige Prozesse können, da sie sich gegenseitig i. A. nicht beeinflussen, parallel ausgeführt werden.

ist noch nicht synthese- oder simulatonsfähig, da die Implementierung der einzelnen Komponenten noch fehlt; wir werden später im Kapitel sehen, wie man diese deklarieren kann. Wir werden

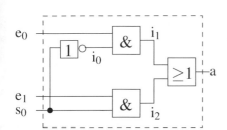

Abbildung 6.2: Eine mögliche Implementierung eines 1-Multiplexers mit zwei Und-Gattern (beschriftet mit „&"), einem Oder-Gatter (beschriftet mit „≥ 1"), und einem Negations-Gatter (beschriftet mit „1"). Die drei internen Drähte (also Drähte, die sich ausschließlich im Inneren des gestrichelten Rechtecks befinden) sind mit i_0, i_1 und i_2 beschriftet.

```
1  ARCHITECTURE MuxStruct OF Mux IS
2    COMPONENT andComp
3    PORT (e0,e1: IN std_logic ;
4         a   : OUT std_logic );
5    END COMPONENT andComp;
6    COMPONENT orComp
7    PORT (e0,e1: IN std_logic ;
8         a   : OUT std_logic );
9    END COMPONENT orComp;
10   COMPONENT notComp
11   PORT (e:  IN std_logic ;
12        a:  OUT std_logic );
13   END COMPONENT notComp;
14   SIGNAL i0,i1,i2: std_logic
15   BEGIN
16     notInst: notComp
17       PORT MAP (e => s0, a => i0);
18     andInst0: andComp
19       PORT MAP (e0 => e0, e1 => i0, a => i1);
20     andInst1: andComp
21       PORT MAP (e0 => e1, e1 => s0, a => i2);
22     orInst: orComp
23       PORT MAP (e0 => i0, e1 => i1, a => a);
24   END MuxStruct
```

Listing 6.2: VHDL-Code der die in Abbildung 6.2 gezeigte Struktur des Multiplexers spezifiziert. Dies geschieht in einer zur Architecture Mux alternativen Architecture MuxStruct

im Folgenden auf die in Listing 6.2 enthaltenen neuartigen Konstrukte eingehen:

- *Deklarationen der Komponententypen*:
  Jeder an einer Strukturbeschreibung beteiligter Komponententyp wird mit dem Schlüsselwort COMPONENT deklariert; jeder Komponententyp enthält das Schlüsselwort PORT dem eine Liste der nach Außen sichtbaren Anschlüsse des Komponententyps folgt. Insgesamt werden in Listing 6.2 drei verschiedene Komponententypen spezifiziert, nämlich andComp, orComp und notComp.

- *Deklaration interner Drähte*:
  Um die Komponenten später verbinden zu können werden interne „Drähte" benötigt, in VHDL auch als *Signale* bezeichnet. Diese werden in Zeile 11 in Listing 6.2 nach dem Schlüsselwort SIGNAL deklariert.

- *Definition von Instanzen der Komponententypen*:
  Ab Zeile 13 in Listing 6.2 beginnt die eigentliche Definition der Architecture, die in diesem

Fall aus Definitionen von Instanzen der Komponententypen besteht, nämlich aus zwei Instanzen (`andInst0` und `andInst1`) der Komponente `andComp`, aus einer Instanz `orInst` der Komponente `orComp` und aus einer Instanz `notInst` der Komponente `notComp`.

- *Verdrahtungen*:
  Jede Definition einer Komponenteninstanz enthält das Schlüsselwort `PORT MAP`, dem eine Beschreibung der Verdrahtung der Komponente mit der Außenwelt folgt. Diese Beschreibung der Verdrahtung erfolgt in Form einer Liste von Assoziationen der Ports der Komponente mit den Drähten/Ports der Außenwelt, die folgende Form haben:

$$\langle \textit{Port der Komponente} \rangle \implies \langle \textit{Port der Außenwelt} \rangle$$

Durch die Komponententypen wird lediglich die nach Außen sichtbare Schnittstelle definiert und keine Implementierung festgelegt. Um konkrete Hardware aus der Architecture `MuxStruct` generieren zu können, fehlt noch eine Zuordnung der Komponententypen zu tatsächlichen Implementierungen. Dies erfolgt in einer sog. *Konfiguration* des Bauteils. Wie eine solche Konfiguration syntaktisch aufgebaut ist, werden wir in Listing 6.3 gleich sehen.

Aufgabe 6.1

Kann man Zeile 17 in Listing 6.1 durch die folgende Code-Zeile ersetzen, ohne dass sich am Verhalten des Multiplexers etwas ändert?

```
WHEN "1"=> a <= e1;
```

Aufgabe 6.2

- (a) Erstellen Sie in VHDL eine Entity `HalfAdd`, die die Schnittstellen eines Halbaddierers beschreibt.
- (b) Erstellen Sie nun in VHDL eine Architecture `HalfAddBehav`, die das Verhalten des Halbaddierers spezifiziert.
- (c) Erstellen Sie nun in VHDL eine Architecture `HalfAddStruct`, die eine konkrete Implementierung bestehend aus einfachen logischen Bauteilen (wie and, or, not, ...) beschreibt.

Abbildung 6.3 zeigt die Implementierung eines 2-Multiplexers, der aus drei 1-Multiplexern aufgebaut ist. Listing 6.3 zeigt den VHDL-Code der diese Struktur spezifiziert. In Listing 6.3 werden Vektoren verwendet. Vektoren sind in diesem Fall nichts anderes als Arrays, bestehend aus Werten vom Typ `std_logic`.

Um synthetisierbaren VHDL-Code zu erhalten, ist es zusätzlich notwendig, diese Architecture zu konfigurieren: Dem Schlüsselwort `CONFIGURATION` folgt der Name der Konfiguration und die Entity welche konfiguriert werden soll. Das `FOR`-Statement in Zeile 25 leitet die Konfigurationen für die Architecture `Mux2Struct` ein (gäbe es mehrere Architectures, gäbe es auch mehrere solcher `FOR`-Statements). Das `FOR`-Statement in Zeile 26 leitet die Konfiguration der Komponenten dieser Architecture ein. Das Schlüsselwort `ALL` gibt in diesem Falle an, dass alle Komponenten mit Komponententyp `Mux` mit der Architecture `MuxBehav` konfiguriert werden.

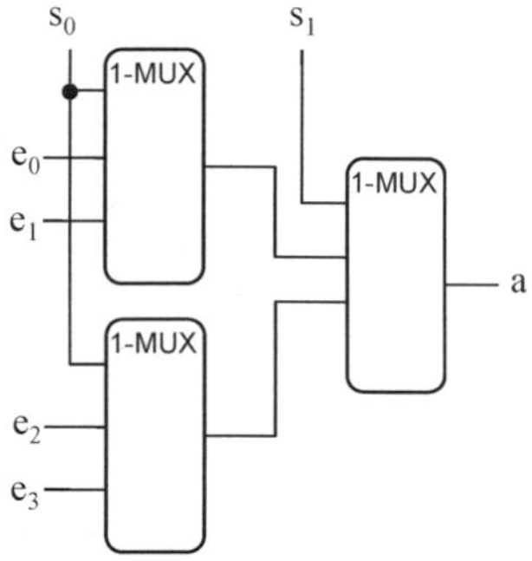

Abbildung 6.3: Ein 2-Multiplexer aufgebaut aus drei 1-Multiplexern.

```
 1 ENTITY Mux2 IS
 2   PORT (e : IN std_logic_vector(0 TO 3) ;
 3          s : IN std_logic_vector(0 TO 1) ;
 4          a : OUT std_logic );
 5 END Mux2
 6
 7 ARCHITECTURE Mux2Struct OF Mux2 IS
 8   COMPONENT Mux
 9   PORT (s0,e0,e1: IN std_logic;
10          a:          OUT std_logic );
11   SIGNAL i :std_logic_vector(0 to 2);
12   END COMPONENT Mux;
13 BEGIN
14   mux0: Mux
15     PORT MAP (e0 => e(0), e1 => e(1), s0 => s(0), a => i(0));
16   mux1: Mux
17     PORT MAP (e0 => e(2), e1 => e(3), s0 => s(0), a => i(1));
18   mux2: Mux
19     PORT MAP (e0 => i(0), e1 => i(1), s0 => s(1), a => a);
20 END Mux2Struct
```

Listing 6.3: VHDL-Code der die in Abbildung 6.2 gezeigte Struktur des Multiplexers spezifiziert. Dies geschieht in einer zur Architecture Mux alternativen Architecture MuxStruct

```
21 ...
22 Code aus Listing 6.3
23
24 CONFIGURATION Mux2Config OF Mux2 IS
25   FOR Mux2Struct
26     FOR ALL: Mux
27       USE ENTITY Mux(MuxBehav);
28     END FOR;
29   END FOR;
30 END Mux2Config;
```

Listing 6.4: VHDL-Code der die in Listing 6.3 verwendeten Komponenten instantiiert.

Aufgabe 6.3
Wie viele ...

(a) ... Eingangsleitungen ...

(b) ... Steuerleitungen ...

(c) ... Ausgangsleitungen ...

... hat ein n-Multiplexer?

Aufgabe 6.4
Ein Teil des letzten Abschnitts befasst sich mit der Strukturbeschreibung eines 2-Multiplexers. Geben Sie nun eine VHDL-Verhaltensbeschreibung eines 2-Multiplexers an.

Aufgabe 6.5
Überlegen Sie sich, wie sie einen

(a) 3-Multiplexer

(b) 4-Multiplexer

aus einfacheren Multiplexer aufbauen können. Geben Sie für die jeweilige Implementierung strukturellen VHDL-Code an.

6.4 Taktverfahren

Bei der Konstruktion eines Prozessors muss festgelegt werden, zu genau welchen Zeitpunkten die Ein- und Ausgangswerte von Bausteinen aktualisiert werden. Es ist sehr wichtig dafür ein festes Zeitraster vorzugeben. So kann verhindert werden, dass ein Signal gleichzeitig geschrieben und gelesen wird. Bei gleichzeitigem Lesen und Schreiben kann nicht mehr eindeutig vorhergesagt werden, was passieren wird. Solche Situationen, in denen temporär die Signalwerte in Gattern aufgrund der teilweise unterschiedlichen Signallaufzeiten verfälscht sind, bezeichnet man in Informatik und Elektrotechnik auch als *race condition*. Wörtlich übersetzt heißt *race condition* „Wettlauf-Bedingung"; dadurch wird ausgedrückt, dass das Ergebnis einer Operation ungewollt stark vom zeitlichen Verhalten der beteiligten Komponenten abhängt. Und dies ist beispielsweise dann der Fall, wenn ein Gerät zwei oder mehr Operationen gleichzeitig ausführen möchte.

Ziel eines Taktverfahrens ist immer die Vermeidung dieser race conditions.

Aufgabe 6.6
Betrachten wir ein Bauteil der sequentiellen Logik, das zu einem bestimmten Zeitpunkt den Wert a besitzt. Angenommen, genau zu diesem Zeitpunkt wird gleichzeitig der Wert b geschrieben und der am Ausgang des Bausteins anliegende Wert ausgelesen. Was ist das Ergebnis des Lesevorgangs? Überlegen Sie sich, was aufgrund der eben beschriebenen Gleichzeitigkeit alles Unvorhergesehenes passieren könnte. (Es gibt mindestens drei verschiedene Möglichkeiten.)

Wir gehen von einem *flankengesteuerten* Taktverfahren aus, d. h. sämtliche in einem Logikbaustein gespeicherten Werte werden nur während einer Taktflanke aktualisiert. Damit durch das flankengesteuerte Taktverfahren alle race conditions ausgeschlossen werden können, müssen die Eingänge in alle Schaltnetze aus Schaltwerken stammen und alle Ausgänge eines Schaltnetzes müssen in ein Schaltwerk münden. An den jeweiligen Eingängen liegen immer die Werte an, die in einem vorhergehenden Taktzyklus geschrieben wurden. Beim flankengesteuerten Taktverfahren ist also folgendes innerhalb eines Taktzyklus möglich:

1. Auslesen eines Registerwertes.

2. Senden dieses Registerwertes durch ein Schaltnetz.

3. Zurückschreiben der Ausgabe des Schaltnetzes in das Register.

6.5 Entwurf sequentieller Bausteine

Der Entwurf sequentieller Bausteine – also Bausteine, die Zustände speichern können – ist schwieriger als der Entwurf kombinatorischer Bausteine. Die für deren Implementierung notwendigen Feedbackschleifen[3] müssen mit Fragestellungen über Synchronisation und Taktung in Einklang gebracht werden. Das Speichern eines Zustandes ist seiner Natur nach zeitabhängig; man merkt sich *jetzt*, was *vorher* abgespeichert wurde. Um sequentielle Bausteine zu entwickeln brauchen wir erst Mittel und Wege die fortschreitende Zeit zu repräsentieren – hierfür werden, wie in Abschnitt 6.4 beschrieben, Taktverfahren verwendet.

Einer der grundlegendsten sequentiellen Bausteine ist der sogenannte *Flip-Flop*. Es gibt mehrere Flip-Flop-Varianten, wir werden hier nur den *Data-Flip-Flop* betrachten – kurz einfach DFF genannt. Der DFF hat einen Dateneingang und einen Datenausgang und einen zusätzlichen Eingang für das Taktsignal. Der DFF sollte das zeitabhängige Verhalten

$$a(t) = e(t-1)$$

implementieren. Hierbei steht t für den aktuellen Taktzyklus, a für den Ausgang des Gatters und e für den Eingang in das Gatter. Der DFF sollte also einfach den Eingabewert des letzten Taktzyklus ausgeben. Abbildung 6.4 zeigt die graphische Darstellung eines DFF.

Eine Speicherzelle bzw. ein Register sollte einen Wert eine ganze Zeit lang speichern, d. h. es sollte

$$a(t) = a(t-1)$$

gelten. Man könnte annehmen, ein Register wäre einfach durch einen DFF zu implementieren, der seinen Ausgang wieder in den Eingang zurückführt[4] – siehe Abbildung 6.5. Ganz so einfach wie in Abbildung 6.5 dargestellt geht es allerdings nicht – dieses Gatter könnte so nicht funktionieren! Es in unklar, wie dieses Gatter mit einem neuen Wert geladen werden kann; es gibt

Abbildung 6.4: Graphische Darstellung eines Data-Flip-Flop.

Abbildung 6.5: Falscher Entwurf eines Registers aus einem DFF.

keine Möglichkeit, dem DFF mitzuteilen, ob es seine Eingabe von der e-Leitung oder von der a-Leitung bekommen soll. Man kann das verallgemeinern: Die atomaren Gatter eines Schaltkreises dürfen einen fan-in[5] von maximal eins haben, d. h. das Gatter darf höchstes eine Eingangsleitung besitzen.

Die einfachste Möglichkeit diese die Eingabe betreffende Zweideutigkeit aus dem Weg zu räumen ist die Verwendung eines Multiplexers, so wie in Abbildung 6.6 gezeigt. Das zeitabhängige

---

[3]Unter Feedback (deutsch: „Rückführung") versteht man allgemein, dass die Ausgänge / Ergebnisse eines Bauteils wieder in die Eingänge des Bauteils mit einfließen.

[4]Eben diese „Rückführung" nennt man oft auch *Feedback*

[5]Unter *fan-in* versteht man die Anzahl der Eingangsleitungen eines Logikbausteins.

Verhalten kann nun folgendermaßen beschrieben werden:

$$\textbf{if } load(t-1) \textbf{ then } a(t) = e(t-1)$$
$$\textbf{else } \ a(t) = a(t-1)$$

Wir können nun ganz einfach beliebig große Register aus einem Array einzelner 1-Bit-Register entwerfen.

```
1  LIBRARY ieee;
2  USE ieee.std_logic_1164.all;
3
4  ENTITY reg1Bit IS
5    PORT( clk, e, load: IN std_logic;
6          a:              OUT std_logic );
7  END dff;
8
9  ARCHITECTURE dffBehav OF reg1Bit IS
10 BEGIN
11   PROCESS (e,clk)
12   BEGIN
13     IF clk'event AND clk='1' THEN
14       IF load = '1' THEN
15         a <= e;
16       END IF; - Fehlender else-Zweig!
17     END IF;
18   END PROCESS;
19 END reg1Bit;
```

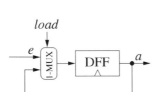

Abbildung 6.6: Korrekter Entwurf eines 1-Bit-Registers mit einem DFF und einem Multiplexer.

Listing 6.5: VHDL-Code der das Verhalten eines 1-Bit-Registers spezifiziert.

Der in Listing 6.5 gezeigte VHDL-Code spezifiziert das Verhalten eines 1-Bit-Registers. Aber wo genau ist das speichernde Verhalten des Data-Flip-Flop kodiert? Fehlende ELSE-Fälle in IF-Anweisungen erzeugen speicherndes Verhalten, d. h. interne Register, die in der Lage sind, Werte zu speichern; und genau dies ist in Listing 6.5 bei der IF-Anweisung in Zeile 14 der Fall: Falls die zu IF-gehörende Bedingung, in diesem Fall load = 1, nicht erfüllt ist, dann wird dem Ausgangssignal a kein neuer Wert zugewiesen, d. h. der alte Wert muss beibehalten werden. Und genau dieses „Beibehalten" des ursprünglichen Wertes erfordert ein speicherndes Verhalten, also ein Register.

Aufgabe 6.7
(a) Entwerfen Sie in Anlehnung an das Blockschaltbild in Abbildung 6.6 ein Blockschaltbild eines 4-Bit-Registers.
(b) Entwerfen Sie in Anlehnung an Listing 6.5 VHDL-Code zur Beschreibung eines 4-Bit-Registers.

6.6 Entwurf einer einfachen ALU

Wir benötigen für diese einfache ALU nur vier Arten von Logikschaltungen: Und-Gatter, Oder-Gatter, einen Bit-Invertierer und Multiplexer. Wir werden eine 32-Bit-breite ALU konstruieren, wie sie auch – in etwas erweiterter Form – in einem Motorola-68000-Prozessor verbaut sein könnte. Diese 32-Bit-breite ALU werden wir aus 32 1-Bit-breiten ALUs konstruieren..

6.6.1 Eine 1-Bit-ALU

Die Implementierung der beiden logischen Funktionen Und und Oder ist der einfachste Teil der ALU-Implementierung – bestehend aus einem Oder-Gattern, einem Und-Gatter und einem Multiplexer, mit dem man wählen kann, welche Operation $a \wedge b$ oder $a \vee b$ ausgeführt wird. Die entsprechende Schaltung ist in Abbildung 6.7 gezeigt.

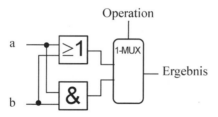

Abbildung 6.7: Eine 1-Bit-breite Logische Einheit.

Wir wollen nun die Addition als mögliche Operation integrieren. Ein 1-Bit-Addierer muss zwei Eingänge für die Operanden haben und einen Ausgang. Zusätzlich benötigt man einen zweiten Ausgang *CarryOut* um den Übertrag auszugeben und einen dritten Eingang, um den Übertrag eines benachbarten Addierers zu berücksichtigen. Mit einer Wahrheitstabelle können wir – wie in Tabelle 6.1 – spezifizieren, wie der 1-Bit-Addierer sich verhalten soll.

Man kann nun die Bitkombinationen verknüpfen, für die die Ausgabewerte „1" sein müssen und erhält für *CarryOut* die folgende (schon vereinfachte) logische Gleichung:

$$CarryOut = (b \wedge CarryIn) \vee (a \wedge CarryIn) \vee (a \wedge b)$$

Abbildung 6.8 zeigt den Teil der Hardware innerhalb des Addierers, der das *CarryOut*-Signal erzeugt. Der *Sum*-Ausgang hat dann den Wert „1", wenn entweder genau ein Eingang den Wert

Inputs			Outputs	
a	*b*	*CarryIn*	*CarryOut*	*Sum*
0	0	0	0	0
0	0	1	0	1
0	1	0	0	1
0	1	1	1	0
1	0	0	0	1
1	0	1	1	0
1	1	0	1	0
1	1	1	1	1

Tabelle 6.1: Spezifikation eines 1-Bit-Addierers durch eine Wahrheitstabelle.

„1" hat, oder wenn alle Eingänge den Wert „1" haben; wir erhalten also folgende logische Gleichung für *Sum*:

$$Sum = (a \wedge \overline{b} \wedge \overline{CarryIn}) \vee (\overline{a} \wedge b \wedge \overline{CarryIn}) \vee (\overline{a} \wedge \overline{b} \wedge CarryIn) \vee (a \wedge b \wedge CarryIn)$$

Listing 6.6 zeigt eine Verhaltensbeschreibung des 1-Bit-Addierers in VHDL; wie man sieht, werden die Werte für die sum-Leitung und carryOut-Leitung nebenläufig in „Mini"-Prozessen berechnet. Mit Hilfe des Schlüsselwortes AFTER können Signallaufzeiten modelliert werden; diese Anweisung ist jedoch nicht synthetisierbar. Jedoch kann beispielsweise durch Angabe von AFTER 5ns in einer Simulation eine Signallaufzeit von 5 ns modelliert werden. Man beachte: wird diese Verhaltensbeschreibung synthetisiert (ohne die AFTER-Anweisung), entsteht daraus für das Signal carryOut nicht notwendigerweise Hardware, die strukturell der in Abbildung 6.8 entspricht; es ist lediglich sicher gestellt, dass die entstehende Hardware zur Erzeugung des carryOut-Signals ihrem Verhalten nach der Schaltung in Abbildung 6.8 entspricht.

Aufgabe 6.10
Zeichnen Sie Schaltung, die das *Sum*-Signal berechnet.

Aufgabe 6.11
Erstellen Sie in VHDL eine Strukturbeschreibung der in Abbildung 6.8 dargestellten Schaltung

Wir fügen nun die bisher entworfenen Teile zusammen und erhalten eine einfache 1-Bit-ALU. Abbildung 6.9 zeigt den Schaltplan; das mit „+" markierte Gatter stellt den soeben entworfenen 1-Bit-Addierer dar.

Wir können eine 32-Bit-ALU nun einfach dadurch bauen, indem wir 32 1-Bit-ALUs parallel schalten. Betrachtet man aber das entsprechende in Abbildung 6.10 dargestellte Schaltbild, fällt auf, dass es eigentlich keine reine Parallelschaltung ist: Die *CarryOut*-Ausgänge sind mit dem *CarryIn*-Eingang der nächsten 1-Bit-ALU in Reihe geschalten. Addierer, deren Überträge in Reihe geschalten sind, nennt man auch *Carry-Ripple-Addierer*[6]. Da das „Druchreichen" der

---

[6]Das englische Wort „Ripple" heißt eigentlich „sich kräuseln", oder „sich wellen". Der Name spielt auf die Tatsache an, dass ein Übertrag am niederwertigsten Bit evtl. alle nachfolgenden Bits von 1 auf 0 umdrehen kann; und dieses Umklappen, geht wie eine Welle über alle Addierer, vom niederwertigsten, bis zum höchstwertigen Bit.

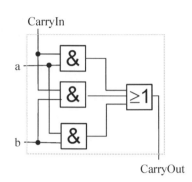

```
 1  LIBRARY ieee;
 2  USE IEEE.std_logic_1164.all;
 3  ENTITY full_adder IS
 4    PORT (a,b,carryIn: IN std_logic;
 5          sum, carryOut: OUT std_logic);
 6  END full_adder;
 7
 8  ARCHITECTURE behav OF full_adder IS
 9  BEGIN
10    sum <= (a AND (NOT b) AND (NOT carryIn)) OR
11           ((NOT a) AND b AND (NOT carryIn)) OR
12           ((NOT a) AND (NOT b) AND CarryIn) OR
13           (a AND b AND carryIn) AFTER 5 ns;
14    carryOut <= (b AND carryIn) OR
15                (a AND carryIn) OR
16                (a AND b) AFTER 5 ns;
17  END behav;
```

Abbildung 6.8: Hardware, die das *CarryOut*-Signal erzeugt.

Listing 6.6: Verhaltensbeschreibung eines 1-Bit-Addierers in VHDL. Das Signal carryOut entspricht seinem *Verhalten* nach der in Abbildung 6.8 dargestellten Schaltung.

Übertragsflags nicht parallel, sondern sequentiell abläuft, ist es relativ langsam. Es gibt schnellere Implementierungen eines Addierers, z. B. den Carry-Lookahead-Addierer, auf den wir hier aber nicht genauer eingehen. Weiter fällt an der 32-Bit-ALU auf, dass der *CarryIn*-Eingang der ALU_0 unnötig zu sein scheint. Wir werden gleich sehen, dass dieser Eingang jedoch für die Berechnung des Zweierkomplements benutzt werden kann.

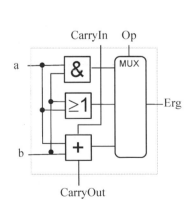

Abbildung 6.9: Eine einfache 1-Bit-ALU.

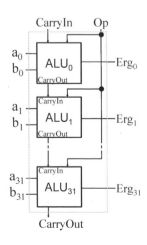

Abbildung 6.10: Eine 32-Bit-ALU aufgebaut aus 32 1-Bit-ALUs.

Aufgabe 6.12
Wie kann man die Implementierung des Addierers verbessern? Machen Sie sich mit der Funktionsweise eines Carry Lookahead Addierers vertraut und erklären Sie, wie man das serielle „ripplen" umgehen kann.

Abschließend überlegen wir uns, wie die ALU um die Operation „Subtraktion" erweitert werden kann. Die Grundidee ist die Zurückführung der Subtraktion auf die Addition, denn eine Subtraktion ist nichts anderes als die Addition der negativen Version des einen Operanden. Wir werden hier – genau wie der MC68000 und die meisten anderen Prozessoren auch – bei der Darstellung negativer Zahlen mit dem Zweierkomplement (siehe Abschnitt D) arbeiten; dafür gibt es auch, wie wir gleich sehen werden, einen guten Grund der mit dem Entwurf der ALU zusammenhängt.

Für das Zweierkomplement müssen wir zunächst einzelne Bits invertieren können. Hierzu fügen wir einfach der 1-Bit-ALU einen $2:1$-Multiplexer hinzu, mit dem wir zwischen b und $\bar{b}$ wählen können. Abbildung 6.11 zeigt den Schaltplan der erweiterten 1-Bit-ALU. Wir können nun $a - b$ berechnen, indem wir b bitweise invertieren und den *CarryIn*-Eingang der ALU_0, der wie oben erwähnt für die Addition keinen Nutzen hat, auf „1" setzen:

$$a + \bar{b} + 1 = a + (\bar{b} + 1) = a + (-b) = a - b$$

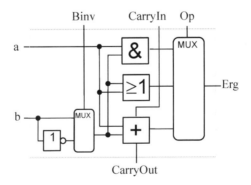

Abbildung 6.11: Erweiterte 1-Bit-ALU, die zusätzlich den invertierten Wert von b als Operanden verwenden kann.

Aufgabe 6.13
Wie viele Eingangsleitungen und wie viele Ausgangsleitungen hat die in Abbildung 6.11 gezeigte 1-Bit-ALU?

Aufgabe 6.14

Die erweiterte 32-Bit-ALU.

(a) Zeichnen Sie das Schaltbild einer 32-Bit-ALU, die aus den erweiterten 1-Bit-ALUs besteht.

(b) Welche Eingangsleitungen müssen wie gesetzt sein um die Operation $a - b$ durchzuführen?

Recht nützlich ist auch eine NOR-Funktion. diese ist durch eine einfache Erweiterung zu implementieren; es gilt nämlich, dass

$$\overline{a \vee b} = \overline{a} \wedge \overline{b}$$

Wir können das vorhandene AND-Gatter verwenden und brauchen zusätzlich nur noch eine Möglichkeit, a zu negieren. Abbildung 6.12 zeigt das Schaubild einer um eine NOR-Funktion erweiterten ALU.

Listing 6.7 zeigt eine Strukturbeschreibung alu1bit dieser 1-Bit-ALU in VHDL. Diese Beschreibung enthält in den Zeilen 13 bis 25 die drei Komponententypen mux2x1 (zur Verwendung eines 1-Multiplexers), Mux2 (zur Verwendung eines 2-Multiplexers) und full_adder (zur Verwendung eines Volladdierers). In den Zeilen 32 und 33 werden einige interne Signalleitungen definiert: aNot und bNot sind die negierten Werte der Eingangsleitungen a und b; die Signale aInternal und bInternal sind die Ausgangsleitungen der beiden 1-Multiplexer; das Signal internal(2) ist die Ausgangsleitung des Und-Gatters, das Signal internal(1) ist die Ausgangsleitung des Oder-Gatters und das Signal internal(0) ist die sum-Ausgangsleitung des Volladdierers; das Signal internal(3) schließlich ist der nicht verwendete vierte Eingang des 2-Multiplexers, dem initial der Wert 'X' („unknown") zugewiesen wird. In den Zeilen 17, 25 und 30 werden die verwendeten Komponenten konfiguriert.

Die PORT MAP-Anweisungen verwenden hier das sog. *Positional Mapping*, d. h. die Portverdrahtung erfolgt über die Position der Ports und der Signale – genau das ist ja bei der Parameterübergabe in den meisten Programmiersprachen auch üblich. Das Positional Mapping hat den großen Vorteil, dass es kompakter ist, als das in Listing 6.3 verwendete *Name Mapping*, bei dem die Portverdrahtung durch Angabe der Namen der jeweiligen Ports erfolgt.

Aufgabe 6.15

Geben Sie in VHDL eine reine Verhaltensbeschreibung der in Abbildung 6.12 dargestellten ALU an.

6.6.2 Entwurf einer 32-Bit-ALU

Für den Entwurf der kompletten 32-Bit-ALU wollen wir schließlich noch sicherstellen, dass unsere ALU eine Vergleichsoperation durchführen kann; um einen sinnvollen Befehlssatz in einem Prozessor zu implementieren ist dies eine unbedingt notwendige Operation: bedingte Anweisungen, insbesondere bedingte Sprunganweisungen, brauchen die Möglichkeit, zwei Werte miteinander zu vergleichen. Da

$$a = b \Leftrightarrow a - b = 0$$

können wir auf Gleichheit testen, indem wir eine Subtraktion ausführen und prüfen, ob das Ergebnis gleich Null ist. Das ist in der Tat auch die einfachste Implementierung, denn wir müssen lediglich noch Hardware hinzufügen, die das ALU-Ergebnis auf Null testet, wie in Abbildung 6.13 zu sehen ist. Außerdem ist in dieser Abbildung noch eine kleinere Verbesserung dargestellt:

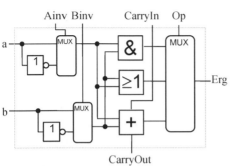

Abbildung 6.12: Ein 1-Bit-ALU zusätzlich erweitert um die Möglichkeit, eine NOR-Funktion
auszuführen.

```
 1  LIBRARY IEEE;
 2  USE IEEE.std_logic_1164.all;
 3
 4  ENTITY alu1bit IS
 5  PORT(a,b,carryIn: IN std_logic;
 6      aInv,bInv: IN std_logic;
 7      op : IN std_logic_vector (1 DOWNTO 0);
 8      erg,carryOut: OUT std_logic);
 9  END alu1bit;
10
11  ARCHITECTURE structural OF alu1bit IS
12
13  COMPONENT Mux
14  PORT(e0,e1,s: IN std_logic;
15      a : OUT std_logic);
16  END component;
17  FOR ALL: Mux USE ENTITY MuxBehav;
18                          --aus Listing 6.1
19
20  COMPONENT Mux2
21  PORT(e: IN std_logic_vector (0 TO 3);
22      s: IN std_logic_vector (0 TO 1);
23      a: OUT std_logic);
24  END component;
25  FOR ALL: Mux2 USE ENTITY Mux2(Mux2Struct); --aus Listing 6.3
26  COMPONENT full_adder
27  PORT(a,b,cin :IN std_logic;
28      sum,cout :OUT std_logic);
29  END component;
30  FOR ALL: full_adder USE ENTITY full_adder(behav); --aus Listing 6.6
31
32  SIGNAL aNot,bNot,aInternal,bInternal: std_logic;
33  SIGNAL internal: std_logic_vector (3 DOWNTO 0);
34
35  BEGIN
36      aNot <= NOT a AFTER 1 ns;
37      bNot <= NOT b AFTER 1 ns;
38      aMux :Mux PORT MAP(aNot,a,aInv,aInternal);
39      bMux :Mux PORT MAP(bNot,b,bInv,bInternal);
40      internal(2) <= aInternal AND bInternal AFTER 2 ns;
41      internal(1) <= aInternal OR bInternal AFTER 2 ns;
42      fullAddr: full_adder
43          PORT MAP(aInternal,bInternal,carryIn,internal(0),carryOut);
44      internal(3) <= 'X';
45      opMux :Mux2 PORT MAP(internal,op,erg);
46  END behavior;
```

Listing 6.7: VHDL-Code der eine 1-Bit-ALU spezifiziert; dieser Code stellt größtenteils eine Strukturbeschreibung dar, die dem in Abbildung 6.12 dargestellten Schaltplan entspricht.

Abbildung 6.13: Eine um die Möglichkeit eines Gleichheitstests erweiterte 32-Bit-ALU, aufgebaut aus 32 der in Abbildung 6.12 dargestellten 1-Bit-ALUs.

```
1  LIBRARY ieee;
2  USE ieee.std_logic_1164.all;
3  ENTITY Alu32 IS
4    PORT (a, b: IN std_logic_vector (31 DOWNTO 0);
5          aInv, bNeg: IN std_logic;
6          op: IN std_logic_vector (1 DOWNTO 0);
7          erg: OUT std_logic_vector (31 DOWNTO 0);
8          carryOut,zero: OUT std_logic);
9  END Alu32;
10
11 ARCHITECTURE STRUCTURAL OF ALU32 IS
12 COMPONENT alu1bit IS
13   PORT (a, b, carryIn: IN std_logic;
14         aInv, bInv: IN std_logic;
15         op: IN std_logic_vector (1 DOWNTO 0);
16         erg, carryOut: OUT std_logic);
17 END COMPONENT;
18
19 SIGNAL carry: std_logic_vector (30 DOWNTO 0);
20 BEGIN
21   zero <= '0';
22   A0: alu1bit PORT MAP (a(0), b(0), bNeg, aInv, bNeg, op, erg(0), carry(0));
23   G1: FOR i IN 1 TO 30 GENERATE
24     ALUs: alu1bit PORT MAP (a(i), b(i), carry(i-1), aInv, bNeg, op, erg(i), carry(i));
25   END GENERATE;
26   A31: alu1bit PORT MAP (a(31), b(31), carry(30), aInv, bNeg, op, erg(31), carryOut);
27   WITH erg SELECT zero <= '1' WHEN "00000000000000000000000000000000",
28                             '0' WHEN OTHERS;
29 END STRUCTURAL;
```

Listing 6.8: Die Entity-Definition der in Abbildung 6.13 dargestellten 32-Bit-ALU und eine strukturelle Beschreibung der Architecture dieser 32-Bit-ALU aufgebaut aus 32 1-Bit-ALUs.

Die *Binv*-Eingänge aller ALUs wurden zusammen mit dem *CarryIn*-Eingang der ALU_0 zu einem Eingang zusammengefasst.

Listing 6.8 enthält zwei bisher noch nicht erläuterte Konstrukte: das FOR-GENERATE-Statement in Zeile 23 bis Zeile 25 und das WITH-SELECT-Statement in Zeile 27 und Zeile 28:

- *Das FOR-GENERATE-Statement*: Viele Hardware-Entwürfe bestehen aus einer großen Zahl miteinander verschalteter identischer Komponenten, wie eben auch die 32-Bit-ALU. Um solche Schaltungen elegant beschreiben zu können, ist eine Beschreibung mittels Schleifen hilfreich. Eigentlich kann jedes nebenläufige VHDL-Statement im Body einer FOR-GENERATE-Schleife stehen, sehr häufig werden aber Komponenten-Instantiierungen mittels der FOR-GENERATE-Schleife erzeugt. Die allgemeine Syntax lautet:

⟨*label*⟩: FOR i IN ⟨*Bereich*⟩ GENERATE
        ⟨*nebenläufige Anweisung*⟩
END GENERATE ⟨*label*⟩;

Genau wie bei einer Instanziierung einer Komponente, muss auch einer generate-Anweisun, eine Marke voranstehen; in Listing 6.8 ist dies die Marke G1.

- *Das WITH-SELECT-Statement* realisiert eine bedingte nebenläufige Signal-Zuweisung, d. h. der Wert der einem Signal zugewiesen wird, ist hier abhängig vom Wert eines bestimmten Ausdrucks. Auch die verwendeten Bedingungen werden nebenläufig ausgewertet. Wichtig ist, dass immer alle möglichen Fälle mit angegeben werden. Die allgemeine Syntax der WITH-SELECT-Anweisung lautet:

WITH ⟨*Ausdruck*⟩ SELECT
    ⟨*Signal*⟩ <= ⟨*Ausdruck*$_1$⟩,

    . . .

    ⟨*Signal*⟩ <= ⟨*Ausdruck*$_n$⟩;

Aufgabe 6.16
Erklären Sie, warum das Zusammenfassen der *Binv*-Eingänge aller ALUs zusammen mit dem *CarryIn*-Eingang der ALU$_0$ eine (wenn auch kleine) Verbesserung des Entwurfs darstellt.

Aufgabe 6.17
Erstellen Sie in VHDL eine Verhaltensbeschreibung als Alternative zu der in Listing 6.8 ab Zeile 11 dargestellten Architecture, d. h. eine Architecture, die das selbe Verhalten zeigt, wie die in Abbildung 6.13 dargestellten 32-Bit-ALU, die jedoch die innere Struktur nicht weiter spezifiziert (und dies dem Synthese-Werkzeug überlässt).

Die Kontrollleitungen bestehen nun aus vier Drähten: zwei Drähte für die 3 : 1-Multiplexer, die die auszuführende Operation der ALUs steuern und zwei weitere Drähte für die Eingänge *AInv* und *BNeg*. Tabelle 6.2 zeigt, welche Werte dieser vier Leitungen welche Operation spezifizieren. Die Belegungen solcher ALU-Kontrollleitungen stellen einen Teil des Opcodes eines Maschinenbefehls dar.

ALU Kontrollleitungen	ALU Operation
0 0 0 0	UND
0 0 0 1	ODER
?	Addition
?	Subtraktion
?	NOR

Tabelle 6.2: Werte der ALU-Kontrollleitungen (v. l. n. r. *AInv*, *BNeg* und zwei Bits für *Op*) und die dazugehörigen ALU-Operationen.

Aufgabe 6.18
Vervollständigen die beiden fehlenden Einträge aus Tabelle 6.2. Welche Werte müssen die ALU-Kontrollleitungen haben, damit die ALU eine Subtraktion bzw. eine NOR-Operation ausführt?

Aufgabe 6.19
Überlegen Sie, welche Informationen neben der Belegung der ALU-Kontrollleitungen noch im Opcode eines Maschinenbefehls enthalten sein sollten.

7 Prozessoren

Nachdem wir uns im letzten Kapitel mit dem Entwurf einzelner einfacher Logikbausteine beschäftigt haben, lernen wir in diesem Kapitel, wie man aus diesen Bausteinen einen voll funktionsfähigen Prozessor erstellen kann. Der hier präsentierte einfache RISC-Prozessor ist angelehnt an den von Hennessy und Patterson im Buch „Rechnerorganisation und -entwurf" [PH05] präsentierten Entwurf eines einfachen Prozessors, angelehnt an die Architektur eines Teils des MIPS-Prozessors.

In diesem Kapitel lernen Sie ...

- ... wie man einen einfachen Eintakt-RISC-Prozessor konstruieren kann – und zwar nur unter Verwendung von den in Kapitel 6 vorgestellten Logikbausteinen.

- ... warum ein Eintakt-Prozessor (zwar einfach zu verstehen aber eigentlich) unpraktikabel ist.

- ... wie man auf Basis des Eintakt-Entwurfs einen einfachen Mehrtakt-Prozessor konstruieren kann.

- ... was RISC- und CISC-Prozessoren unterscheidet und welcher der beiden Prozessoren-Typen wann zu bevorzugen ist.

- ... was eine Befehlssatzarchitektur ist.

- ... welche wichtigen Befehlssatzarchitekturen es gibt und wie sie sich unterscheiden.

- ... wie die Rechenleistung von Prozessoren gemessen werden kann.

7.1 Entwurf eines Eintakt-RISC-Prozessors

Der in Teil 1 vorgestellte Motorola-68000-Prozessor ist ein CISC-Prozessor. Das Kürzel „CISC" steht für „Complex Instruction Set Computer"; gemeint sind damit Prozessoren mit einem relativ umfangreichen Maschinenbefehlssatz. Das Kürzel „RISC" steht für „Reduced Instruction Set Computer"; gemeint sind Rechner mit einem einfachen, weniger umfangreichen Maschinenbefehlssatz.

Wir stellen aber aus zwei Gründen hier die Architektur eines RISC-Prozessors dar:

1. Der Einfachheit wegen: CISC-Prozessoren sind zwar flexibler, enthalten aber komplexe Komponenten, wie einen Mikro-Interpreter, einen Mikro-Befehlsspeicher oder einen

Mikro-Befehlssatz. Ein RISC-Prozessor ist besser geeignet, einen Entwurf „from scratch"[1] zu entwickeln.

2. Der Aktualität wegen: Ein CISC-Prozessor ist aufgrund komfortablerer Befehle zwar einfacher zu programmieren und daher gut geeignet in die Maschinenprogrammierung einzuführen; viele der modernen Prozessoren haben jedoch eine RISC-Architektur.

7.1.1 Entwurfsprinzipien

Wir sprechen bei der Beschreibung des Entwurfs oft von dem *Datenpfad* und meinen damit, die mögliche Wege, welche Daten durch den Prozessor gehen können. Datenpfade bestehen aus Komponenten, die Daten verarbeiten oder speichern und Verbindungen zwischen den Komponenten. Es gibt zwei Prinzipien, auf die wir beim folgenden Entwurf besonders achten werden:

- RISC Prozessoren streben eine Ausführung aller Maschinenbefehle innerhalb eines Taktzyklus an. Beim Entwurf eines solchen Prozessors bzw. beim Entwurf seiner Datenpfade muss man sicherstellen, dass keine Komponente innerhalb des Datenpfads mehr als einmal verwendet wird. Als Konsequenz hiervon trennen wir den Befehlsspeicher von dem Datenspeicher. Denn während der Ausführung eines Maschinenbefehls muss zunächst der Befehl aus dem Speicher geholt werden, und zu einem darauf folgenden Zeitpunkt müssen die Operanden aus dem Speicher geholt werden; das würde ein zweimaliges und voneinander abhängiges Verwenden derselben Komponente nach sich ziehen; und dafür wären dann mindestens zwei Taktzyklen notwendig. Beim vorzustellenden Entwurf eines RISC-Prozessors gehen wir also einen Schritt weg von der „klassischen" von-Neumann-Architektur hin zu einer Architektur in der sich Befehle und Daten in getrennten und unabhängig voneinander ansprechbaren Speichereinheiten befinden.

- Wir implementieren *einen* Prozessorentwurf für *viele* Befehle; dieser eine Prozessorentwurf muss natürlich die Ausführung aller Befehle erlauben. Damit ein Element im Datenpfad von zwei verschiedenen Befehlsklassen gemeinsam verwendet werden kann, muss man bei manchen Elementen mehrere mögliche Datenquellen vorsehen. Eine Auswahl aus mehreren möglichen Datenquellen kann mit Hilfe eines Multiplexers implementiert werden; mit einem Steuersignal (des jeweiligen Multiplexers) kann dann der jeweilige Eingang ausgewählt werden. Der Wert jedes im Entwurf enthaltenen Steuersignals wird (bei einem Mehrtakt-Entwurf sogar zeitabhängig) von den Bits im Opcode des jeweiligen Maschinenbefehls bestimmt.

7.1.2 Laden des Befehls

Zunächst muss ein Befehl aus dem Speicher geholt werden. Hierzu wird die im Programmzähler enthaltene Adresse an die Adressleitung des Befehlsspeichers gelegt und dadurch der Befehl aus

---

[1]Typisches Beispiel für die „Verenglischung" der Informatikersprache. Spricht ein Informatiker von einem Entwurf „from scratch", dann meint er einen Entwurf von Grund auf; ohne auf schon von anderen entwickelte Komponenten zurückzugreifen.

dem Befehlsspeicher ausgelesen. Im selben Taktzyklus wird der Befehlszähler um vier erhöht, dass er auf den im nächsten Takt auszuführenden Befehl zeigt.

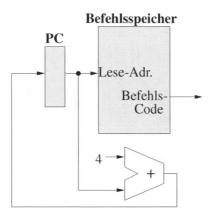

Abbildung 7.1: Der Teil des durch den Prozessor führenden Datenpfads, der für das Holen des Befehls aus dem Speicher und der Erhöhung des Befehlszählers zuständig ist.

Aufgabe 7.1

(a) Die Instruction-Fetch-Phase des Motorola-68000 könnte man nicht mit dem in Abbildung 7.1 gezeigten Datenpfad implementieren. Erläutern Sie, welche Gründe es dafür gibt.

(b) Schlagen Sie vor, wie man die in Abbildung 7.1 gezeigte Schaltung erweitern müsste, um eine Basis für die Implementierung des MC68000 zu haben.

(c) Erklären Sie, warum Ihre Erweiterung nicht mit einer Ein-Takt-pro-Befehl-Implementierung in Einklang zu bringen ist.

7.1.3 Laden der Operanden und Befehlsausführung

Wir gehen hier von Maschinenbefehlen aus, die drei Register-Operanden erhalten. Dies sieht beispielsweise der MIPS-Befehlssatz so vor. Ein Beispiel ist ein Befehl der Form

add a1,a2,a3

wobei die Register a2 und a3 gelesen und aufaddiert werden und das Ergebnis in Register a1 gespeichert wird. Wir gehen also von einem Befehlssatz aus, in dem ein Befehl höchstens zwei Register lesen und in eines schreiben kann.

Angenommen, unser Programmiermodell besteht aus 32 Allzweckregister, d. h. Register die an keinen bestimmten Zweck und auf keinen Befehl bzw. keine Befehlsklasse beschränkt sind. Diese Allzweckregister sind in einer Struktur verfügbar, die wir *Registersatz* nennen wollen. Für jedes der beiden Daten, das aus den Registern gelesen werden sollen, benötigen wir ein Adress-Eingangssignal in den Registersatz. Man beachte, dass es sich hierbei nicht um eine Hauptspeicheradresse handelt, sondern um die Adresse eines Registers. Für das Datum, das in ein Register geschrieben werden soll – in obigem Beispiel war dies Register a1 – brauchen wir einen Adress- und einen Dateneingang. Dieser Registersatz ist im linken Teil von Abbildung 7.2 als Block dargestellt.

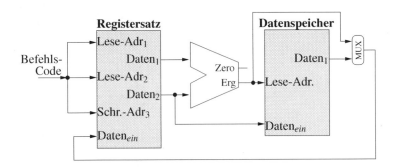

Abbildung 7.2: Der Teil des Prozessors, die Berechnung der Operandenadresse und für (einen Teil) der Befehlsausführung zuständig ist.

Ganz links im Bild ist angedeutet, dass der aus dem Befehlsspeicher geholte Befehl, bzw. dessen Opcode, unter anderem die drei Registeradressen enthält. Um eines aus $32 = 2^5$ Register auszuwählen, braucht man 5 Bit; um die drei beteiligten Operanden-Register eines drei-Register-Befehls zu bestimmen, werden also insgesamt $3 \cdot 5 = 15$ Bit des Opcodes verwendet. Die beiden am Registersatz anliegenden Leseadressen „produzieren" die beiden am Ausgang anliegenden Datenwerte. Die in der Mitte des Bildes dargestellte ALU ist, bis auf wenige Kleinigkeiten, die im letzten Abschnitt konstruierte ALU. Sie kann eine von zwei möglichen Aufgaben erfüllen:

1. *Die Berechnung einer Operandenadresse*:
   Das ALU-Ergebnis *Erg* ist in diesem Falle eine Adresse. Diese wird an die Adressleitung des Datenspeichers angelegt. Das an dieser Adresse gespeicherte Datum wird in den Registersatz eingespeist.

2. *Die Durchführung einer arithmetischen Operation*:
   Das ALU-Ergebnis *Erg* wird in diesem Fall direkt in den Registersatz eingespeist.

Der Multiplexer ganz rechts im Abbildung 7.2 wählt die für die jeweilige Aufgabe notwendigen Datenquellen aus: Falls es sich um einen arithmetisch-logischen Befehl handelt, muss dieser Multiplexer den oberen Draht auswählen. Falls es sich um einen Befehl handelt, der einen Operanden aus dem Hauptspeicher benötigt, muss der Multiplexer den unteren Draht auswählen.

Aufgabe 7.2
In vielen Maschinenbefehlssätzen kann der Maschinencode einen konstanten Offset enthalten, der zur Berechnung einer Operandenadresse verwendet wird. Ein Beispiel eines Befehls des MC68000, der solch einen Offset verwendet:

MOVE D0, 100(A0)

Ein Beispiel eines Befehls des MIPS-Befehlssatzes, der solch einen Offset verwendet:

lw d1, 100(a2)

Erweitern sie den in Abbildung 7.2 gezeigten Teil des Prozessors so, dass Offset-Werte im Opcode berücksichtigt werden.

Um einen realistischen Prozessor zu konstruieren, müssen wir zusätzlich in der Lage sein,
Sprung- und Vergleichsbefehle ausführen zu können. Entsprechende Erweiterungen der bisher
vorgestellten Datenpfade werden im Folgenden vorgestellt.

7.1.4 Sprungbefehle

Wir wollen einen Datenpfad beschreiben (den wir dann später in den in Abbildung 7.2 dargestellten Datenpfad integrieren), der die Ausführung eines Befehls beq (für „*Branch, if equal*")
erlaubt, der folgende Syntax hat:

$$\text{beq} \quad \text{r1,r2,} \langle offset \rangle$$

wobei der Befehl den Sprung nur dann ausführt, wenn die Inhalte der Register r1 und r2 gleich
sind. Der MC68000 Befehlssatz erlaubt viele Variationen des bedingten Sprungs, beispielsweise durch die Befehle BNE, BLE, BGE, usw. Diese Befehlsfülle ist typisch für CISC-Prozessoren.
RISC-Prozessoren beschränken sich dagegen auf das unbedingt Notwendige. Bei einem RISC-
Prozessor wird, im Gegensatz zu einem CISC-Prozessor, jeder Befehl direkt in Hardware umgesetzt; entsprechend ist die Implementierung eines umfangreichen Befehlssatzes nicht praktikabel.

Der Datenpfad für den Sprungbefehl ist für die Durchführung zweier Aktionen zuständig:

- Die Adresse des Sprungziels muss berechnet werden. Diese Berechnung führt eine ALU
  des in Abschnitt 6.6 konstruierten Typs durch.

- Die Inhalte zweier Register müssen verglichen werden; es wird nur gesprungen, wenn diese gleich sind, bzw. wenn das Ergebnis der Subtraktion „Null" ist. Auch diese Berechnung
  führt eine ALU des in Abschnitt 6.6 konstruierten Typs durch.

Abbildung 7.3 zeigt die Implementierung des Sprungdatenpfades. Der Sprungbefehl liest die
Inhalte zweier Register aus, die in die obere der beiden ALUs eingespeist und auf Gleichheit
geprüft werden. In dieser Situation ist der *Erg*-Ausgang der ALU nicht relevant. Es wird ausschließlich der *Zero*-Ausgang verwendet: Es wird genau dann gesprungen, wenn *Zero*-Ausgang
aktiv ist. In der Abbildung noch nicht dargestellt ist, dass er in die Sprungsteuerlogik mit eingeht
– eine entsprechende Darstellung der Steuerungslogik erfolgt erst in Abbildung 7.4.

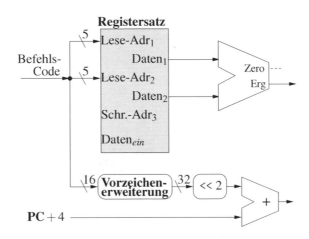

Abbildung 7.3: Der Teil des Datenpfads, der die Ausführung eines Sprungbefehls erlaubt.

Der Datenpfad zur Berechnung der Sprungzieladresse enthält eine Komponente zur Vorzeichenerweiterung und eine Komponente für eine Bitverschiebung nach links – in der Zeichnung in Anlehnung an die C-Syntax mit „<< 2" beschriftet. Um zu erklären, warum es sinnvoll ist, hier eine Bitverschiebung durchzuführen, müssen wir etwas ausholen:

- Ein Ziel dieses Entwurfs ist es, die Basis für einen möglichst einfachen Maschinenbefehlssatz zu konstruieren. Wir erlauben daher nicht die Auswahl zwischen kurzen *und* langen Sprungzielkonstanten, wie es der Motorola-68000 beispielsweise erlaubt, sondern legen für die Sprungzielkonstanten eine einheitliche Länge fest: Das Sprungziel soll durch eine im Maschinenbefehlscode enthaltene 16-Bit Offset-Konstante angegeben werden. Obwohl der Adressraum des hier konstruierten Prozessors 32-Bit breit sein soll, beschränken wir uns auf eine 16-Bit Konstante, um den Maschinencode kurz zu halten.

- Eine Speicheradressen ist also immer eine 32-Bit Zahl. Die 16-Bit breite im Maschinencode enthaltene Offset-Konstante muss also erweitert werden. Genau das macht die mit „Vorzeichenerweiterung" beschriftete Komponente. Anhang D beschreibt, wie eine vorzeichenrichtige Erweiterung einer Zahl im Zweierkomplement aussieht; an dieser Stelle gehen wir nicht auf Details ein.

- In vielen RISC-Prozessoren gilt: alle Maschinencodes haben eine feste Länge. Wir gehen auch bei dem hier zu konstruierenden Prozessor (in Anlehnung an die MIPS-Architektur) von einer konstanten Befehlslänge von 4 Byte aus. Folge ist, dass Maschinenbefehle immer an Speicheradressen liegen, die durch 4 teilbar sind – also von Adresse Null beginnend an jeder vierten Speicherzelle. Die beiden niederwertigsten Bits einer Speicheradresse an der sich ein neuer Maschinenbefehl beginnt sind also immer 0. Durch einen einfachen Trick können wir den den Adressierungsbereich des 16-Bit Offsetfeldes also um das Vierfache erweitern: wir schieben das gesamte Bitmuster um 2 Stellen nach links, was genau einer Multiplikation mit vier entspricht. Dadurch werden die beiden niederwertigsten Bits Null, und somit entspricht jeder Wert des Offsetfelds einer korrekten Befehlsadresse.

Die untere der beiden ALUs aus Abbildung 7.3 berechnet das Sprungziel, indem sie die im Befehl enthaltene 16-Bit Offset-Konstante zur Adresse des nächsten evtl. auszuführenden Befehls (also PC+4) addiert. Nicht mehr dargestellt ist in der Abbildung, wie die berechnete Adresse dann – unter der Voraussetzung, dass *Zero* = 0 gilt – in den Befehlszähler gespeichert wird.

Aufgabe 7.5
Es geht um den durch den beq-Befehl ansprechbaren Adressraum:

(a) Geben Sie (in Prozent) an welcher Anteil der 2^{32} Hauptspeicherzellen durch den beq-Befehl (der in diesem Abschnitt implementierten Art) adressierbar ist.

(b) Angenommen, der Befehl nach einem beq-Befehl (der in diesem Abschnitt implementierten Art) befindet sich an Adresse $8000.0000, also **PC**+4 = $8000.0000. Geben Sie konkret an, welcher Bereich des Hauptspeichers durch diesen beq-Befehl angesprungen werden kann.

Aufgabe 7.6
Betrachten Sie die beiden in Abbildung 7.3 dargestellten ALUs:

(a) Wie müssen die Bits der mit *Op* bezeichneten Steuerleitungen der unteren ALU bei der Ausführung des beq-Befehls gesetzt sein?

(b) Die Steuerleitungen der unteren ALU sind auf einen konstanten Wert gesetzt. Warum sind die Steuerleitungen der unteren ALU konstant, während die Steuerleitungen der oberen ALU variabel sind (also abhängig von den bei *Op* anliegenden Werten)?

(c) Welchen konstanten Wert müssen die vier Steuerleitungs-Bits der unteren ALU haben?

7.1.5 Zusammenfügen der Datenpfade

Abbildung 7.4 zeigt die Vereinigung der in Abbildung 7.1, 7.2 und 7.3 gezeigten Teile des Datenpfads. Für diese Vereinigung sind zwei weitere Multiplexer notwendig:

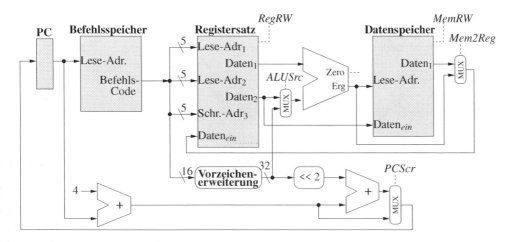

Abbildung 7.4: Der gesamte Datenpfad, zusammengefügt aus den in Abbildung 7.1, 7.2 und 7.3 dargestellten Teilen.

- *Ein Multiplexer vor dem Eingang der oberen ALU*:
  Eine im Opcode gespeicherte 16-Bit Konstante kann nicht nur als Sprungoffset verwendet werden, sondern auch um den Offset für eine Hauptspeicheradresse anzugeben; der zusätzliche Multiplexer vor der oberen ALU erlaubt nun genau die Auswahl zwischen einem Operanden aus dem Registersatz (was bei arithmetisch-logischen Befehlen benötigt wird) und einem Adress-Offset der zu dem Operanden aus $Daten_1$ hinzuaddiert wird (was bei Befehlen benötigt wird, die einen Operanden aus dem Hauptspeicher laden oder ein Datum in den Hauptspeicher schreiben).

- *Ein Multiplexer hinter dem Ausgang der unteren ALU*:
  Dieser Multiplexer bestimmt, welcher Wert in den Programmzähler gespeichert wird. In den allermeisten Fällen wird der untere Draht selektiert; nur bei einem Sprungbefehl, dessen Gleichheitsbedingung erfüllt ist, wird der obere Draht selektiert und damit die vorzeichenerweiterte und um zwei nach links geschobene Konstante als Offset hinzuaddiert.

Mit diesem Datenpfad können folgende Befehlsklassen implementiert werden:

- Bedingte und unbedingte relative Sprünge.

- Datenverschiebebefehl zum Laden von Daten aus dem Hauptspeicher in den Registersatz mit den Adressierungsarten „Register Direkt", „Register Indirekt" und „Register Indirekt mit Adressdistanz".

- Laden von Registern / Speicherzellen mit Konstanten.

- Einfache arithmetische Operationen, wie Addition, Subtraktion, Und-Verknüpfung, Oder-Verknüpfung, und NOR-Verknüpfung.

Aufgabe 7.7
Vergleichen Sie den in Abschnitt 1.3.1 beschriebenen Instruktionensatz des IAS mit dem durch den in Abbildung 7.4 dargestellten Datenpfad implementierbaren Instruktionensatz.

  (a) Welche Maschinenbefehle hat der IAS, die durch den in Abbildung 7.4 dargestellten Datenpfad nicht implementierbar sind?
  (b) Welche Maschinenbefehle sind durch den in Abbildung 7.4 dargestellten Datenpfad implementierbar, die der IAS nicht hat?

Aufgabe 7.8
Welche Instruktionsklasse(n) würden Sie noch vermissen? Wie sollte der Datenpfad entsprechend erweitert werden?

7.1.6 Implementierung einer Steuereinheit

Zunächst müssen wir festlegen, welche Befehle wir implementieren wollen und welche Informationen der Maschinencode der entsprechenden Befehle enthält und wie diese strukturiert sind:

1. Arithmetisch-logische Befehle mit Syntax

$$\langle Befehl \rangle \quad r_{Ziel}, r_{Quelle1}, r_{Quelle2}$$

Ein konkretes Beispiel für solch einen Befehl ist add r1,r2,r3. Die Maschinencodes arithmetisch-logischer Befehle sind folgendermaßen strukturiert:

31:26	25:21	20:16	15:11	10:6	5:0
0	$r_{Quelle1}$	$r_{Quelle2}$	r_{Ziel}	xxx	func

2. Lade- oder Speicherbefehle lw (für „load word") und sw (für „store word") mit Syntax

$$
\begin{aligned}
&\text{lw} \quad r_1, \langle offset \rangle (r_2) \\
&\text{sw} \quad r_1, \langle offset \rangle (r_2)
\end{aligned}
$$

wobei hier Register-indirekt adressiert wird. Beim lw-Befehl ist der zweite Operand die Quelle und beim sw-Befehl ist der zweite Operand das Ziel. Die Maschinencodes der Lade- oder Speicherbefehle sind folgendermaßen strukturiert:

31:26	25:21	20:16	15:0
35 o. 43	r_2	r_1	offset

3. Der Sprungbefehl beq mit Syntax

$$\text{beq} \quad r_1, r_2, \langle offset \rangle$$

Der Maschinencode des beq-Befehls ist folgendermaßen strukturiert:

31:26	25:21	20:16	15:0
4	r_2	r_1	offset

Wir legen die für die ALU-Steuerung erforderlichen 4 Bits nicht direkt in den Opcode, sondern erzeugen die 4 Bits durch eine ALU-Steuereinheit. Diese erhält als Eingang die 6 Bits des *func*-Feldes des Maschinencodes und zusätzlich zwei Bits, die wir *ALUOp* nennen. Eine Verwendung mehrerer solcher „Stufen" ist typisch für den Entwurf von Prozessoren. Durch die Verwendung mehrerer Steuerstufen kann man die einzelnen Steuereinheiten verkleinern und dadurch tendenziell an Effizienz gewinnen. Die beiden *ALUOp*-Bits geben an, ob es sich um ...

- ...eine Addition (00) für Lade- und Speicherbefehle handelt.

- ...eine Subtraktion (01) für den beq-Befehl handelt.

- ...eine durch das *func*-Feld definierte arithmetisch-logische Funktion handelt.

ALUOp	func	Op
00	xxxxxx	0010
x1	xxxxxx	0110
1x	xx0000	0010
1x	xx0010	0110
1x	xx0100	0000
1x	xx0101	0001
1x	xx1010	1101

Abbildung 7.5: Wahrheitstabelle, die festlegt, welche Werte des 2-Bit Signals *ALUOp* und des *func*-Feldes im Maschinencode welche ALU-Steuerbits ergeben müssen.

Die Abbildung 7.5 dargestellte Wahrheitstabelle zeigt die Beziehungen zwischen dem 2-Bit Signal ALUOP, dem *func*-Feld im Maschinencode und zugehörigen Steuerbits für die ALU. Diese Wahrheitstabelle kann in eine logische Funktion umgesetzt, optimiert und anschließend in ein Gatter umgesetzt werden.

Aufgabe 7.9
Erklären Sie aus der in Abbildung 7.5 dargestellten Tabelle, welche *func*-Felder, welchen arithmetisch-logischen Operationen entsprechen.

Abbildung 7.6 zeigt den Datenpfad aus Abbildung 7.4 erweitert um die folgenden Komponenten:

- *Die Komponente* „**ALU-Steuerung**":
  Diese implementiert genau die in Abbildung 7.5 als Wahrheitstabelle dargestellte logische Funktion; sie erhält als Eingangssignale das *func*-Feld, also die unteren 6 Bits des Befehlscodes und die beiden *ALUOp*-Signale, die von der Komponente „Steuerung" aus dem Opcode des Befehls erzeugt werden. Ausgabe dieser Komponente sind die vier Steuersignale, die der zentralen ALU sagen, was sie zu tun hat.
  Man beachte, dass die Komponente „ALU-Steuerung" *immer* die unteren 6 Bits eines Befehlscodes erhalten, auch wenn es sich nicht um einen arithmetisch-logischen Befehl handelt. In diesem Fall sind dann aber die Leitungen von *ALUOp* auf „00" oder „x1", d. h. die *func* Signale werden einfach ignoriert.

- *Die Komponente* „**Steuerung**":
  Diese implementiert die zentrale Steuereinheit des Prozessors. Sie erhält als Eingangssignale die oberen 6 Bits des Befehlscodes – manchmal auch *Opcode* genannt, weil diese Bits die Art der Operation spezifizieren. Aus diesen Informationen werden alle für den Prozessor nötigen Steuersignale erzeugt; die meisten Steuersignale sind Eingänge in die Multiplexer des Datenpfads; außerdem gibt es Steuersignale die festlegen, ob gelesen oder geschrieben werden soll (*RegRW* und *MemRW*), die Steuersignale *ALUOp*, die die Operation der ALU spezifizieren und ein Steuersignal *Branch*, das anzeigt, ob es sich um einen bedingten relativen Sprungbefehl handelt.
  Beim Entwurf der zentralen Steuereinheit kann man wie üblich vorgehen: Man erstellt zunächst eine Wahrheitstabelle (siehe Aufgabe 7.12), daraus eine logische Gleichung, optimiert diese und realisiert die gewünschte logische Funktion schließlich durch ein Gatter.

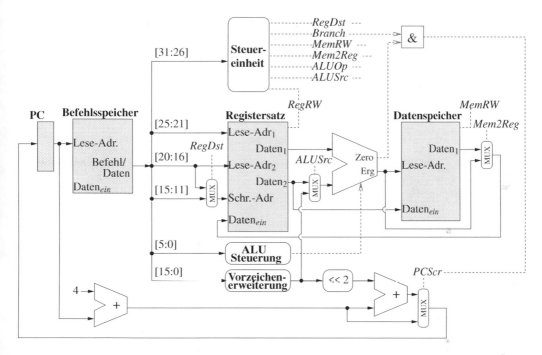

Abbildung 7.6: Der Datenpfad aus Abbildung 7.4 erweitert um die zwei Steuereinheiten „ALU-Steuerung" und „Steuereinheit".

Um die Zeichnung des Datenpfads noch möglichst einfach zu halten, wurden die 5 der 8 Steuerleitungen nicht vollständig ausgezeichnet. Eigentlich müsste man sich die Ausgänge der Komponente **Steuerung** noch mit den entsprechenden Steuereingängen in die Multiplexer, die Komponente **ALU-Steuerung** und dem Registersatz und Datenspeicher verbunden denken.

Aufgabe 7.10
Erklären Sie die Funktion des Und-Gatters, das in Abbildung 7.6 oberhalb des Datenspeichers platziert wurde.

Zusätzlich zu den beiden Steuereinheiten mussten wir einen weiteren Multiplexer einfügen. In Abbildung 7.6 ist das der am weitesten links angeordnete Multiplexer, der aus zwei Leitungen eine als Eingangsleitung in den „Schreib-Adr" Eingang des Registersatzes auswählt. Warum brauchen wir hier einen weiteren Multiplexer? Der Grund dafür ist einfach, dass sich die Schreibadressen je nach Befehlsklasse an unterschiedlichen Stellen im Befehlscode befinden können. Bei manchen Befehlen befindet sich die Schreibadresse in den Bits [20:16], bei anderen befindet sich die Schreibadresse aber in den Bits [15:11]. Der Multiplexer bietet die Möglichkeit zwischen diesen beiden Alternativen auszuwählen.

Aufgabe 7.11
Zeichnen Sie den Datenfluss durch den in Abbildung 7.6 dargestellten Datenpfad für die folgenden Befehle:

(a) `add r1,r2,r3`

(b) `lw r1,`⟨*offset*⟩`(r2)`

(c) `beq r1,r2,`⟨*offset*⟩

Aufgabe 7.12
Um die zentrale Steuereinheit zu implementieren, müssen sie die unten aufgeführte Wahrheitstabelle ausfüllen: Tragen Sie zu jedem Opcode (arith: arithmetisch-logischer Befehl; lw: Laden eines Wortes aus dem Speicher in ein Register; sw: Speichern des Inhalts eines Registers im Speicher; beq: bedingter Sprung, falls die beiden Operandenregister gleich sind) die entsprechenden Werte der Steuerleitungen ein.

Befehl	RegDst	ALUSrc	Mem2Reg	RWReg
arith	...	...	...	...
lw	...	...	...	...
sw	...	...	...	...
beq	...	...	...	...

Befehl	RWMem	Branch	ALUOp1	ALUOp2
arith	...	...	...	...
lw	...	...	...	...
sw	...	...	...	...
beq	...	...	...	...

Einträge in der Wahrheitstabelle sollten entweder 0, 1 oder x sein. Der Wert x steht dabei für „Don't Care", d. h. in dem Falle wäre der Wahrheitswert des entsprechenden Signals egal. Später kann man dann den Wahrheitswert einsetzen, für den sich das Gatter am besten optimieren lässt.

7.2 Entwurf eines Mehrtakt-RISC-Prozessors

Trotz der Eleganz des Eintakt-Entwurfs gibt es gute Gründe die Befehlsausführung auf mehrere Takte zu verlagern. Einer der wichtigsten Gründe ist die Möglichkeit in einem Mehrtakt-Prozessor Pipelining zu implementieren. Ein anderer Grund ist die tendenziell sparsamere Verwendung evtl. teurer Komponenten in einem einem Mehrtakt-Entwurf.

7.2.1 Ein- vs. Mehrtakt-Entwurf

Der hier beschriebene Eintakt-Entwurf funktioniert. Heutige Prozessorentwürfe basieren jedoch meist nicht auf Eintakt-Entwürfen; diese sind zu ineffizient. Der Grund dafür besteht hauptsächlich darin, dass sich der Taktzyklus nach dem längsten Pfad im Entwurf richten muss. Auch Befehle, die nur ein kurzes Stück des Datenpfads beanspruchen und theoretisch schnell ausführbar wären (wie beispielsweise das Laden einer Konstanten in ein Register) nehmen so also genauso viel Zeit in Anspruch, wie der „langsamste" Befehl des Instruktionssatzes.

Aufgabe 7.13

Machen wir uns Gedanken über die Längen der von den einzelnen Befehlen beanspruchten Datenpfade. Beantworten Sie hierzu die folgenden Fragen:

   (a) Welcher Befehl ist der langsamste des Instruktionssatzes, d. h. welcher Befehl benötigt den längsten Datenpfad? (Genau nach diesem Befehl muss sich dann die Länge des Taktzyklus richtet.)

   (b) Welcher Befehl benötigt den kürzesten Datenpfad? (Insbesondere für diesen Befehl wäre die Eintakt-Implementierung ineffizient).

7.2.2 Eine Mehrtakt-Implementierung

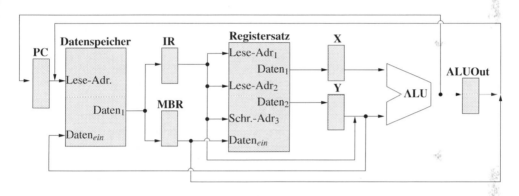

Abbildung 7.7: Grobe Darstellung eines Mehrtakt-Datenpfads. Interne Register sind farbig hinterlegt gezeichnet.

Bei einer Mehrtakt-Implementierung kann eine Komponente im Datenpfad mehrmals benutzt werden; aber nur falls die erneute Benutzung in einem anderen Taktzyklus stattfindet. Abbildung 7.7 zeigt eine grobe Sicht eines Mehrtakt-Datenpfads: Im Vergleich zu dem in Abbildung 7.4 dargestellten Datenpfad ergeben sich folgende Unterschiede:

- Für Befehle und Daten kann nun eine gemeinsame Speichereinheit verwendet werden.

- Es gibt nur noch eine ALU (anstelle von drei ALUs beim Entwurf aus Abbildung 7.4).

- Hinter die wichtigsten Funktionseinheiten wurden Register eingefügt.

Am Ende eines Takt müssen die Daten, die in einem nachfolgenden Taktzyklus verwendet werden, zwischengespeichert werden. Es gibt zwei Fälle:

1. Daten, die in einem späteren Taktzyklus von einem *nachfolgenden* Maschinenbefehl verwendet werden, werden in einem Speicherelement gespeichert, das für den Programmierer sichtbar ist: im Registersatz, im Programmzähler oder im Hauptspeicher.

2. Daten, die in einem späteren Taktzyklus *desselben* Maschinenbefehls verwendet werden, werden in einem der in Abbildung 7.7 dargestellten internen Register gespeichert.

Die Position der internen Register werden von zwei Fragestellungen bestimmt: **1.** Welche kombinatorischen Elemente „passen" in einen Taktzyklus? **2.** Welche Daten werden in nachfolgenden Taktzyklen des zu implementierenden Befehls benötigt.

Wir gehen bei dem Mehrtakt-Entwurf davon aus, dass in einem Taktzyklus maximal eine der folgenden Operationen ausgeführt werden kann:

- Ein Speicherzugriff.
- Ein Zugriff auf den Registersatz (entweder zwei Lesevorgänge oder ein Schreibzugriff).
- Eine ALU-Operation.

Aufgabe 7.14
Was würde passieren, wenn wir bei einem Mehrtakt-Entwurf die im nächsten Taktzyklus benötigen Daten *nicht* zwischenspeichern würden?

Wie in Abbildung 7.7 zu sehen, wurden als interne Register ein Befehlsregister (oder **IR** für Instruction Register) und ein Datenregister (oder **MBR** für Memory Buffer Register) eingefügt. Beide sichern die Inhalte bestimmter Speicherzellen, es werden aber tatsächlich zwei unterschiedliche Register benötigt, da es Fälle gibt in denen beide Werte während eines Taktzyklus benötigt werden. Außerdem wurden zwei Register **X** und **Y** zum Zwischenspeichern von Werten aus dem Registersatz und ein Register *ALUOut* zum Speichern des ALU-Ergebnisses hinzugefügt.

Aufgabe 7.15
Überlegen Sie, wie viele Takte die folgenden Befehle benötigen würden, wenn sie auf einem gemäß Abbildung 7.7 gezeigten Prozessor implementiert wären:

(a) `add r1,r2,r3`
(b) `lw r1,10(r2)`
(c) `sw r1,10(r2)`

Abbildung 7.8 zeigt den vollständigen Mehrtakt-Datenpfad mit einer zentralen Steuereinheit und einer ALU-Steuerung, die ganz ähnlich wie die ALU-Steuerung der Eintakt-Implementierung funktioniert. Es sind einige Komponenten neu hinzugekommen; am wichtigsten sind die folgenden:

- Die drei ALUs aus der Eintakt-Implementierung wurden durch eine einzige ALU ersetzt. Diese ALU muss jetzt alle Eingänge aufnehmen, die den drei Eintakt-ALUs bereitgestellt wurden. Das ist die Aufgabe der beiden Multiplexer vor den ALU Eingängen. Der obere Multiplexer mit Steuerleitung *SrcX* wählt zwischen dem **X**-Register und dem Befehlszähler. Der untere Multiplexer mit Steuerleitungen *SrcY* wählt zwischen dem **Y**-Register, der Konstanten 4 (zum Erhöhen des Befehlszählers), und dem Offsetfeld (zum Berechnen der Sprungadresse bzw. zum Berechnen der effektiven Adresse).

- Bei einem Sprungbefehl gibt es zwei mögliche Quellen für den Wert der in den Befehlszähler geschrieben wird: Der Ausgangswert der ALU (was **PC** + 4 während dem Instruction Fetch entspricht) oder das Register *ALUOut* (in dem die Adresse des Sprungziels nach deren Berechnung gespeichert wird).

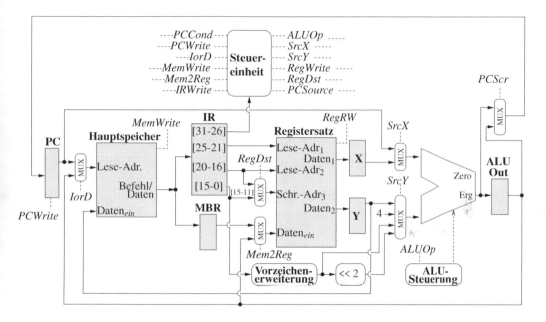

Abbildung 7.8: Der vollständige Datenpfad für eine Mehrtakt-Implementierung. Die internen Register sind farbig hinterlegt.

Es fällt auf, dass es Register gibt, die ein Schreibsteuersignal erhalten und Register, die keinen Steuereingang haben. So erhält das PC-Register das Signal *PCWrite* und das Instruction-Register das Signal *IRWrite*. Die Register MBR, X und Y haben dagegen kein Schreibsteuersignal. Das liegt daran, dass MBR, X und Y grundsätzlich bei jedem Taktsignal einen neuen Wert erhalten und den alten Wert an die Ausgänge legen – ganz ähnlich wie es der in Abbildung 6.4 gezeigte Data-Flipflop tut. Die Register PC und IR dagegen müssen ihre Werte für mehrere Taktzyklen halten; es wird nur dann ein neuer Wert geschrieben, wenn die Schreibsteuersignale gesetzt sind.

Ähnlich wie in der Darstellung des Eintakt-Datenpfads haben wir auch hier auf explizite Darstellung aller Verbindungen zwischen zentraler Steuereinheit und den Steuereingängen aller Multiplexer und Register verzichtet.

Aufgabe 7.16
Alle Ausgänge der in Abbildung 7.8 dargestellten zentralen Steuereinheit sind mit allen entsprechend markierten Steuereingängen verbunden – mit einer Ausnahme: der Steuerausgang *PCWrite* ist nicht *direkt* mit dem *PCWrite*-Eingang des Befehlszählers verbunden. Erklären Sie, was fehlt und erweitern Sie die in Abbildung 7.8 gezeigte Darstellung um eine explizite Verbindung zwischen Programmzähler und zentraler Steuereinheit.

Aufgabe 7.17
Vervollständigen Sie die folgende Tabelle:

Signal	Wert	Wirkungsweise
ALUOp	00	Die ALU führt eine Addition aus
	01	...
	10	...
SrcY	00	...
	01	...
	10	...
	11	...
SrcX	0	...
	1	...
PCSource	0	...
	1	...

Aufgabe 7.18
Erweitern Sie den in Abbildung 7.8 gezeigten Datenpfad so, dass zusätzlich ein unbedingter Sprung mit dem Befehl

$$j \quad offset_{26}$$

ausgeführt werden kann (j steht einfach für „jump"). Die Konstante $offset_{26}$ ist eine 26-Bit Konstante, die die absolute Sprungzieladresse angibt. Der Befehlscode hat hier die folgende Struktur:

31 : 26	25 : 0
2	$offset_{26}$

7.2.3 Die Mehrtakt-Implementierung in Aktion

Wir müssen nun festlegen, wie die Ausführung der einzelnen Befehle in verschiedene Taktzyklen zerlegt wird. Es gibt zwei Aspekte die man dabei besonders beachten muss:

- Die Menge an „Arbeit" sollte für jeden Taktzyklus in etwa gleich gehalten werden, einfach um zu vermeiden, dass es in manchen Taktzyklen zu einem „Leerlauf" kommt.

- Jeder Schritt sollte maximal eine ALU-Operation *oder* einen Registerzugriff umfassen; diese Randbedingung ergibt sich schon aus dem Entwurf des in den Abbildungen 7.7 und 7.8 dargestellten Datenpfads.

Wir untergliedern die Ausführung eines Befehls in fünf (mögliche) Schritte:

1. Den Befehlsholschritt.
2. Den Befehlsentschlüsselungs- und Registerholschritt.
3. Die Berechnung der Speicheradresse bzw. die Sprungausführung.
4. Speicherzugriffsschritt bzw. Ausführung arithmetisch logischer Befehle.
5. Speicherleseschritt.

Die Ausführung eines RISC-Befehls benötigt zwischen 3 und 5 der oben aufgeführten Schritte.

Aufgabe 7.19
Vergleichen Sie die sehr allgemein gehaltene Darstellung eines Befehlszyklus aus Abbildung 5.4 mit der in diesem Abschnitt verwendeten Unterteilung einer Befehlsausführung.

(a) Welche Schritte fehlen? Warum?

(b) Welche Schritte kommen hier hinzu?

1. Befehlsholschritt

Der Befehl wird aus dem Speicher geladen und die Adresse des folgenden Befehls berechnet. In VHDL-Notation

```
IR <= Hauptspeicher(PC);
PC <= PC +4;
```

Wie im letzten Abschnitt beschrieben stellt der VHDL-Operator <= eine nebenläufige Zuweisung dar, d. h. die Ausdrücke `Hauptspeicher(PC)` und `PC+4` werden nebenläufig ausgewertet. Diese Nebenläufigkeit entspricht genau der Datenpfadimplementierung aus Abbildung 7.8: die beiden Ausdrücke werden in zwei verschiedenen voneinander unabhängigen Datenpfaden nebenläufig ausgewertet: Für die Auswertung des Ausdrucks `Hauptspeicher(PC)` wird der Inhalt des PC-Registers über den Multiplexer an die Adressleitung des Hauptspeichers angelegt; gleichzeitig wird der Inhalt des PC-Registers an den X-Eingang der ALU angelegt und der mit 4 addierte Wert über den PCSource-Multiplexer wieder ins PC-Register zurückgeführt.

Aufgabe 7.20
Geben Sie an, wie die Steuersignale in Abbildung 7.8 gezeigten Mehrtakt-Implementierung gesetzt sein müssen, um einen Befehlsholschritt auszuführen.

2. Befehlsentschlüsselungs- und Registerholschritt

Die eigentliche Befehlsentschlüsselung nimmt nur wenige Komponenten des Prozessor in Anspruch, nämlich lediglich die Steuereinheit. Diese erzeugt, abhängig vom Opcode, die passenden Steuersignale. Um auch in diesem Taktschritt keine Komponenten unnötig brach liegen zu lassen, wird versucht neben der Entschlüsselung schon für spätere Schritt vorzuarbeiten. Problematisch mag erscheinen, dass der Prozessor weder im ersten Taktschritt, noch in diesem Taktschritt den eigentlichen Befehl „kennt". Man kann folglich nur Aktionen ausführen, die sich auf alle Befehle anwenden lassen oder die zumindest für andere Befehle nicht „problematisch" sind. Es ist beispielsweise unproblematisch, die in den beiden angegebenen Befehlscodefeldern *rs* und *rt* (siehe Abschnitt 7.1.6) angegebenen Register zu lesen – auch wenn dies evtl. nicht erforderlich ist. Gleichzeitig berechnet der Prozessor schon jetzt die Sprungzieladresse. Auch dies ist unproblematisch: Falls der Befehl kein Sprungbefehl sein sollte, kann der Wert später einfach ignoriert werden.

In VHDL-Syntax lassen sich die Aktionen dieses Schrittes folgendermaßen beschreiben:

```
X <= Registersatz(IR(25 DOWNTO 21));
Y <= Registersatz(IR(20 DOWNTO 16));
```

```
ALUOut <= PC +(vorzeichen-erw(IR(15 DOWNTO 0)) lsl 2);
```

Aufgrund der Semantik des Signalzuweisungsoperators <= erfolgen die drei Signalzuweisungen
nebenläufig. Dem Signal (das in diesem Falle auf einem Register entspricht) X werden die Bits 25
bis 21 des Instruktionsregisters IR (in VHDL modelliert als ein Array mit 32-Bit-Einträgen) zugewiesen, dem Signal Y werden die Bits 20 bis 16 des Instruktionsregisters zugewiesen und den
Signal bzw. Register ALUOut wird die Summe aus dem Wert des Programmzählers PC und vorzeichenerweiterten, um zwei Stellen nach links geschobenen im Instruktionsregister enthaltenen
Offsetkonstanten zugewiesen.

Der VHDL-Operator lsl n (= „logical shift left") schiebt alle Einträge eines Bit-Arrays um
n Positionen nach links wobei an den n „untersten" Positionen jeweils eine '0' eingefügt wird
und die obersten n Positionen einfach verschwinden.

Zurück zum Prozessorentwurf: Man sieht, dass es vorteilhaft ist, die Formate der Befehlscodes
möglichst regelmäßig zu entwerfen. Man kann nur deshalb diese „optimistischen" Aktionen so
früh im Befehlszyklus durchführen, weil in allen relevanten Befehlscodes die Informationen an
der gleichen Stelle sind.

Aufgabe 7.21
Geben Sie auch hier wieder an, wie die Steuersignale in Abbildung 7.8 gezeigten Mehrtakt-
Implementierung gesetzt sein müssen, um einen Befehlsentschlüsselungs- und Registerholschritt aus-
zuführen.

3. Die Berechnung der Speicheradresse bzw. die Sprungausführung

Das ist der ersten Schritt im Befehlszyklus, bei dem Datenpfadoperationen durch die Befehlsklasse bestimmt werden; entsprechend unterscheiden sich die Aktionen je nach Befehlsklasse:

Speicherzugriff:	`ALUOut <= X +vorzeichen-erw(IR(15 DOWNTO 0))`
Arithmetisch-Logischer Befehl:	`ALUOut <= X op Y`
Bedingter Sprung:	`PC <= ALUOut WHEN X=Y ELSE UNAFFECTED;`

Der VHDL-Ausdruck UNAFFECTED gibt an, dass die linke Seite, also das Signal PC, unbeeinflusst
bleibt, falls die Bedingung X=Y nicht zutrifft.

Aufgabe 7.22
Geben Sie auch hier wieder an, wie die Steuersignale in Abbildung 7.8 gezeigten Mehrtakt-
Implementierung gesetzt sein müssen, um einen Befehlsentschlüsselungs- und Registerholschritt aus-
zuführen.

Aufgabe 7.23
Geben Sie den VHDL-Code für den in Aufgabe 7.18 beschriebenen j-Befehl an.

4. Speicherzugriffsschritt bzw. Ausführung arithmetisch logischer Befehle

Auch in dieser Phase gibt es mehrere Alternativen, welche Datenpfade relevant sind, je nach dem
welcher konkrete Befehl gerade ausgeführt werden soll. Es gibt auch hier mehrere Möglichkeiten für die auszuführenden Aktionen, je nach der Befehlsklasse. Handelt es sich um einen lw-

oder sw-Befehl, so befindet sich im Register ALUOut die im letzten Schritt berechnete effektive Adresse. Bei dem Ladebefehl der Form lw r1 ⟨*offset*⟩(r2), wird ein Datenwort aus dem Speicher empfangen und in das MBR (Memory Buffer Register) geschrieben; in VHDL-Notation:

```
MBR <= Hauptspeicher(ALUOut);
```

Handelt es sich dagegen um einen Speicherbefehl der Form sw r1,⟨*offset*⟩(r2), dann wird der in Y zwischengespeicherte Registerwert in den Hauptspeicher geschrieben, also:

```
Hauptspeicher(ALUOut) <= Y;
```

Falls es sich um einen arithmetisch-logischen Befehl handelt (also einen Befehl wie beispielsweise add r1,r2,r3), dann wurde bereits im letzten Taktschritt das Ergebnis X+Y in das Register ALUOut geschrieben und dort gespeichert. Der Inhalt von ALUOut muss also nur noch in das Zielregister gespeichert werden:

```
Registersatz(IR(15 DOWNTO 11)) <= ALUOut;
```

Aufgabe 7.24
Geben Sie auch hier wieder an, wie die Steuersignale in Abbildung 7.8 gezeigten Mehrtakt-Implementierung gesetzt sein müssen, um einen Befehlsentschlüsselungs- und Registerholschritt auszuführen.

5. Speicherleseschritt

Während dieses Schritts werden lw-Befehle abgeschlossen: Der Wert des Memory Buffer Register (aus dem Wert der im letzten Taktzyklus ausgelesenen Hauptspeicherzelle) wird in das Zielregister geschrieben; also:

```
Registersatz(IR(20:16)) <= MBR;
```

7.3 RISC-Architektur vs. CISC-Architektur

RISC-Prozessoren streben die Ausführung eines Maschinenbefehls innerhalb *eines* Taktzyklus an. Die Befehle eines CISC-Prozessor benötigen architekturbedingt in der Regel mehrere Taktzyklen zur Ausführung. Das liegt daran, dass ein Maschinenbefehl eines CISC-Prozessors nicht direkt in Hardware umgesetzt wird, sondern einen Umweg über einen *Mikro-Interpreter* (oft schreibt man statt „Mikro" einfach kurz μ, also μInterpreter) geht, der einen Maschinenbefehl in eine Reihe von μBefehlen aufdröselt. Die Ausführung eines Maschinenbefehls entspricht also einem μUnterprogrammaufruf und die Befehlsdekodierung eines CISC-Rechner entspricht der Erzeugung einer μProgrammstartadresse. Fassen wir zusammen: Ein CISC-Rechner enthält folgende zusätzliche Komponenten:

- Mikro-Programmspeicher (μCS – micro control store)
- Mikro-Programmzähler (μPC – micro program counter)
- Mikro-Befehlsregister (μIR – micro instruction register).

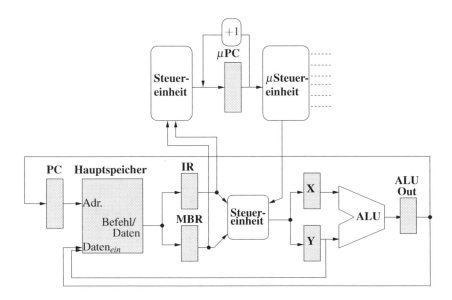

Abbildung 7.9: Abstrakte Darstellung des Aufbaus eines CISC-Rechners.

Abbildung 7.9 zeigt eine abstrakte Darstellung des Aufbaus eines CISC-Rechners. Man sieht, dass die zentrale Steuereinheit μProgrammstartadressen generiert. Die eigentlich Steuerung des Prozessors übernimmt die μSteuerung. In CISC-Rechnern ist die zentrale Steuereinheit, die auch als μInterpreter bezeichnet wird, oft nicht in Hardware sondern in Software implementiert. Entsprechend einfach ist es, den Befehlssatz eines solchen CISC-Rechners zu erweitern; man muss einfach die zentrale Steuerung erweitern, damit der neue Maschinenbefehl erkannt wird und dem μProgrammspeicher ein neues μProgramm hinzufügen, das den neuen Maschinenbefehl implementiert.

Die allerersten Computer waren RISC-Rechner. Sie bestanden aus komplexen digitalen Schaltungen – kaum zu verstehen, noch schwieriger zu bauen und noch dazu unzuverlässig. Im Jahre 1951 kam Maurice Wilkes, ein Forscher an der Universität Cambridge, auf die Idee, Computern eine abstraktere Ebene hinzuzufügen, um die Hardware zu vereinfachen. Computer sollten einen eingebauten, nicht austauschbaren Interpreter enthalten, um die Programme auf unterster Maschinenebene interpretativ auszuführen. So konnte man mit weniger elektronischen Schaltungen auskommen, denn der Prozessor musste eigentlich nur noch Mikro-Programme ausführen, die einen viel eingeschränkteren Befehlssatz haben. Damals gingen der daraus resultierende einfachere Prozessoraufbau mit einer wesentlich größeren Leistungsfähigkeit einher.

Die modernsten und leistungsfähigsten heutigen Prozessoren sind RISC-Prozessoren. Etwa 40 Jahre nach der Erfindung der Mikro-Programmierung durch Maurice Wilkes, wurde das CISC-Konzept langsam überflüssig. Dafür gibt es zwei Gründe:

1. Früher war es eher als heute notwendig, zeitkritische Programme – oder besonders zeitkritische Teile von Programmen – in Assembler zu programmieren. Je leistungsfähiger die Prozessoren wurden, desto mehr verlor die direkte Programmierung in Assembler an Be-

deutung und desto mehr Code wurde durch Compiler erzeugt. Untersuchungen ergaben, dass Compiler aber weit weniger als menschliche Programmierer die ganze Bandbreite eines Maschinenbefehlssatzes ausschöpften. Über 80% des erzeugten Codes verwendete nur 20% der Befehle. Manche Befehle der komplexen CISC-Befehlssätze wurden sogar überhaupt nicht benutzt. Die eigentlichen Vorteile von CISC – mächtige Befehle nämlich, die viele Einzeloperationen abarbeiten können – wurden von Compilern praktisch nicht genutzt.

2. Es wurde immer einfacher, komplexe Hardware zu bauen und in Massen zu produzieren. Das machte die zusätzliche Interpreterschicht, die CISC-Rechnern besonders auszeichnet, überflüssig. Prozessoren, deren Maschinenbefehle direkt in Hardware implementiert sind und zu deren Ausführung kein Umweg über den μInterpreter gegangen werden muss, sind viel leistungsfähiger.

Aus diesem Grund werden heutzutage die meisten Prozessoren als RISC-Prozessoren entworfen. Schon Anfang der 90er Jahre bauten die meisten Hersteller nur noch RISC-Prozessoren; selbst die Intel-Prozessoren – ursprünglich reine CISC-Prozessoren – haben seit dem Pentium III einen RISC-Kern.

7.4 Befehlssatzarchitekturen

7.4.1 Was ist eine Befehlssatzarchitektur?

Eine *Befehlssatzarchitektur* (in der englischsprachigen Literatur auch als *Instruction Set Archite-cure* oder kurz als *ISA* bezeichnet) beschreibt die (abstrakte) Schnittstelle zwischen der Hardware und der untersten Softwareschicht eines Computers, die für den Maschinenprogrammierer relevant ist. Die Befehlssatzarchitektur umfasst alle Informationen, meist gegeben durch eine (mehr oder weniger) formale Spezifikation, um ordnungsgemäß ablaufende Maschinenprogramme zu erstellen. Die Beschreibung der Befehlssatzarchitektur muss also mehr sein als eine bloße Beschreibung der Einzelbefehle ihres Befehlssatzes. Sie umfasst unter anderem die Beschreibung der ...

- ... binären Codierung der einzelnen Maschinenbefehle.

- ... Verhaltensweise der CPU während bestimmter Betriebszustände.

- ... Verhaltensweise der CPU bei einer Interrupt-Anforderung.

- ... Startadresse der Befehlsverarbeitung.

- ... Initialisierung der Register nach einem Reset.

Ein Mikroprozessor *ist* keine Befehlssatzarchitektur, sondern ein Prozessor *implementiert* eine bestimmte Befehlssatzarchitektur – dann nämlich, wenn er die korrekte Ausführung der gemäß der Befehlssatzarchitektur beschriebenen Maschinenbefehle unterstützt.

Eine Befehlssatzarchitektur ist eine formale Definition, die von der konkreten Hardware abstrahiert. Die Implementierung wird nicht vorgeschrieben; eine Befehlssatzarchitektur muss auch nicht zwangsweise in Hardware implementiert werden. Sie kann ebenso durch Software als eine so genannte *virtuelle Maschine* realisiert werden. Man spricht dann auch von einer *Emulation*. Der in Anhang B beschrieben Easy68K ist ein solcher Emulator für die Motorola-68K-Architektur. Durch einen Emulator lässt sich Software für eine Befehlssatzarchitektur ausführen und testen, bevor überhaupt entsprechende CPUs gebaut werden. Große Teile der IA-64-Unterstützung für den Betriebssystemkern Linux wurden programmiert, bevor die erste IA-64-Hardwareimplementierung – der Itanium – gebaut wurde. Linux war deshalb kurz nach Verfügbarkeit der ersten Testmuster auf der Itanium-CPU lauffähig.

Optimalerweise sollte eine Befehlssatzarchitektur eine möglichst formale und vollständige Beschreibung darstellen, die keine Zweifel darüber offen lässt, wie Maschinenbefehle strukturiert sind und was die Ausführung der einzelnen Maschinenbefehle genau bewirkt. Jedoch sind viele aktuell existierende Befehlssatzarchitekturen eher historisch gewachsen als sauber formal spezifiziert. Außerdem liegt es meist im Interesse eine Prozessor-Herstellers nur so viele Details wie unbedingt notwendig offen zu legen insbesondere dann wenn daraus auf den tatsächlichen Entwurf des Prozessors geschlossen werden könnte. Die Geschichte von Intels x86-Prozessoren ist hierfür ein gutes Beispiel: Intel möchte natürlich direkten Konkurrenten, wie AMD, deren Prozessoren dieselbe Befehlssatzarchitektur implementieren, möglichst wenig Unterstützung für einen optimalen Entwurf ihrer Prozessoren geben; dies resultiert direkt in einer sehr restriktiv gehaltenen Beschreibung der IA-32, Intels Befehlssatzarchitektur der modernen x86-kompatiblen Prozessoren.

7.4.2 Welche Befehlssatzarchitekturen gibt es?

Die wahrscheinlich gängigsten Befehlssatzarchitekturen sind momentan die ARM-Befehlssatzarchitekur, die Intel Befehlssatzarchitektur (IA-32 bzw. IA-64), die MIPS-Architektur, die PowerPC-Architekturen und die Motorola-68000-Architektur. Wir geben im Folgenden kurze Beschreibungen dieser Befehlssatzarchitekturen, mit Ausnahme der Motorola-68000-Architektur, die ja schon sehr ausführlich in Teil 1 besprochen wurde.

ARM

Die ARM-Architektur ist – geht man nach der Anzahl verkaufter Prozessoren – die seit etwa 10 Jahren mit Abstand am häufigsten anzutreffende Befehlssatzarchitektur. Der Grund ist der Boom am Mobilfunk-Markt: Etwa 80% der ARM-Prozessoren sind in Mobiltelefonen verbaut.

ARM ist eine 32-Bit-Architektur, die dem RISC-Entwurf folgt. Der ursprüngliche Entwurf stammt aus dem Jahr 1983 und wurde vom englischen Computer-Hersteller Acorn Computers entwickelt – das Kürzel ARM stand damals für *Acorn Risc Machine*. Die Architektur erwies sich als sehr effizient. Mit ARM ausgestattete Rechner waren, bei gleicher Taktfrequenz, etwa achtmal schneller als die Konkurrenten.

Aufgabe 7.25
Erklären Sie, wie es möglich ist, dass ARM-Rechner bei gleicher Taktfrequenz 8 mal schneller sein können als andere Rechner.

Die ARM-Architektur hat einen effizienten Befehlssatz und ist gut geeignet für Optimierungen am Stromverbrauch. Das Anwendungsgebiet von ARM-Prozessoren sind eingebettete Systeme, wie Mobiltelefone, PDAs und Router. So sind beispielsweise Apples iPods und das iPhone mit ARM-Prozessoren ausgestattet. Eine der bekanntesten ARM-Implementierungen ist der *StrongARM*-Prozessor von DEC. Intel hat später zwar große Teile von DEC aufgekauft und den StrongARM für sich lizenziert, inzwischen hat Intel aber einen eigenen ARM-Prozessorkern, den *XScale* (denn leider hatten vielen Entwickler des StrongARM die Firma Intel verlassen).

ARM-Prozessoren verfügen wie der im letzten Abschnitt entworfene Prozessor über einen Drei-Register-Befehlssatz, ganz ähnlich dem in Kapitel 7.1 vorgestellten einfachen RISC-Prozessor. Ein typischer Drei-Register-Befehl ist etwa der Befehl

```
add     r0,r1,r2
```

bei dem die beiden Operanden r1 und r2 addiert und im Register r0 gespeichert werden.

Die ARM-Architektur ist für ein effizientes Pipelining (siehe Abschnitt 8) optimiert:

- Alle ARM-Befehle haben eine Länge von 4 Byte. So kann jede Instruktion mit nur einem Speicherzugriff geladen werden. Als Folge davon vereinfacht sich der Entwurf der Instruction Fetch Unit und das Pipelining wird stark vereinfacht.

- Eine Besonderheit des ARM-Befehlssatzes ist die Möglichkeit, sämtliche Befehle bedingt auszuführen. So kann man in vielen Standardsituationen bedingte Programmsprünge vermeiden. Man möchte Programmsprünge vermeiden, weil sie die Befehlspipeline des Prozessors leeren und dadurch Wartezyklen entstehen. Folgendes ARM-Code-Fragment implementiert beispielsweise eine if-then-else-Anweisung ohne bedingte Sprungbefehle zu verwenden:

```
1   SUBS   r0, r0, r1     ;  r_0 := r_0 - r_1 (setzt Bedingungsbits)
2   ADDGE  r2, r2, r3     ;  if (r_0 >= r_1) then r_2 := r_2 + r_3
3   ADDLT  r2, r2, r4     ;              else r_2 := r_2 + r_4
```

Aufgabe 7.26
Geben Sie ein ARM-Programm an, das die folgende if-then-else-Anweisung implementiert:
```
if (r0 = r1) then r2 := r2 + r3
    elseif (r0 < r1) r2 := r2 - r3
        else r2 := r2 + r4
```

Aufgabe 7.27
Es gibt, trotz einer festen Befehlslänge von 4 Byte, Maschinenbefehle in der ARM-Architektur, die einen absoluten Sprung an eine beliebige aus 2^{32} Speicherzellen erlauben. Überlegen Sie sich, wie ein solcher Sprungbefehl aussehen kann (bzw. wie er nicht aussehen kann).

IA-32 und IA-64

Die IA-32 (wobei das Akronym „IA" für Intel Architecture steht) ist die Bezeichnung der 32-Bit Befehlssatzarchitektur nach der Intel-Desktop Prozessoren seit dem 80386 arbeiten. Sie ist heute die am weitesten verbreitete ISA für Desktop-Prozessoren. Die IA-32 ist ein typischer Fall einer historisch gewachsenen Befehlssatzarchitektur. Die wichtigsten Stationen der Entwicklung

Befehl	Funktionalität
JE ⟨offset⟩	if gleich(Bedingungscode) then EIP=⟨offset⟩
JMP ⟨offset⟩	EIP = ⟨offset⟩
CALL ⟨offset⟩	SP=SP-4; M[SP] = EIP+5; EIP=⟨offset⟩
MOVX EBX, [EDI+45]	EBX=M[EDI+45]
PUSH ESI	SP=SP-4; M[SP]=ESI
POP EDI	EDI=M[SP]; SP=SP+4;
ADD EAX,#6453	EAX=EAX+6453
TEST EDX,#42	Setzt Conditions-Code Flags mit EDX und 42.
MOVESL	M[EDI]=M[ESI]; EDI=EDI+4; ESI=ESI+4;

Tabelle 7.1: Einige typische IA-32 Befehle und deren Funktionalität.

dieser IA haben wir bereits in Abschnitt 1.4 präsentiert. Diese bewegte Geschichte hat eine Befehlssatzarchitektur und Prozessorarchitekturen hervorgebracht, die schwer zu verstehen, schwer zu erklären und, zumindest für „Anfänger", schwer zu mögen sind.

Der IA-Befehlssatz erlaubt ganz ähnliche Adressierungsarten, wie wir sie schon vom Motorola-68000 kennen. Allerdings ist der Befehlssatz wenig orthogonal: Es gibt Einschränkungen hinsichtlich der Verwendbarkeit der Register mit einer Adressierungsart. Der IA-Befehlssatz unterstützt 8-Bit, 16-Bit und 32-Bit-Operationen, die teilweise lediglich aus geschichtlicher Perspektive Sinn machen. Bei der Bestimmung der Operandengröße wird aber in der IA ein anderer Weg gegangen, als beim Motorola-68000: Man geht davon aus, dass in den meisten Programmen entweder die Verwendung von 16-Bit breiten oder 32-Bit breiten Operanden vorherrschen. Durch Setzen (oder Nichtsetzen) eines Bits im sog. *Codesegmentregister*, einem der vielen Register im Programmiermodell des IA-32, kann man ein Datenformat als Default wählen. Um diese Voreinstellung für einen Befehl aufzuheben, wird der jeweilige Befehl mit einem 8-Bit *Präfix* ergänzt, der das Datenformat festlegt.

Tabelle 7.1 listet einige typische IA-32 Befehle auf, und geht kurz auf deren Funktionalität ein. Das Register EIP ist der Befehlszähler und EDX, EDI, usw. sind Operandenregister; die eigenartigen Namen lassen schon vermuten, dass diese Register ursprünglich *special purpose*-Register waren.

Die Länge der IA-32 Befehle kann stark variieren und liegt zwischen einem Byte, wenn es keine Operanden gibt, und 17 Byte.

Warum ist die IA-32 trotz ihrer Komplexität so effizient? Der Grund liegt darin, dass die relativ wenigen von Compilern häufig verwendeten Befehle sehr effizient in Hardware implementiert sind. Die Compilerbauer müssen nur darauf achten, keine der sehr schwerfälligen „alten" Befehle (wie beispielsweise die 8086er String-Operationen, die aus Kompatibilitätsgründen mitgeschleift wurden) zu verwenden.

MIPS

Das Akronym „MIPS" steht für „microprocessor without interlocked pipeline stages" (also: ein Mikroprozessor ohne Pipeline-Sperren). Die MIPS-Architektur wurde von John Hennessy an der Stanford-University seit 1981 entwickelt. MIPS war ursprünglich eine 32-Bit Architektur, die 1991 auf 64-Bit erweitert wurde.

MIPS-Prozessoren wurden früher in einigen UNIX-Workstations eingesetzt. Heute werden sie hauptsächlich in eingebetteten Systemen verbaut. Dazu zählen beispielsweise Cisco-Router, BMW-Navigationssysteme, die Fritz!Box, Satellitenreceiver, Dreambox, Konica Minolta DSLRs und Sony- und Nintendo-Spielkonsolen.

John Hennessy, der zusammen mit seinem Team an der Stanford-Universität 1981 die MIPS-Architektur entwickelte.

PowerPC

Der Name PowerPC ist ein Akronym: „Power" steht für „Performance optimization with enhanced RISC" (Leistungsoptimierung durch erweitertes RISC) und PC für Performance Chip (Hochleistungs-Chip) steht. PowerPC ist heute eine 64-Bit-Prozessorarchitektur auf RISC-Basis

PowerPC-Prozessoren sind u. a. im Einsatz in Apple-Macintosh-Rechnern (zumindest noch bis 2006), in der IBM-pSeries (RS/6000) und IBM Blade JS20, in den Motorola PowerStack-Rechnern, im Nintendo GameCube und Wii, in Form des Cell in der Playstation von Sony sowie in der Xbox 360 S, die einen Drei-Kern-PowerPC-Prozessor enthält mit auf demselben Die integrierten Graphikchip enthält (übrigens der erste kommerziell lieferbare Chip, der CPU und GPU auf demselben Die integriert hat).

7.5 Rechenleistung von Prozessoren

7.5.1 Erhöhung der Rechenleistung

Wodurch wurde in der Geschichte der Rechnertechnik immer wieder eine Erhöhung der Rechenleistung erreicht? Es gibt im wesentlichen Sichten auf diese Frage. Beginnen wir mit der Beantwortung der Frage mit der *technischen* Sicht. Die Erhöhung der Rechenleistung ist eine Folge der Erhöhung der Integrationsdichte. Je mehr Transistoren auf einen Chip passten und je dichter diese Transistoren aufeinander lagen, desto niedriger wurden die Signallaufzeiten und desto höher konnten die Prozessoren getaktet werden. Betrachten wir die Frage von einem eher technologischen Standpunkt aus, so erhalten wir etwas detailliertere Antworten. Die Rechenleistung kann unter Anderem durch folgende Techniken – deren Voraussetzung aber immer eine weitere Erhöhung der Integrationsdichte war – erreicht werden:

- Erhöhung der Wortbreite und der Breite der Datenbusse; damit können mehr Daten pro Zyklus transportiert werden.

- Erweiterung des Befehlssatzes und der Adressierungsarten; damit können bestimmte Operationen mit weniger Befehlen durchgeführt werden und der Datenzugriff wird schneller.

- Erhöhung der Taktfrequenz; damit erniedrigt sich die Zykluszeit. Allerdings steigen dadurch u. U. die Ansprüche an eine niedrige Zugriffszeit von RAM und ROM.

- Prefetch-Technik und Pipelining-Technik (siehe Kapitel 8); während der Abarbeitung eines Befehls wird schon der nächste Befehl geholt.

- Cache Speicher (siehe Kapitel 9.4); in einem kleinen, sehr schnellen Speicher werden die zuletzt gebrauchten Befehle und Daten gespeichert.

- Mathematischer Coprozessor; ein separater oder ein im Prozessor integrierter Coprozessor übernimmt die Durchführung arithmetische Operationen.

Aufgabe 7.28
Der zweite Punkt in obiger Aufzählung ist durchaus streitbar. Argumentieren Sie gegen die Behauptung, dass die Erweiterung des Befehlssatzes zu einer Erhöhung der Leistungsfähigkeit von Prozessoren führt.

Obige Aufzählung zeigt schon eine Schwäche der Performance-Messung, falls die Rechenleistung in MIPS (Million Instructions per Second) gemessen wird: Ein 32-Bit Prozessor ist leistungsfähiger als ein 8-Bit Prozessor, weil er in einem Befehl einen 32-Bit Operanden verarbeiten kann, wozu ein 8-Bit Prozessor mehrere Befehle braucht. Bei der Angabe der Rechenleistung in MIPS wird dies nicht berücksichtigt.

7.5.2 Trade-Offs der Erhöhung der Rechenleistung

Der englische Begriff *Trade-Off* stammt eigentlich aus der Volkswirtschaftslehre, wird aber in der Informatik recht häufig verwendet; man könnte ihn vielleicht mit Zielkonflikt oder Kosten-Nutzen-Abwägung beschreiben. Ein Trade-Off liegt dann vor, wenn man eine Verbesserung eines Aspektes nur unter Inkaufnahme der Verschlechterung eines anderen Aspektes erreichen kann. Ein einfaches Beispiel: Es besteht meist ein Trade-Off zwischen Kosten und Qualität. Wenn ein Unternehmen die Herstellungskosten senken möchte, leidet meistens auch die Qualität.

Was sind also die Trade-Offs der Erhöhung der Rechenleistung?

- *Energie*: Je höher die Dichte der logischen Gatter und je höher die Taktzahl, desto höher wird auch die Dichte der Energie auf einem Chip (Watt/cm^2) – die Wärmeabführung auf diesen Chips wird entsprechend immer schwieriger.

- *Leitfähigkeit*: Die Geschwindigkeit mit der Elektronen auf einem Chip (zwischen Transistoren) fließen können wird beschränkt durch die Leitfähigkeit und Kapazität der Drahtverbindungen. Je kleiner die Komponenten auf einem Chip werden, desto dünner werden die Verbindungen. Das wiederum erhöht deren Widerstand, macht sie also langsamer.

- *Speicher-Latenz*: Die Geschwindigkeit des Speichers fällt immer weiter hinter die Geschwindigkeit der Prozessoren zurück.

7.5.3 Ausbalancierung der Performance

Laut Mooreschem Gesetz verdoppelt sich die Integrationsdichte etwa alle 2-3 Jahre. Gleichzeitig verfünffacht sich die Prozessorgeschwindigkeit alle 3 Jahre – zumindest seit Intel die x86-Familie im Jahre 1978 zu produzieren begann.

Diese enorme Leistung kann ihr Potential aber nur entfalten, wenn der Prozessor einen konstant schnellen Strom von abzuarbeitenden Aufgaben erhält (in Form von Maschinenbefehlen). Alles, was diesen Strom unterbricht, wird die hohe Leistung des Prozessors unterminieren.

Während Chip-Designer immer „dichtere" Chips bauen, entwickeln Prozessor-Designer Techniken, um sicherzustellen, dass die sehr schnell getakteten Prozessoren einen angemessen schnellen Aufgabenstrom erhalten. Die wichtigsten dieser Techniken zur Bereitstellung eines schnellen Befehlsstroms sind:

- *Sprungvorhersage*, im englischen *Branch prediction* genannt: Der Prozessor versucht im Maschinencode vorauszuschauen, welche Programmzweige oder Befehlsgruppen wahrscheinlich ausgeführt werden. Rät der Prozessor in den meisten Fällen richtig, können die passenden Instruktionen vor der Beendigung des letzten Befehls aus dem Speicher geholt (prefech) und zwischengespeichert werden. Branch-Prediction ist in der Lage im Durchschnitt den Durchsatz des für den Prozessor notwendigen Aufgabenstroms zu erhöhen.

- *Datenflussanalyse*, im englischen *Data flow analysis* genannt: Der Prozessor analysiert, welche Instruktionen abhängig vom Resultat anderer Instruktionen sind. Er erzeugt einen optimierten „Schedule" (d. h. eine Reihenfolge) von Instruktionen. Die Datenflussanalyse berechnet also eine für die prozessorinterne Abarbeitung optimierte Instruktionsreihenfolge, die teilweise unabhängig von der ursprünglichen Anordnung im Maschinenprogramm ist.

- *Speculative Execution*: Unter Verwendung von Branch Prediction und Data Flow Analysis führt der Prozessor Instruktionen vor ihrem eigentlichen Auftreten im Programm aus. Die Ergebnisse werden temporär gespeichert und bei Bedarf abgegriffen.

Aufgabe 7.29
Überlegen Sie sich eine konkrete Situation (d. h. eine konkrete Anordnung von Maschinenbefehlen einer ISA ihrer Wahl), in der eine Datenflussanalyse eine optimierte Reihenfolge erstellen könnte.

Während die Prozessorgeschwindigkeit stark ansteigt, halten andere Rechner-Komponenten nicht mit. Am kritischsten ist dieser Performance-Unterschied zwischen Hauptspeicher und Prozessor, was die Hauptspeichergeschwindigkeit zum Performance Flaschenhals eines typischen Rechners macht. Abbildung 7.10 zeigt den wachsenden Performance-Unterschied zwischen Prozessor und Hauptspeicher. Man kann folglich sagen, dass die Kommunikation zwischen Prozessor und Hauptspeicher kritisch für die Performance eines typischen Rechnersystems ist. Es ist zwar theoretisch möglich einen Hauptspeicher zu bauen, der ähnlich schnell ist wie ein Prozessor, aus technologischen Gründen könnte ein solcher Hauptspeicher aber nicht mehr so kompakt gebaut werden und hätte folglich auch weniger Kapazität. Eine viel bessere und bewährte Möglichkeit mit diesem „Performance Gap", wie man diese Situation in der englischsprachigen Literatur oft nennt, umzugehen ist die Verwendung eines langsamen Hauptspeichers mit viel

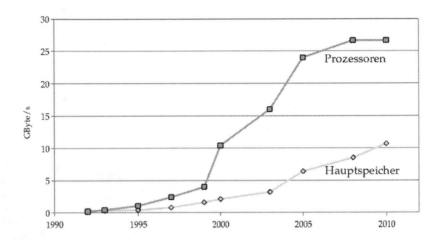

Abbildung 7.10: Zeitliche Entwicklung der Bandbreite von Desktop-Prozessoren und der Bandbreite von zugehörigen Hauptspeicherelementen, gemessen in GByte/s. Während aktuelle Desktop-Prozessoren eine Bandbreite von über 25 GByte/s haben (angenommen ein mit 3.3 GHz getakteter 64-Bit Datenbus) hinken auch die aktuellsten Speichermodule noch deutlich hinterher: selbst die schnellsten DDR3-RAM Module (etwa die in aktuellen high-end Rechnern eingesetzten DDR3-1333-Module) besitzen im günstigsten Fall lediglich eine Bandbreite von etwas über 10 GByte/s.

Kapazität und gleichzeitig die Einführung eines viel performanteren Cache-Speichers mit wenig Kapazität, der (optimalerweise) in vielen Fällen die vom Prozessor benötigten Daten enthält. Welche Techniken angewendet werden können, um die notwendigen Zugriffe auf den langsamen Hauptspeicher zu reduzieren, werden wir detailliert in Abschnitt 9.4 behandeln.

7.5.4 Messung der Rechenleistung

Die Arbeitsgeschwindigkeit eines Mikroprozessors kann in *MIPS* (= „Million Instructions Per Second") angegeben werden. Allerdings wird bei dieser Angabe meist der schnellste Maschinenbefehl herangezogen, so dass die tatsächlich nutzbare Rechenleistung weitaus geringer ist. Ein anderes Maß für die Rechenleistung ist *MFLOPS* (= „Million Floatingpoint Operations Per Second").

Man kann sich aber die Frage, wie man die Leistung eines Rechners messen will, noch grundsätzlicher stellen. Ein einzelner Rechnerbenutzer ist am meisten an einer kurzen *Antwortzeit* (im englischen meist als *response time* bezeichnet) interessiert. Der Manager eines Rechenzentrums wird dagegen eher an einem hohen *Durchsatz* interessiert sein, d. h. an der Gesamtmenge der „Arbeit", die in einer bestimmten Zeit erledigt wird.

Aufgabe 7.30

Führen die beiden folgenden Änderungen an einem Rechnersystem zu einem höheren Durchsatz, zu einer geringeren Antwortzeit, oder zu beidem?

(a) Austausch des Prozessors in einem Rechner gegen einen schnelleren.

(b) Einbau weiterer Prozessoren in ein Rechnersystem, das für unterschiedliche Tasks (wie beispielsweise eine Suche im WWW) evtl. unterschiedliche Prozessoren verwendet.

Wir konzentrieren uns hier hauptsächlich auf die Ausführungszeit. Die Leistungsfähigkeit und die Ausführungszeit kann man ganz einfach folgendermaßen in Beziehung setzen:

$$Leistung_X = \frac{1}{Ausführungszeit_X}$$

Will man die Rechenleistung zweier Rechnersysteme miteinander vergleichen, so bedeutet der Ausdruck „X ist n-mal so schnell wie Y":

$$\frac{Leistung_X}{Leistung_Y} = n$$

Aufgabe 7.31

Wenn Rechner A ein Programm in 10 Sekunden ausführt und Rechner B für die Ausführung desselben Programms 15 Sekunden benötigt, wie viel mal schneller ist dann A im Vergleich zu B?

Mit der Maßzahl *CPI* (steht für „Clock cycles per instruction" oder „Taktzyklen pro Maschinenbefehl") bezeichnet man die Anzahl der Taktzyklen, die zum Ausführen eines Maschinenbefehls *durchschnittlich* benötigt werden. Mit dem CPI-Wert können beispielsweise zwei Implementierungen derselben Befehlssatzarchitektur gut miteinander verglichen werden.

Aufgabe 7.32

Wann ist Ihrer Meinung nach der CPI-Wert am größten, wann am kleinsten: Falls eine bestimmte Befehlssatzarchitektur implementiert wird durch ...

(a) ... einen CISC-Rechner

(b) ... einen RISC-Rechner

(c) ... eine virtuelle Maschine

Begründen Sie jeweils Ihre Antworten.

Die Ausführungszeit für eine bestimmte Aufgabe können wir jetzt durch folgende Gleichung ausdrücken:

$$Ausführungszeit = \frac{Befehlszahl \times CPI\text{-}Wert}{Taktfrequenz}$$

Die Leistungsmessung von Rechnersystemen ist eine schwierige Sache; *das* objektive Leistungsmaß gibt es nicht! Die *SPEC* (Standard Performance Evaluation Cooperative) hat sich auf diese komplexe Aufgabe spezialisiert. Sie ist eine Non-Profit-Organisation, die Benchmarks zur Leistungsbewertung von Hardware und Software entwickelt und durchführt.

8 Pipelining

Pipelining ist eine der effektivsten Techniken, die Performance einer Prozessorarchitektur zu steigern. In diesem Kapitel lernen Sie ...

- ... an einem einfachen Alltagsbeispiel (Wäschewaschen) was Pipelining ist (Abschnitt 8.1).

- ... wie Pipelining bei dem in Kapitel 7 konstruierten Prozessor funktioniert (Abschnitt 8.1).

- ... welche Probleme beim Pipelining (die sog. Pipeline-Hemmnisse) auftreten können (Abschnitt 8.3).

- ... wie ein Pipelining in den in Kapitel 7 konstruierten Prozessor implementiert werden kann.

8.1 Einführung

Das Waschen mehrerer Ladungen Wäsche ohne Pipelining funktioniert folgendermaßen:

1. Füllen der Waschmaschine.
2. Saubere aber nasse Wäsche in den Trockner.
3. Trockene Wäsche bügeln.
4. Mitbewohner räumt die Wäsche in den Schrank.

Erst nachdem die Wäsche im Schrank ist, füllt man die Waschmaschine mit der neuen Ladung. Abbildung 8.1 zeigt dies. Nehmen wir an, dass wir die folgenden vier „Ressourcen" zur Ver-

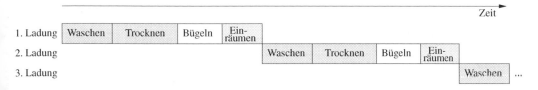

Abbildung 8.1: Das Waschen mehrere Wäscheladungen dauert ohne Pipelining verhältnismäßig lange.

fügung haben: eine Waschmaschine, einen Trockner, ein Bügelbrett mit Bügeleisen, und einen Mitbewohner, der die die Kleider in den Schrank räumt.

Das Waschen mehrerer Wäscheladungen geht viel schneller mit Fließbandverarbeitung, in der Technischen Informatik meist auch als „*Pipelining*" bezeichnet: Sobald man die erste Wäscheladung aus der Waschmaschine holt und sie in den Trockner steckt, kann schon die nächste Ladung in die Waschmaschine. So sind immer alle Ressourcen (also Waschmaschine, Trockner, Bügeleisen und Mitbewohner) genutzt. Zu jedem Zeitpunkt sind alle sogenannten *Pipeline-Stufen* aktiv. Abbildung 8.2 zeigt dies. Das Trocknen der Wäsche benötigt die meiste Zeit. Damit Pipelining

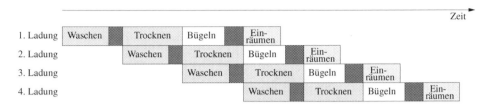

Abbildung 8.2: Wäschewaschen mit Pipelining geht schnell.

funktioniert, muss man nach den schnelleren Pipeline-Stufen eine (in Abbildung 8.2 in dunklem Grau gehalten) kurze Wartephase einbauen, um alle Pipeline-Stufen gleich lang zu machen und dadurch zu synchronisieren.

Das Waschen einer einzelnen Wäscheladung wird durch Pipelining zwar nicht beschleunigt, aber der *Durchsatz* steigt. In obigem Fall ungefähr um das vierfache. Allgemein gilt für die Erhöhung des Durchsatzes die folgende Formel:

$$Zeit\ zwischen\ Befehlen_{mit\ Pipelining} = \frac{Zeit\ zwischen\ Befehlen_{ohne\ Pipelining}}{Anzahl\ der\ Pipelinestufen}$$

8.2 Anpassungen des Mehrtakt-Entwurfs

Will man die Ausführung von Maschinenbefehlen durch den in Kapitel 7 vorgestellten Mehrtakt-Prozessor beschleunigen, so lohnt sich auch hier ein Pipelining einzuführen mit den folgenden fünf Pipeline-Stufen:

1. Holen des Befehls aus dem Speicher (FI)

2. Lesen der Register und Befehlsentschlüsselung (DI)

3. Ausführen der Operationen bzw. Berechnen der Sprungadresse (EX)

4. Zugreifen auf einen Operanden im Hauptspeicher (OP)

5. Schreiben des Ergebnisses in ein Register (WR)

Aufgabe 8.1

Wir betrachten für folgende Aufgabe nur die in der folgenden Tabelle aufgelisteten Werte. Die Tabelle zeigt (hypothetisch) die Laufzeit dieser Befehle aufgeschlüsselt nach den einzelnen Taktzyklen.

Befehlsklasse	1.FI	2.DI	3.EX	4.OP	5.WR	Gesamt
lw	200 ps	100 ps	200 ps	200 ps	100 ps	800 ps
sw	200 ps	100 ps	200 ps	200 ps		800 ps
add, sub, ...	200 ps	100 ps	200 ps		100 ps	600 ps
beq	200 ps	100 ps	200 ps			500 ps

Betrachten Sie folgende Befehlssequenz:

```
lw r1,100(r0)
lw r3,200(r2)
lw r5,300(r4)
```

  (a) Wie lange braucht die Ausführung dieser Befehlssequenz ohne Verwendung einer Pipeline?

  (b) Wie lange braucht die Ausführung dieser Befehlssequenz unter Verwendung einer 5-stufigen Pipeline?

  (c) Wie hoch ist also der Geschwindigkeitsgewinn?

  (d) Wie hoch wäre der Geschwindigkeitsgewinn, wenn die Befehlssequenz aus 100 lw-Befehlen bestehen würde.

8.3 Pipeline-Hemmnisse

Nicht immer funktioniert das Pipelining reibungslos; es gibt Fälle, in denen der nachfolgende Befehl nicht im nächsten Taktzyklus ausgeführt werden kann. Diese Hemmnisse lassen sich in drei Gruppen unterteilen.

8.3.1 Strukturkonflikte

Wenn die Rechner- oder Prozessorhardware die in einem Takt ausgeführte Befehlskombination nicht unterstützt, sprechen wir von einem *Strukturkonflikt*. Wir wollen einige Beispiele betrachten und gehen dafür zunächst vom Mehrtakt-Prozessor aus Abschnitt 7.2 aus.

Abbildung 8.4 zeigt Strukturkonflikte, die dadurch entstehen, dass ein in der FI-Phase befindlicher Befehl die ALU verwenden möchte (um den Programmzähler um 4 zu erhöhen, damit er im nächsten Taktschritt auf den nächsten zu holenden Befehl zeigt) und gleichzeitig ein in der DI-Phase befindlicher Befehl die ALU verwenden möchte (um eine jetzt schon mögliche Sprungzielberechnung durchzuführen). Dieser Strukturkonflikt lässt sich relativ einfach beheben, indem man entweder eine zweite ALU verbaut oder die Sprungzielberechnung auf einen späteren Takt verlegt. In Abschnitt 8.4, in dem die Implementierung des Pipelining vorgestellt wird, werden wir genau dies tun: Nämlich sowohl die Sprungzielberechnung auf einen spätere Phase (nämlich Phase 3) verlegen *und* mehrere ALUs verbauen.

Abbildung 8.5 zeigt einen weiteren Strukturkonflikt, der dadurch entsteht, dass sich ein in der FI-Phase befindlicher Befehl sich seinen Maschinencode aus dem Hauptspeicher laden möchte, während ein anderer sich zur selben Zeit in der OP-Phase befindlicher Befehl sich einen Operanden aus dem Hauptspeicher laden möchte. Zwei unterschiedliche Zugriffe auf den Hauptspeicher in eine einzigen Takt sind jedoch nicht möglich. Dieser Strukturkonflikt lässt sich nicht so einfach beheben, wie die in Abbildung 8.4 gezeigten Strukturkonflikte – man kann nicht einfach zwei Kopien des Hauptspeichers verbauen. Ein Lösung wäre eine Trennung des Hauptspeichers ist zwei unabhängig voneinander ansprechbare Ressourcen: einen Befehls- und einen Datenspeicher. Um die in Abschnitt 8.4 präsentierte Implementierung des Pipelining möglichst einfach zu halten, werden wir jedoch eine Umsetzung dieser Möglichkeit nicht umsetzen.

Aufgabe 8.2
Betrachten Sie die Befehlsfolge
```
lw r1,100(r0)
lw r1,200(r0)
lw r1,300(r0)
lw r1,400(r0)
lw r1,500(r0)
```
Wir gehen vom Mehrtakt-Entwurf auf Abschnitt 7.2 aus: Wie viele Strukturkonflikte gibt es? Zeigen Sie detailliert in einem Diagramm ähnlich dem in Abbildung 8.5 gezeigten, um welche Strukturkonflikte es sich handelt.

Aufgabe 8.3
Betrachten Sie die Befehlsfolge
```
lw r1,100(r0)
lw r1,200(r0)
lw r1,300(r0)
add r2,r3,r4
```
Wir gehen vom Mehrtakt-Entwurf auf Abschnitt 7.2 aus: Wie viele Strukturkonflikte gibt es hier?

8.3.2 Datenkonflikte

Es kann vorkommen, dass ein Befehl aufgrund von Datenabhängigkeiten auf den Abschluss eines vorhergehenden Befehls warten muss und aus diesem Grund auch die Pipeline angehalten werden muss. Zwischen folgenden beiden Befehlen besteht eine solche Datenabhängigkeit:

```
add r0,r1,r2
sub r4,r0,r1
```

Der zweite Befehl verwendet das Ergebnis des ersten Befehls. Lässt man den zweiten Befehl solange warten, bis das Ergebnis des ersten Befehls geschrieben wurde, dann würde das die Pipeline verzögern: der add-Befehl schreibt das Ergebnis erst in der vierten Stufe; daher müsste man zwei Leerlaufoperationen in die Pipeline einfügen. Abbildung 8.6 zeigt dies nochmals graphisch.

Ein Anhalten der Pipeline zieht automatisch einen Verlust der Prozessor-Performance nach sich und ist daher immer die schlechteste aller möglichen Alternativen mit Pipeline-Hemmnissen umzugehen. Welche Gegenmaßnahmen können – außer einem Anhalten der Pipeline – getroffen werden? Das Ergebnis des add-Befehls liegt eigentlich schon früher vor. Man könnte durch zusätzliche Hardware, also passenden Verdrahtungen und Logik, das ALU-Ergebnis sofort als Ein-

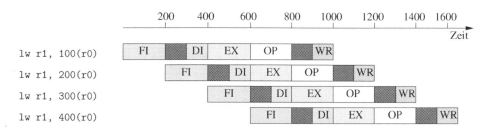

Abbildung 8.3: So würde optimalerweise eine Befehlspipeline aussehen, gäbe es keine Strukturkonflikte.

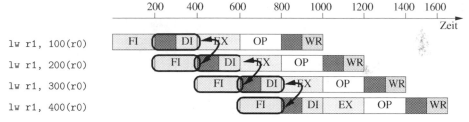

Abbildung 8.4: Strukturkonflikte die durch gleichzeitiges Ausführen der FI-Phase mit der DI-Phase entstehen. Die FI-Phase verwendet die ALU, um den Programmzähler um 4 zu erhöhen, um ihn auf den nächsten zu holenden Befehl zeigen zu lassen. Gehen wir vom Mehrtakt-Entwurf aus Abschnitt 7.2 aus, so verwendet die DI-Phase die ALU um (prophylaktisch) die Sprungzieladresse zu berechnen. Da pro Takt die ALU nur ein einziges Mal verwendet werden kann, entsteht ein Strukturkonflikt.

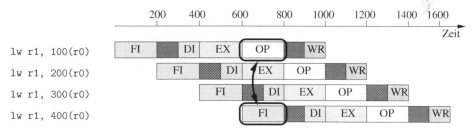

Abbildung 8.5: Strukturkonflikte die durch gleichzeitiges Ausführen der FI-Phase und der OP-Phase entstehen. Während der erste lw-Befehl sich in der OP-Phase befindet und sich den Operanden aus dem Hauptspeicher holen will, befindet sich der letzte lw-Befehl in der FI-Phase und will sich den Maschinencode aus dem Hauptspeicher holen. Da pro Takt nur ein einziger Hauptspeicherzugriff möglich ist, geraten diese beiden Befehle in einen Strukturkonflikt.

gabe für den sub-Befehl bereitstellen. Dieses frühzeitige Abrufen eines fehlenden Elements aus „inneren Ressourcen" wird als *Forwarding* oder *Bypassing* bezeichnet. Abbildung 8.7 zeigt dies nochmals graphisch am Beispiel der beiden oben präsentierten arithmetisch-logischen Befehle; durch Forwarding braucht nun die Pipeline nicht mehr angehalten zu werden, was in diesem Beispiel einem Durchsatz-Gewinn von 100% gleichkommt.

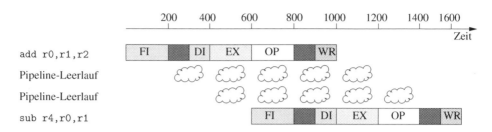

Abbildung 8.6: Auflösen des Datenkonflikts durch zwei Pipeline-Leerläufe. Auch hier gehen wir wieder von der Mehrtakt-Implementierung aus Abschnitt 7.2 aus. Da der add-Befehl das Ergebnis der Addition erst nach der OP-Stufe in den Registersatz gespeichert hat, der sub-Befehl dieses Ergebnis jedoch schon in der DI-Phase benötigt, muss die Pipeline für 2 Takte angehalten werden. Die dafür notwendigen Leerläufe sind im Bild durch „Wolken" veranschaulicht.

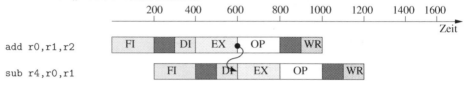

Abbildung 8.7: Durch zusätzliche Hardware kann man bei Bedarf das Ergebnis der EX-Phase direkt der EX-Phase eines nachfolgenden Befehls zur Verfügung stellen. Durch dieses Forwarding kommt man ohne Anhalten der Pipeline aus. Das Forwarding ist durch den Pfeil dargestellt, der aus der EX-Phase des ersten Befehls ausgeht und in die EX-Phase des nächsten Befehls eingeht.

Aufgabe 8.4
Zeigen Sie, für die beiden obigen Beispielbefehle, welche Pipeline-Stufen durch Forwarding miteinander verbunden werden müssen.

Selbst durch Forwarding lassen sich nicht alle Pipeline-Hemmnisse verhindern. Betrachten wir etwa folgende Befehlssequenz:

```
lw  r0,10(r1)
sub r4,r0,r1
```

Der zweite Befehl muss, um die Subtraktion berechnen zu können, auf den Wert des Registers r0 zugreifen. und r0 wird vom ersten Befehl erst nach der vierten Stufe bereitgestellt. Abbildung 8.8 zeigt das. Es bleibt also trotz Forwarding nichts anderes übrig als einen Pipeline-Leerlauf einzufügen – in Abbildung 8.8 durch die Wolken („bubbles") dargestellt. Diesen speziellen Datenkonflikt bezeichnet man auch als *Load-Use-Konflikt*. Das Forwarding ist durch einen Pfeil dargestellt, der den Ausgang der OP-Stufe des lw-Befehls mit dem Eingang der EX-Stufe des sub-Befehls verbindet.

Aufgabe 8.5
Wie viele Pipeline-Leerläufe müsste man in obigem Beispiel einfügen, wenn kein Forwarding verfügbar wäre?

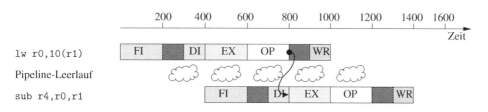

```
lw r0,10(r1)
Pipeline-Leerlauf
sub r4,r0,r1
```

Abbildung 8.8: Ein Load-Use-Konflikt: Der zweite Befehl benötigt den Inhalt der vom ersten Befehl geladenen effektiven Adresse. Da dieser Inhalt erst relativ spät, nämlich nach der OP-Stufe, verfügbar ist muss
hier trotz Forwarding die Pipeline einen Takt angehalten werden.

Aufgabe 8.6
Folgendes C-Codefragment
        A = B + D;
        C = B + E;
wird – falls sich alle Variablen im Speicher befinden und durch Offsets von r0 aus adressierbar sind –
folgendermaßen in Befehle einer typischen RISC-Maschine übersetzt:

```
        lw r1,4(r0)
        lw r2,12(r0)
        add r3,r1,r2
        sw r3,0(r0)
        lw r4,16(r0)
        add r5,r1,r4
        sw r5,8(t0)
```

(a) Suchen Sie die Konflikte in diesem Codesegment.
(b) Ordnen Sie die Befehle so um, dass die Pipeline aufgrund eines Datenkonflikts nicht angehalten
    werden muss.

8.3.3 Steuerkonflikte

Ein Steuerkonflikt liegt dann vor, wenn das Ergebnis einer Sprunginstruktion (also die Bedingung
oder die Sprungadresse) noch nicht bekannt ist, während die nächsten Instruktionen ausgeführt
werden sollen. Oder in anderen Worten: Wenn ein Sprungbefehl aus dem Speicher geholt wurde,
dann kann die Pipeline in der nächsten Stufe noch nicht wissen, wo der nächste Befehl zu finden
ist.

Es gibt mehrere Ansätze, Steuerkonflikte aufzulösen.

Auflösung durch Leerlauf

Die einfachste bei jedem Pipeline-Hemmnis anwendbare Lösung besteht darin, die Pipeline nach
dem Holen eines Verzweigungsbefehls anzuhalten und solange zu warten, bis die Pipeline die
Adresse des nächsten Befehls ermittelt hat; Abbildung 8.9 zeigt das an einem konkreten Beispiel.
Die Auflösung eines Pipeline-Hemmnis durch Leerlauf bremst die Rechenleistung der CPU stark
aus und ist daher grundsätzlich nicht erstrebenswert.

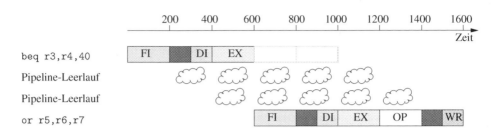

Abbildung 8.9: Auflösen eines Steuerkonflikts aufgrund eines bedingten Sprungbefehls durch Einfügen von Pipeline-Leerläufen. Da erst nach der vierten Pipelinestufe klar ist, ob gesprungen wird oder nicht, kann der nächste Befehl erst nach der vierten Stufe (also in der fünften Stufe) des beq-Befehls geladen werden; es müssen also drei Pipeline-Leerläufe eingefügt werden.

Aufgabe 8.7
Sie wollen Steuerkonflikte durch Leerlauf auflösen. Schätzen Sie die Auswirkungen auf den CPI-Wert (Clock Cycles per Instruction) ab. Verzweigungen, die Steuerkonflitke auslösen, machen etwa 13% der Befehle aus. Gehen Sie der Einfachheit halber davon aus, dass alle anderen Befehle einen CPI-Wert von 1 aufweisen.

Auflösung durch Vorhersage

Da das bloße Einfügen von Pipeline-Leerläufen sich zu nachteilig auf die Performanz eines Prozessors auswirkt verwenden die meisten Prozessoren eine andere Technik, die *Sprungvorhersage*, um dieses Pipeline-Hemmnis aufzulösen. Der einfachste Ansatz besteht darin, grundsätzlich „vorherzusagen", dass Sprünge nicht ausgeführt werden. Behält man mit dieser Vorhersage Recht, kann die Pipeline in voller Geschwindigkeit arbeiten, falls nicht, müssen Leerläufe eingefügt werden.

Eine etwas ausgefeiltere Methode unterscheidet weiter und geht davon aus, dass gewisse Sprünge ausgeführt werden, andere aber nicht. Beispielsweise kann man davon ausgehen, dass bedingte Sprünge am Ende von Schleifen, die an den Anfang des Schleifenkörpers zurückspringen in den meisten Fällen ausgeführt werden. Mit diesem Wissen könnte man etwa die Sprungvorhersage festlegen, dass Rücksprünge immer als ausführend angesehen werden.

Eine noch ausgefeiltere Methode arbeitet dynamisch mit in Hardware implementierten Prädiktoren. Sie ziehen ihre Schlüsse aus dem Verhalten jedes einzelnen Sprungs und könnte die Vorhersage für eine Verzweigung während der Ausführung eines Programms ändern. Sehr oft geschieht die Prädiktion (die Vorhersage) folgendermaßen: Ausgeführte und nicht ausgeführte Sprünge werden protokolliert und anhand der letzten Sprünge die nächsten vorhergesagt – das was für den letzten Sprung galt, wird für den nächsten vorhergesagt. Mit diesen Techniken kann man Sprünge mit einer Genauigkeit von 90% vorhersagen.

Wird ein Sprung falsch vorhergesagt, muss die Pipelinesteuerung sicherstellen, dass die Befehle nach dem falsch eingeschätzten Sprung keine Auswirkungen haben.

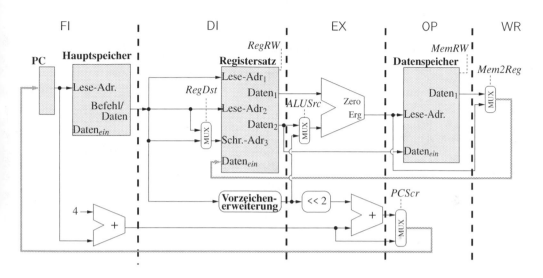

Abbildung 8.10: Darstellung der Eintakt-Datenpfade zur Veranschaulichung der Datenflüsse im Eintakt-Prozessor aus Abschnitt 7.1. Die Abarbeitung aller Befehlsschritte läuft im Datenpfad von links nach rechts – mit zwei Ausnahmen, die im Bild farblich gekennzeichnet sind.

8.4 Implementierung des Pipelining

Wir gehen von der Eintakt-Implementierung aus (siehe Abbildung 8.10, die der Abbildung 7.4 fast identisch ist) und partitionieren den Datenpfad in 5 Teile die den jeweiligen Pipelinestufen entsprechen.

Die Abarbeitung aller Befehlsschritte läuft im Datenpfad von links nach rechts – mit zwei Ausnahmen (im Bild farblich gekennzeichnet):

- WR → DI: Die Instruktion, die sich in der WR-Stufe befindet schreibt in das Zielregister. Es tritt – wie im vorigen Abschnitt ausführlich beschrieben – eine Datenabhängigkeit auf, wenn die Instruktionen, die sich in den DI-, EX- oder OP-Stufen befinden, den neuen Registerwert schon vorher brauchen.

- OP → FI: In der EX- oder OP-Stufe wird entschieden, ob ein Sprung durchgeführt wird oder nicht. Diese Verbindung führt zu Steuerkonflikten, denn durch das Pipelining wurden inzwischen weitere Instruktionen geholt, ohne dass die Zieladresse bekannt war.

Wie kann Pipelining nun implementiert werden? Das Prinzip ist einfach: Die in Abbildung 8.10 angedeuteten Pipelinestufen müssen getrennt werden; für diese Trennung werden interne Register eingefügt, ganz ähnlich wie beim Übergang von der Eintakt-Implementierung zur Mehrtakt-Implementierung. Diese zusätzlichen Register sind dafür notwendig, dass die internen Signale eines bestimmten Befehls für seine anderen vier Stufen nicht verloren geht. Abbildung 8.11 zeigt den Datenpfad mit den zusätzlichen Registern für das Pipelining. Diese Register sind nach den Pipeline-Stufen benannt, die sie trennen. So heißt beispielsweise das erste Register FI/DI, da es die Stufe „Fetch Instruction" (FI) von der Stufe „Decode Instruction" (DI) trennt.

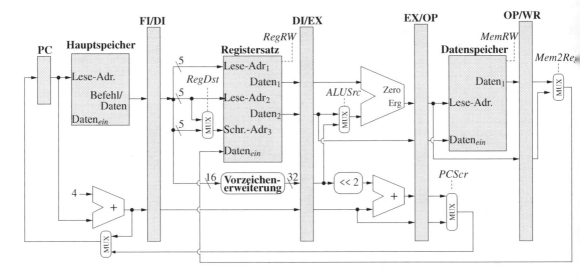

Abbildung 8.11: Datenpfad mit zusätzlichen Registern für das Pipelining. Die farblich hervorgehobenen Register trennen die einzelnen Pipeline-Stufen voneinander.

Wir fassen die wichtigsten Änderungen des Pipeline-Entwurfs – insbesondere verglichen mit dem Entwurf des Mehrtakt-Prozessors aus Abschnitt 7.2 (detailliert dargestellt in Abbildung 7.8 auf Seite 153) – nochmals zusammen:

- Die Berechnung der Sprungzieladresse erfolgt nun in Phase 3 (im Mehrtakt-Entwurf aus Abschnitt 7.2 erfolgte diese in Takt 2); die eigentliche Ausführung eines Sprungs erfolgt nun in Phase 4 (im Mehrtakt-Entwurf aus Abschnitt 7.2 erfolgte diese in Takt 3). Der Grund für diese Änderung besteht in der Tatsache, dass es günstiger ist, auf den Wert der vorzeichenerweiterten 16-Bit-Konstanten zu warten; diese kann dann in der dritten Phase, je nach Bedarf, von einer der beiden ALUs genutzt werden.

- Veränderungen in der WR-Phase: Das Zurückschreiben der Ergebnisse in die Register erfolgt nun in der fünften Stufe (statt, wie im Entwurf des letzten Kapitels vorgesehen, in der vierten Stufe). Dies ermöglicht eine Vereinheitlichung der vierten Stufe.

- Zur Vermeidung von Strukturkonflikten (siehe Abschnitt 8.3.1) verwenden wir mehrere ALUs, so dass während eines Taktzyklus mehr als eine Berechnung durchgeführt werden kann – dies ist etwa notwendig, wenn der Befehlszähler erhöht werden muss und im selben Takt von einem anderen Befehl eine arithmetisch-logische Berechnung duchgeführt werden muss. Im Gegensatz dazu verwendet der Mehrtakt-Entwurf aus Abschnitt 7.2 nur eine einzige ALU.

Aufgabe 8.8

Die Pipeline-Register müssen breit genug sein, um all die Daten entsprechend der Leitungen, die durch sie hindurchführen, aufnehmen zu können.

(a) Wie breit muss das FI/DI-Register sein?

(b) Wie breit muss das DI/EX-Register sein?

(c) Wie breit muss das EX/OP-Register sein?

(d) Wie breit muss das OP/WR-Register sein?

Alle Steuersignale werden in der DI-Stufe der Pipeline generiert, manche aber erst in späteren Stufen benötigt. Man muss also auch die Steuersignale zwischenspeichern und – ebenso wie die Datensignale auch – in einer Pipeline zu organisieren. Es ist naheliegend, die Steuersignale einfach in die Pipeline-Register mit aufzunehmen. In Abbildung 8.12 ist dies angedeutet.

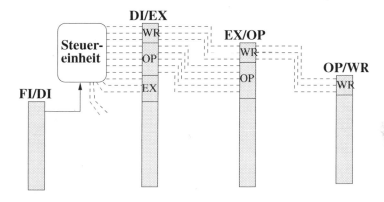

Abbildung 8.12: Pipelining der Steuersignale.

Aufgabe 8.9

Welche der Steuersignale müssen genau in welches Pipeline-Register mit aufgenommen werden?

Aufgabe 8.10

Wir betrachten die Befehlsfolge

```
lw r1,100(r0)
lw r1,200(r0)
lw r1,300(r0)
lw r1,400(r0)
lw r1,500(r0)
```

Wir gehen von der in diesem Abschnitt präsentierten Pipeline-Implementierung aus. Zeigen Sie detailliert anhand eines Diagramms, ähnlich dem in Abbildung 8.5 gezeigten, gezeigten, wie viele und welche Strukturkonflikte es gibt.

Aufgabe 8.11
Welches Hemmnis entsteht, wenn die folgende Befehlssequenz in einer Pipeline organisiert werden soll?

```
beq r3,r2,100
or r5,r6,r7
```

Lösen Sie den Konflikt durch Pipeline-Leerläufe auf. Gehen Sie dabei von der in diesem Abschnitt präsentierten Pipeline-Implementierung aus.

9 Speicher

Abbildung 7.10 auf Seite 166 veranschaulicht die Problematik mit der man beim Entwurf von Rechnern zunehmend zu kämpfen hat: die Performance der Speichermodule hinkt der Performance der Prozessoren immer weiter hinterher. Für das reibungslose Funktionieren eines Rechners ist es entscheidend, den Hauptspeicher so zu organisieren, dass er sowohl genügend Daten speichern, als auch effizient auf diese Daten zugreifen kann; in diesem Kapitel lernen wir unter anderem Techniken kennen, die einen performanten Zugriff auf den Speicher sicherstellen. Die Darstellung der Haupt- und Cachespeicherorganisation lehnt sich z. T. an die entsprechenden sehr guten Darstellungen in [Sta09] an.

In diesem Kapitel lernen Sie ...

- ...welche Arten von Speicher-Technologien es gibt und welche wo in einem Rechner eingesetzt werden.

- ... wie der Hauptspeicher eines Rechner aus einzelnen Speicherbausteinen organisiert werden kann.

- ... wie Cache-Speicher funktionieren.

- ...welche Techniken es gibt, einen schnellen Zugriff auf Cache-Speicher zu gewährleisten.

9.1 Speichertechnologien

Abbildung 9.1 gibt eine Übersicht der gebräuchlichsten Speichertechnologien. Diese lassen sich grob in *flüchtige* (volatile) und *nicht-flüchtige* (non-volatile) Speicher einteilen. Ohne Betriebsspannung geht der Inhalt der flüchtigen Speicher verloren; dagegen halten nicht-flüchtige Speicher ihren Inhalt auch ohne Betriebsspannung.

```
ROM, EPROM, EEPROM, Flash
```

Festwertspeicher (ROM = Read-Only-Memory) und programmierbare Festwertspeicher (PROM = Programmable ROM) sind nur einmal programmierbar[1]. ROM-Bausteine werden schon beim Halbleiterhersteller fest programmiert. PROMs können dagegen beim Anwender programmiert werden, indem – abhängig von der zu speichernden Information – Verbindungen in Speicherzellen zerstört werden (oder eben nicht).

Bei kleinen Stückzahlen oder zur Herstellung von Prototypen werden oft beschreibbare Speicher, wie EPROM oder EEPROM (= Erasable Programmable ROM) verwendet: Fehlerhafte

---

[1] In der Speichertechnologie spricht man von „programmieren" und meint eigentlich die Konfiguration bzw das Vorladen von Daten

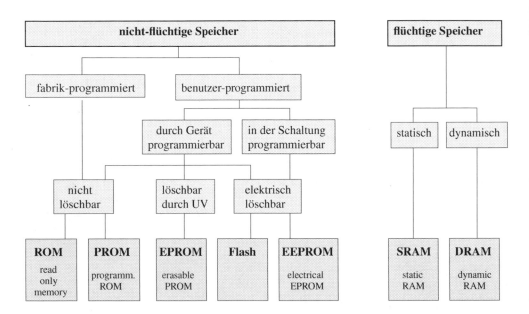

Abbildung 9.1: Übersicht der Speichertechnologien, unterteilt nach nicht-flüchtigen Speichern, die auch ohne Stromversorgung die gespeicherten Inhalte halten können, und flüchtigen Speichern, die ohne Stromversorgung die gespeicherten Inhalte verlieren.

Programmierungen können korrigiert oder geänderte Vorgaben noch berücksichtigt werden. Mit UV-Licht löschbare Festwertspeicher (EPROM) werden gelöscht, indem sie einige Minuten mit ultraviolettem Licht bestrahlt werden. Elektrisch löschbare Festwertspeicher (EEPROM) können in der Schaltung, in der sie eingesetzt sind, gelöscht und programmiert werden. Genau genommen sind das keine ROM-Speicher, aber das Schreiben dauert sehr lange (einige hundert Mikrosekunden), das Lesen dagegen geht sehr schnell (einige Nanosekunden).

Die Eigenschaften von Flash-Speichern stellen einen Kompromiss zwischen den Eigenschaften von EPROM-Speichern und EEPROM-Speichern dar, was Kosten und Funktionalität betrifft. Flash benutzt (wie EEPROM) eine elektrische Löschtechnik; ein Flash-Speicher kann innerhalb von wenigen Sekunden gelöscht werden. Bei Flash-Speichern kann man aber nur bestimmte Blöcke bzw. Sektoren löschen (statt des kompletten Speichers). Oft stellen Sektoren ein Viertel / ein Achtel / ein Sechzehntel usw. der Gesamtkapazität dar. Löschen auf Byte-Ebene ist jedoch grundsätzlich nicht möglich. Anwendung findet die Flash-Technologie in USB-Sticks, MP3-Player und Mikrocontroller (eingebetteten Systemen) – insbesondere auch im Automobil-Umfeld.

SRAM

Statische Schreib-Lese-Speicher (SRAM) halten ihre Information, solange bis die Betriebsspannung abgeschaltet wird oder bis eine andere Information eingeschrieben wird. SRAMs speichern Information durch klassische Flip-Flop-Gatter – Abbildung 9.2 zeigt das. Die vier Transistoren T_1, T_2, T_3 und T_4 sind wechselseitig verbunden und bilden so einen stabilen Zustand.

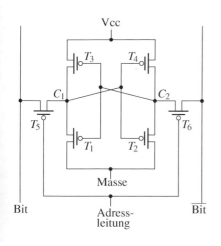

Vcc: Spannungsquelle

Transistor: Liegt an s Spannung an,
so sind a und b miteinander
Liegt an s keine Spannung,
so kann der Widerstand zwischen
a und b als ∞ angenommen werden

Abbildung 9.2: Aufbau einer SRAM-Speicherzelle, die ein Bit speichern kann. Das Bit ist auf vier wechselseitig verbundenen Transistoren gespeichert. Zwei weitere Transistoren regeln den Zugriff auf die SRAM-Speicherzelle.

Aufgabe 9.1

Welche Spannung muss an C_1 anliegen, welche an C_2, wenn die in Abbildung 9.2 gezeigte SRAM-Speicherzelle das Bit „1" speichert? Welche der Transistoren sind dann geschlossen und welche geöffnet?

DRAM

Dynamische Schreib-Lese-Speicher (DRAM) verlieren ihre Information schon nach wenigen Millisekunden. Die Information muss daher regelmäßig „aufgefrischt", d. h. neu eingeschrieben, werden. DRAM-Zellen speichern Bits nicht wie eine SRAM-Zelle auf Transistoren, sondern in Form von Ladung auf einem Kondensator. Je nachdem, ob der Kondensator geladen ist (oder nicht), wird dies als eine 1 (oder 0) interpretiert. Kondensatoren entladen sich i. A. nach einiger Zeit; eben deshalb muss der Speicherinhalt von DRAM-Zellen periodisch aufgefrischt werden. Abbildung 9.3 zeigt den Schaltplan einer DRAM-Speicherzelle. Der Transistor fungiert als ein

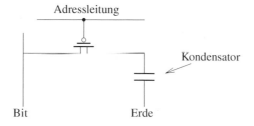

Abbildung 9.3: Eine DRAM-Speicherzelle, die ein Bit speichern kann.

Schalter, der genau dann geschlossen ist (nur dann kann Strom zur Bit-Leitung fließen), wenn an der Adressleitung Spannung anliegt; genau dann kann die Ladung vom Kondensator auf die Datenleitung abgegeben werden.

9.2 Speicherhierarchie

Ideal wäre ein einfaches einstufiges Speicherkonzept, bei dem der Prozessor innerhalb eines Taktzyklus auf ein beliebiges Wort des Hauptspeichers zugreifen kann. Leider ist das in der Praxis nicht realisierbar: Relativ große Hauptspeicher können mit den hohen Taktraten heutiger Prozessoren nicht mithalten – siehe hierzu auch Abbildung 7.10 auf Seite 166. Speicher mit einer Taktrate, die der eines aktuellen Prozessors vergleichbar ist, sind sehr teuer und können aus technologischen Gründen nicht ähnlich kompakt gebaut werden, wie andere Rechnerkomponenten und die üblichen Hauptspeicher – schnelle Speicher sind daher in ihrer Kapazität beschränkt.

Heutige Hauptspeicher können also i. A. heutige Prozessoren nicht schnell genug mit Daten und – noch wichtiger – mit Befehlen versorgen. Wäre der Prozessor einzig auf den Hauptspeicher als Datenquelle und Quelle der Maschinenbefehle angewiesen, so würde er die meiste Zeit warten; dies hätte katastrophale Auswirkungen auf die Performance. Heutige Prozessoren holen ihre Befehle deshalb hauptsächlich aus dem oft direkt auf dem Chip befindlichen Code-Cache-Speicher und seine Daten hauptsächlich aus dem oft direkt auf dem Chip befindlichen Daten-Cache-Speicher.

In heutigen Rechnersystemen findet sich eine ganze Hierarchie von Speichern – Abbildung 9.4 zeigt das. Ganz oben stehen schnelle Speicher aber teure Speicher, d. h. je weiter oben sich der Speicher befindet, desto höher sind die Kosten pro Bit und desto geringer ist die Speicherkapazität. Ganz unten in der Hierarchie finden sich die Speicher mit einer sehr hohen Zugriffszeit aber mit entsprechend niedrigen Kosten pro Bit.

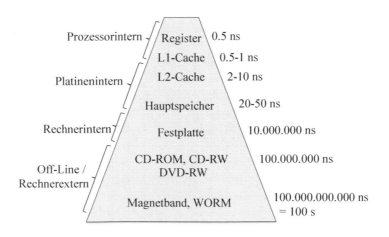

Abbildung 9.4: Die Speicherhierarchie mit Zugriffszeiten der jeweiligen Speichermedien.

Aufgabe 9.2

(a) Überlegen Sie sich, für welche der in Abbildung 9.4 gezeigten Speicher die SRAM-Technologie am ehesten eingesetzt wird?

(b) Überlegen Sie sich, für welche der in Abbildung 9.4 gezeigten Speicher die DRAM-Technologie am ehesten eingesetzt wird?

Cache-Seicher sind nur deshalb sinnvoll einsetzbar, weil man erstens erstaunlich zuverlässig vorhersagen kann, aus welcher Menge das nächste vom Prozessor benötigte Datum kommt und zweitens diese Menge an möglichen Daten erstaunlich konstant ist. Grundlegend hierfür ist das sog. *Lokalitätsprinzip*. Es ist nützlich zwischen zwei Arten der Lokalität zu unterscheiden:

- *Räumliche Lokalität* (spatial locality) bezeichnet folgende Daumenregel: Falls die CPU zu einem bestimmten Zeitpunkt ein bestimmtes Wort aus dem Speicher benötigt, dann ist es wahrscheinlich, dass sie als nächstes dessen Nachbarn benötigt. Dies ist bei jeder sequentiellen Abarbeitung der Fall (wie beispielsweise bei der Abarbeitung von Maschinenprogrammen, dem Abspielen von DVDs oder MP3s, usw.).

- *Zeitliche Lokalität* (temporal locality) bezeichnet folgende Daumenregel: Falls ein Wort aus dem Speicher einmal verwendet wurde, ist es wahrscheinlich, dass es in der nahen Zukunft wieder verwendet wird. Dies ist beispielsweise bei Schleifen der Fall.

Abhängig von der konkreten Anwendung können sowohl Code- als auch Datenströme räumliche und zeitliche Lokalität aufweisen.

9.3 Hauptspeicher

9.3.1 Speicherchips

Eine Hauptspeicheradresse kann eine Speicherkapazität von einem Wort (also 2 Byte), einem Byte, einem Halbbyte oder einem Bit aufweisen. Man spricht entsprechend von einem Wort-, Byte-, Halbbyte-, oder Bit-organisiertem Speicher.

Die Gesamtspeicherkapazität von Hauptspeicherbausteinen wird oft in Bit angegeben, also etwa in KBit ($= 2^{10}$ Bit $= 1024$ Bit), MBit ($= 2^{20}$ Bit $= 1024 \cdot 1024$ Bit $= 1.048.576$ Bit) oder GBit ($= 2^{30}$ Bit $= 1024 \cdot 1024 \cdot 1024$ Bit).

So wie andere Halbleiterprodukte auch, werden Speicher meist in vorgefertigten Chips mit vorgefertigter Logik ausgeliefert. Diese Speicherchips sind meist matrixartig organisiert. Eine bestimmte Speicheradresse wird durch eine Zeilenadresse und eine Spaltenadresse angesprochen. In Abbildung 9.5 ist grob der Aufbau eines Speicherchips zu sehen, dessen Speicherzellen in einer 512×512-Matrix angeordnet sind. Die eine Hälfte der Adressleitungen adressiert die Zeile, die andere Hälfte die Spalte. Der Speicherchip enthält also $512 \cdot 512 = 2^9 \cdot 2^9 = 2^{18}$ Speicherzellen. Allgemein gesprochen braucht man insgesamt $\log_2 W$ Adressleitungen, um W Speicherzellen adressieren zu können bzw. $\frac{\log_2 W}{2}$ Adressleitungen für die Zeilen der Speichermatrix und ebenso viele für die Spalten.

Jede einzelne Speicherzelle des in Abbildung 9.5 dargestellten Chips enthält wiederum 8 Bit – das kann man daran erkennen, dass der Speicherchip 8 Dateneingänge bzw. Datenausgänge

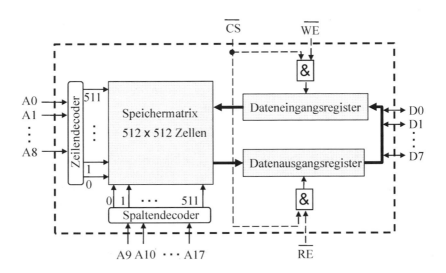

Abbildung 9.5: Eine grobe Darstellung des Aufbaus einer Speicherchips dessen Speicherzellen in einer 512×512-Matrix organisiert sind.

besitzt: In einem Lese- bzw. Schreibvorgang (bei dem eine einzelne Speicherzelle ausgelesen bzw. eingelesen wird) fließen immer 8 Bits.

Der Speicherchip enthält zusätzlich drei Steuereingänge: Die Leitung $\overline{\text{RE}}$ (Read Enable) gibt an, dass es sich um einen Lesevorgang handelt, die Leitung $\overline{\text{WE}}$ gibt an, dass es sich um einen Schreibvorgang handelt und mit der Leitung $\overline{\text{CS}}$ kann dieser Chip ausgewählt bzw. ignoriert werden. Das Signal $\overline{\text{CS}}$ wird unter Anderem dann benötigt, wenn man sich einen Hauptspeicher aus mehreren einzelnen Speicherchips zusammenstellt.

Aufgabe 9.3
Wie viel Spalten- und Zeilenleitungen sind zur Adressierung eines Speicherbausteines nötig, der eine 1024×2048 Speichermatrix aufweist? (Jede Speicherzelle sollte einzeln adressierbar sein). Wie groß ist die Speicherkapazität, wenn jede Speicherzelle 1 Wort (also 2 Bytes) enthält? Wie viel Datenein- bzw. Datenausgänge benötigt dieser Chip?

Häufig ist man bestrebt die Anzahl der Pins eines Speicherchips möglichst klein zu halten. Abbildung 9.6 zeigt einen Speicherchip mit der gleichen Kapazität des in der vorigen Abbildung dargestellten Chips, der aber nur 9 Adressleitungen hat. Ein Prozessor würde für die Adressierung dieses Chips drei Takte benötigen: Im ersten Takt wäre die $\overline{\text{RAS}}$-Leitung (Row Address Strobe) aktiv, d.h. die eingelesenen Adresssignale werden in das Zeilenadressregister eingelesen und im dritten Takt für die Adressierung der Zeilen verwendet. Im zweiten Takt wäre die $\overline{\text{CAS}}$-Leitung (Column Address Strobe) aktiv, d.h. die eingelesenen Adresssignale werden in das Spaltenadressregister eingelesen und im dritten Takt für die Adressierung der Spalten verwendet. Im dritten Takt schließlich werden die Inhalten der beiden Adressregister an den Zeilendekoder und den Spaltendekoder gelegt und die gewünschte Speicherzelle dadurch adressiert.

Abbildung 9.7 und Abbildung 9.8 zeigen jeweils ein Bild eines typischen DRAM-Chips.

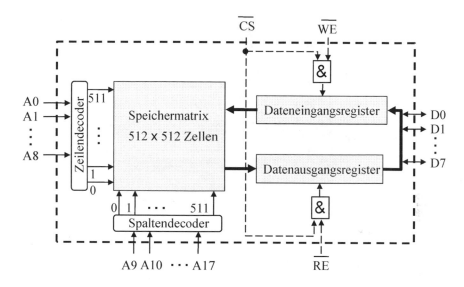

Abbildung 9.6: Eine grobe Darstellung des Aufbaus eines Speicherchips. Die Spalten- und Zeilenadressen werden hier in unterschiedlichen Takten eingelesen.

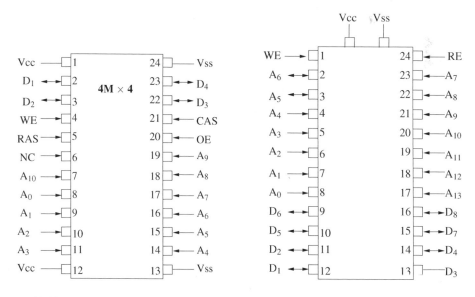

Abbildung 9.7: Typischer DRAM-Chip.   Abbildung 9.8: Typischer (S)RAM-Chip.

Aufgabe 9.4

Betrachten Sie die in Abbildung 9.7 und Abbildung 9.8 dargestellten Speicherchips und beantworten Sie jeweils die folgenden Fragen:

(a) Wie können Sie alleine anhand der Pins erkennen, dass es sich um einen RAM-Speicherchip handelt?

(b) Welche Speicherkapazität (in Bit) hat der jeweilige Speicherchip Ihrer Meinung nach (mit Begründung)?

(c) Wie ist der jeweilige Speicherchip wohl organisiert – also: wie viele Speicherzellen enthält der Speicher und wie viel Bits enthält eine einzelne Speicherzelle?

9.3.2 Organisation des Hauptspeichers

Falls ein RAM-Chip nur ein Bit pro Speicherzelle besitzt (also $W = 1$), dann brauchen wir eine Reihe von Chips. In diesem Fall wäre die Anzahl der benötigten Speicherchips gleich der Anzahl der Bits, die in einer Speicherzelle enthalten sein soll. Abbildung 9.9 zeigt, wie aus einem Speichermodul, dessen Zellen jeweils 1 Bit enthalten, ein Speichermodul organisiert werden kann, das 256K 8-Bit-Worte ansprechen kann: Man schaltet die einzelnen RAM-Chips parallel; jedes Adressbit spricht dann die entsprechende Zeile (bzw. Spalte) in *jedem* der Speicherchips an. Nach erfolgter Adressierung liefert jeder Speicherchip zur selben Zeit „sein" 1-Bit Ergebnis; alle Bits zusammengenommen ergeben dann das Ergebnis-Wort (im Falle des in Abbildung 9.9 gezeigten Beispiels entspricht ein Wort genau einem Byte).

Diese Art der Organisation funktioniert aber nur, solange die Anzahl der Zellen des zu bauenden Speichers gleich der Anzahl der Zellen jedes einzelnen Chips ist. Auf diese Art und Weise kann aus einem 8-KBit-Speicherchip beispielsweise ein 8-KByte-Speicher (dessen Zellen jeweils 8 Bit enthalten) oder ein 32-KByte-Speicher (dessen Zellen jeweils 32 Bit enthalten) konstruiert werden. Möchte man aber etwa einen 1-MByte-Speicher aus 256-KBit-Speicherchips bauen, dann muss man eine etwas komplexere Organisation wählen.

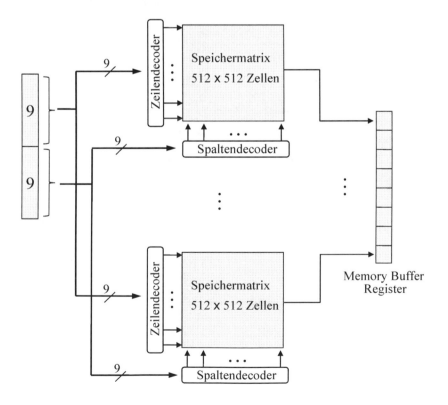

Abbildung 9.9: Organisation eines 256-KByte-Speichermoduls, bestehend aus einzelnen 256-KBit-Speicherchips.

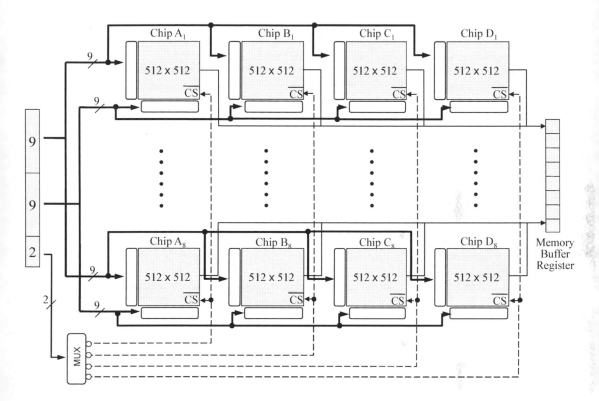

Abbildung 9.10: Organisation eines 1-MByte-Speichers bestehend aus 256-KBit-Speicherchips. Fett gezeichnete Pfeile bestehen aus mehreren Leitungen. Dünn gezeichnete Pfeile stellen eine einzelne Leitung dar, die auch nur ein einzelnes Bit übertragen kann – in der Abbildung gilt das für die Ausgangsleitungen aus den einzelnen Speicherchips. Gestrichelte Pfeile stellen Steuerleitungen dar – in der Abbildung gilt das für die Leitungen in die $\overline{\text{CS}}$-Eingänge der Speicherchips.

Abbildung 9.10 zeigt die Organisation eines Speichers, der aus 1M Speicherzellen (also 2^{20} Speicherzellen) besteht mit 8 Bits pro Speicherzelle. Es ergibt sich Folgendes: Will man einen Hauptspeicher konstruieren, dessen Anzahl der Speicherzellen 4 mal so groß ist, wie die Anzahl Zellen eines einzelnen Speicherchips (aus denen er bestehen soll), dann muss man (in diesem konkreten Fall) die Speicherchips in 4 Spalten organisieren. Jede dieser Spalten ist nach dem in Abbildung 9.9 gezeigten Schema organisiert. Um 2^{20} Speicherzellen adressieren zu können braucht man allerdings 20 Adressleitungen – also zwei mehr als in der in Abbildung 9.9 gezeigten Anordnung. Häufig wird das genau so gelöst, wie in Abbildung 9.10 gezeigt: Die 18 niederwertigen Bits werden an alle 32 Module gegeben – 9 Bits um die jeweiligen Zeilen und 9 Bits um die jeweiligen Spalten zu adressieren. Die 2 höchstwertigen Bits gehen in einen Multiplexer, der genau eine der vier „Spalten" auswählt, indem er für die Speicherchips dieser Spalte $\overline{\text{CS}}$-Signale erzeugt; die Speicherchips der anderen drei Spalten erhalten keine $\overline{\text{CS}}$-Signale, sind also inaktiv und liefern bei einer Adressierung auch entsprechend keine Werte.

Aufgabe 9.5
Angenommen, Ihnen stehen mehrere der in Abbildung 9.8 dargestellten Speicherchips zur Verfügung
und Sie wollen für einen Rechner einen Hauptspeicher der Größe 128 KByte entwerfen, wobei jeder
Speicherzelle 16 Bit enthalten soll – es sollten also 16 Bit auf einmal gelesen und geschrieben werden
können. Skizzieren Sie – ähnlich wie in Abbildung 9.10 – die Organisation dieses 128-KByte-Speichers.

Aufgabe 9.6
Angenommen, Ihnen stehen mehrere Speicherchips des folgendes Typs zur Verfügung:

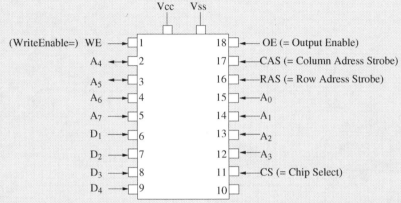

Sie wollen für einen Computer einen Hauptspeicher der Größe 128 KByte entwerfen, jede Speicherzelle soll 32 Bit enthalten – d. h. es sollten 32 Bit auf einmal gelesen und geschrieben werden können.
Skizzieren Sie – ähnlich wie in Abbildung 9.10 – die Organisation dieses 128-KByte-Speichers

9.4 Cachespeicher-Organisation

Wie schon im vorigen Abschnitt beschrieben, wäre der Hauptspeicher zu langsam, um als Haupt-
Datenlieferant für den Prozessor geeignet zu sein. Optimalerweise sollten die meisten Speicherzugriffe ausschließlich den Cache-Speicher benötigen und den Hauptspeicher quasi umgehen.

Der Cachespeicher enthält immer Kopien von geeigneten Teilen des Hauptspeichers. Die Strategie, wie der Prozessor aus Cache und Hauptspeicher die benötigten Daten bezieht, lässt sich
grob wie folgt beschreiben:

1. Die CPU will auf eine Speicherzelle des Hauptspeichers zugreifen.

2. Die CPU prüft, ob eine Kopie dieser Speicherzelle aktuell im Cache enthalten ist.

   a) Falls sie enthalten ist, wird diese Speicherzelle einfach aus dem Cache gelesen. Dieser Fall sollte in den meisten Fällen zutreffen, sonst wäre Caching nicht effizient.

   b) Falls sie nicht im Cachespeicher enthalten ist, wird der Block des Hauptspeichers,
   der die Zelle enthält in den Cache geladen. Ein anderer Block muss dafür gelöscht
   werden.

Um genauer über Caching-Techniken nachdenken zu können, ist es sinnvoll, das Cache-Sze-
nario etwas zu detaillieren. Wir nehmen an, der Hauptspeicher bestehe aus 2^n adressierbaren

Speicherzellen; jede Speicherzelle hat also eine eindeutige n-Bit Adresse. Wir nehmen weiter an, der Hauptspeicher bestehe aus Blöcken einer festen Größe von K Speicherzellen. Der Hauptspeicher enthält also $M = \frac{2^n}{K}$ Blöcke. Das ist in Abbildung 9.11 graphisch dargestellt.

Wir nehmen an, der Cache besteht aus C Zeilen, wobei jede Cachezeile K Hauptspeicherzellen enthält (und evtl. einige Bits zusätzlich als *Tag*[2]). Ein Cache-Speicher ist in Abbildung 9.12 dargestellt. Die Anzahl der Speicherzellen in einer Zeile nennt man auch *Zeilengröße*. Es gilt im Allgemeinen $C \ll K$, d. h. es gibt deutlich mehr Hauptspeicherblöcke, als Zeilen im Cache. Zu jedem Zeitpunkt befindet sich also nur eine kleine Teilmenge der Blöcke des Hauptspeichers im Cache.

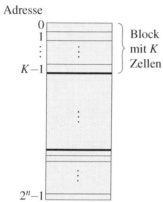

Abbildung 9.11: Hauptspeicher.

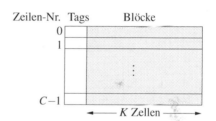

Abbildung 9.12: Cache-Speicher.

Wozu der Tag vor jeder Cachezeile? Da es ja mehr Blöcke im Hauptspeicher als Zeilen im Cache gibt, kann sich eine bestimmte Cachezeile nicht eindeutig auf eine Hauptspeicherzelle beziehen. Jede Cachezeile braucht also eine weitere Information – das Tag nämlich – die angibt, welcher Block des Hauptspeichers sich in der jeweiligen Cachezeile befindet.

Die wichtigste Frage bei dem Entwurf eines Cache-Speichers ist: Welcher Hauptspeicherblock soll welcher Cachezeile zugeordnet werden. Eine „Strategie" diese Zuordnung vorzunehmen nennt man oft auch *Mapping*[3]-Strategie. Es gibt grundsätzlich drei unterschiedliche Mapping-Strategien: Direktes Mapping, Assoziatives Mapping und Satz-Assoziatives Mapping.

9.4.1 Direktes Mapping

Das Direkte Mapping ist die einfachste Technik. Man ordnet jedem Block des Hauptspeichers eindeutig eine Cachezeile zu. Diese zugrundeliegende Mapping-Funktion lässt sich einfach folgendermaßen ausdrücken:

$$i = j \bmod m$$

---

[2] von englisch *tag* = Etikett, Marke, Anhänger
[3] Von englisch: to map = abbilden

Hier ist i die Zeilennummer im Cache, j die Blocknummer des Hauptspeichers und m die Gesamtzahl der Zeilen im Cache-Speicher. Beim Direkten Mapping stimmen also die Cachezeilennummer und die Blocknummer des Hauptspeichers bis auf ein Vielfaches von m überein.

Im Zusammenhang mit dem Cache-Zugriff kann man sich jede Hauptspeicherzelle aus drei Feldern bestehend vorstellen. Die niederwertigsten w Bits identifizieren eine bestimmte Speicherzelle innerhalb eines Hauptspeicherblocks. Die restlichen s Bits identifizieren einen der $2^s (= M)$ Hauptspeicherblöcke. Die Cache-Logik teilt diese s Bits auf in ein Tag von $s - r$ Bits (der höherwertige Teil) und ein Zeilenfeld von r Bits. Diese r identifizieren eine bestimmte Zeile aus den $m = 2^r$ Zeilen des Cache-Speichers. Abbildung 9.13 zeigt das graphisch. Der Tag der Adresse wird mit dem Tag der Cachezeile (die sich aus den r-Bits der Adresse ergibt) verglichen. Nur wenn diese gleich sind, handelt es sich um einen „Cache-Hit" und die Daten können aus dem Cache-Speicher geholt werden. Falls der Tag der Adresse und der Tag der Cachezeile nicht gleich sind, wird das Datum aus dem Hauptspeicher ausgelesen.

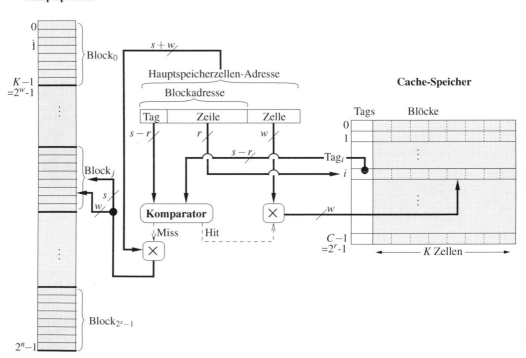

Abbildung 9.13: Darstellung der Funktionsweise des Direkten Mapping. Eine Cachezeile ist hier – etwas anders als in Abbildung 9.12 – in mehreren Zeilen dargestellt. Die dick gezeichneten Pfeile beinhalten mehrere Leitungen; die gestrichelt gezeichneten Pfeile sind Steuerleitungen.

In Tabelle 9.1 ist nochmals genau aufgelistet, welche Cachezeile welche Hauptspeicherzellen enthalten kann. Hier sieht man: Jedem Hauptspeicherblock j ist eindeutig die Cachezeile $j \bmod m$ zugeordnet; andersherum ist aber eine Cachezeile nicht eindeutig einer Hauptspeicherzelle zugeordnet.

Cachezeile	Zugeordnete Hauptspeicherblöcke
0	$0, m, 2m, \ldots, 2^s - m$
1	$1, m+1, 2m+1, \ldots, 2^s - m + 1$
$\vdots$	$\vdots$
$m-1$	$m-1, 2m-1, 3m-1, \ldots, 2^s - 1$

Tabelle 9.1: Cachezeilen und zugeordnete Hauptspeicherblöcke.

Die Technik des Direkten Mapping ist einfach und kostengünstig zu implementieren. Der Nachteil ist jedoch, dass es eine feste Cachezeile für jeden Hauptspeicherblock gibt. Besonders ungünstig ist das, falls ein Programm wiederholt zwei Speicherzellen referenziert, die zu zwei unterschiedlichen Hauptspeicherblöcken gehören, die aber der selben Cachezeile zugeordnet sind. Folge ist, dass der eine Hauptspeicherblock bei jedem Zugriff durch den anderen ersetzt wird. Jedes mal muss also auf den langsamen Hauptspeicher zugegriffen werden. Dieses Phänomen nennt man *Thrashing*.

9.4.2 Assoziatives Mapping

Das Assoziative Mapping umgeht den Nachteil des Direkten Mapping; jeder Hauptspeicherblock kann in *jede* beliebige Cachezeile geladen werden. In diesem Fall interpretiert die Cache-Logik jede Speicheradresse einfach als ein Tag- und ein Wort-Feld. Das Tag-Feld identifiziert einen bestimmten Hauptspeicherblock. Um zu bestimmen, ob ein Block sich im Cache befindet, muss die Cache-Logik, *gleichzeitig* jedes Tag jeder Zeile auf Übereinstimmung der Adresse überprüfen. Abbildung 9.14 zeigt das.

Man sieht, dass beim Assoziativen Mapping kein Feld in der Adresse der Cachezeilennummer entspricht. Deshalb ist die Anzahl der im Cache befindlichen Zeilen auch nicht vorherbestimmt. In Abbildung 9.14 ist außerdem graphisch angedeutet, dass das Tag-Feld viel länger ist als beim Direkten Mapping.

Der eigentliche Vorteil des Assoziativen Mapping ist dessen Flexibilität: Wenn ein neuer Hauptspeicherblock in den Cache geladen wird, so besteht volle Wahlfreiheit darüber, welcher Hauptspeicherblock ersetzt wird. Die Nachteile sind jedoch gravierend: Für eine Implementierung ist eine komplexe und sehr teure Schaltungstechnik notwendig. Es muss nämlich ein paralleler Vergleich *jeder* Cachezeile mit dem Tag der Adresse möglich sein. Es sind also so viele Vergleichsschaltungen notwendig, wie es Zeilen im Cache gibt.

9.4.3 Satz-Assoziatives Mapping

Ein guter Kompromiss zwischen dem unflexiblen Direkten Mapping und dem „teuren" Assoziativen Mapping ist das Satz-Assoziative Mapping: Es funktioniert ähnlich wie das Assoziative Mapping, nutzt aber die Stärken des Direkten Mapping.

Hauptspeicher

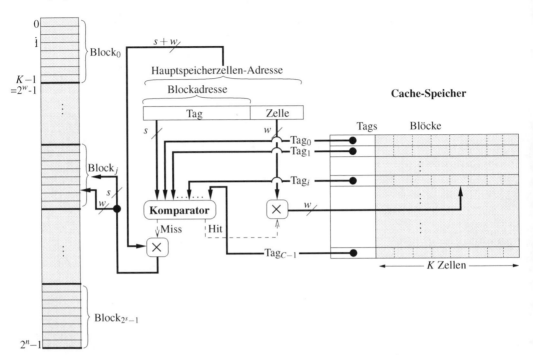

Abbildung 9.14: Darstellung der Funktionsweise des Assoziativen Mapping. Das Tag jeder Cachezeile muss mit dem Tag der Eingangsadresse verglichen werden, um zu testen, ob die Hauptspeicherzelle im Cache enthalten ist.

Der Cachespeicher wird dazu in v Sätze (englisch: Sets, also Mengen) aufgeteilt. Wir nehmen an, jedes der Sets enthält k Cachezeilen. Insgesamt gibt es m Cachezeilen, also gilt:

$$m = v \cdot k$$

Entscheidend ist nun die Frage, welcher Hauptspeicherblock beim Satz-Assoziativen Mapping welchen Cachezeilen zugeordnet werden kann. Angenommen, j sei die Nummer des Hauptspeicherblocks; dann kann dieser Hauptspeicherblock genau dann einer beliebigen Zeile von Cache-Set i zugeordnet werden, wenn die folgende Beziehung gilt (m ist dabei die Gesamtzahl der Cachezeilen):

$$i = j \bmod v$$

Diese Technik nennt man dann auch k-faches Satz-Assoziatives Mapping.

Im Falle des Satz-Assoziativen Mappings interpretiert die Cache-Logik eine Speicheradresse als drei Felder, nämlich Tag, Set und Speicherzelle. Die d Bits des Set bestimmen einen der $v = 2^d$ Sets. Die s Bits des Tags und Sets zusammen legen einen der 2^s Hauptspeicherblöcke fest. Bei dem vollen Assoziativen Mapping ist das Tag-Feld der Speicheradresse relativ groß;

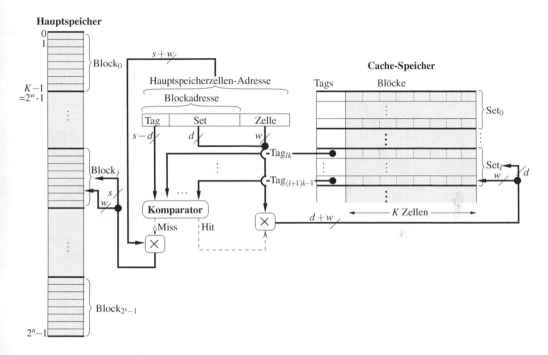

Abbildung 9.15: Darstellung der Funktionsweise des Assoziativen Mapping. Das Tag jeder Cachezeile in einem Cache-Set muss mit dem Tag der Eingangsadresse verglichen werden. So kann geprüft werden, ob die Hauptspeicherzelle im Cache enthalten ist.

entsprechend groß werden die Schaltkreise, die all diese Tags vergleichen müssen. Bei einem k-fachen Satz-Assoziativen Mapping ist das Tag-Feld wesentlich kleiner. Und es müssen immer nur k Tags innerhalb eines Sets miteinander verglichen werden; die Schaltkreisgröße und -kosten sind entsprechend wesentlich kleiner als bei vollem Satz-Assoziativen Mapping.

9.5 Cache-Speicher in Desktop-Rechnern

In praktisch allen heutigen Desktop-Rechnersystemen existiert eine ganze Cache-Hierarchie: Die einzelnen Caches werden als Level-1 bis Level-n durchnummeriert (kurz: L1, L2 usw.). Die niedrigste Nummer bezeichnet hierbei den Cache mit der kürzesten Zugriffszeit. Der Prozessor versucht zunächst seine Daten aus dem L1-Cache zu beziehen. Stellt sich heraus, dass dieser nicht die gewünschten Daten enthält (alle gewünschten Daten kann er nicht enthalten – er ist ja viel kleiner als der Hauptspeicher), so wird der nächste etwas langsamere, aber größere Cache – also der L2-Cache – durchsucht, usw.

Viele statistische Untersuchungen weisen darauf hin, dass eine zwei- oder dreistufige Cache-Hierarchie optimal zu sein scheint. Mehr als zwei Stufen verkomplizieren die Prozessor-interne Logik und verschlechtern tendenziell die Performance. Tabelle 9.2 zeigt eine Liste der L1-, L2-, (und bei neueren Prozessoren) L3-Cache-Größen aktueller Desktop- und Server-Prozessoren.

Prozessor	Jahr	L1-Cache	L2-Cache	L3-Cache
Pentium	1993	8 KB/8 KB	256 KB	
Pentium 4	2000	8 KB/8 KB	256 KB	
PowerPC G3	2003	64 KB	1 MB	
AMD Athlon „Orleans"	2007	64 KB/64 KB	1 MB	
Intel QuadCore Xeon	2007	32 KB/32 KB	12 MB	
Intel Core-i7 Gulftown	2010	32 KB/32 KB	256 KB	12 MB
Intel Itanium	2010	16 KB/16 KB	256 KB / 512 KB	24 MB

Tabelle 9.2: Cache-Größen einiger ausgewählter Prozessoren.

Anhang

A Die hexadezimale Zahlendarstellung

In der Assemblerprogrammierung haben wir es oft mit großen Binärzahlen zu tun. Wir benötigen beispielsweise eine Folge von 32 Bit, um den Inhalt eines 68000-Daten- oder 68000-Adressregisters zu beschreiben. Solche langen Bitfolgen sind unleserlich; man kann sie „vereinfachen", indem man immer vier Bits gruppiert und diese Bitgruppe durch eine (hexadezimale) Ziffer darstellt.

Aufgabe A.1
Wie viele hexadezimale Ziffer brauchen wir, um eine 32-stellige Binärzahl darzustellen?

Eine hexadezimale Ziffer repräsentiert eine Gruppe von genau vier Bits; es gibt genau $2^4 = 16$ verschiedene Gruppen aus vier Bits, nämlich $0000, 0001, 0010, 0011, \ldots, 1110, 1111$; entsprechend gibt es auch 16 hexadezimale Ziffern – für jede einzelne Vierer-Bitgruppe genau eine. Im Dezimalsystem, in dem wir gewohnt sind zu rechnen, gibt es 10 Ziffer, nämlich $0, \ldots, 9$. Im Hexadezimalsystem gibt es aber 6 Ziffern mehr. Es ist naheliegend für diese 6 weiteren Ziffern die ersten sechs Buchstaben des Alphabets zu nehmen, nämlich A, B, C, D, E und F. Tabelle A.1 zeigt die Beziehung zwischen hexadezimalen Ziffern, Binärzahlen, und Dezimalzahlen.

hexadez.	0	1	2	3	4	5	6	7	8
binär	0000	0001	0010	0011	0100	0101	0110	0111	1000
dezimal	0	1	2	3	4	5	6	7	8
hexadez.	9	A	B	C	D	E	F	10	
binär	1001	1010	1011	1100	1101	1110	1111	10000	
dezimal	9	10	11	12	13	14	15	16	

Tabelle A.1: Hexadezimale Ziffern und entsprechende Binär- und Dezimalzahlen.

Aufgabe A.2
Stellen Sie die größte Zahl dar, die ein 32-Bit Register aufnehmen kann und zwar in ...

1. ... binärer ...

2. ... hexadezimaler ...

3. ... dezimaler ...

... Form. Interpretieren Sie bitte *nicht* vorzeichenbehaftet.

Aufgabe A.3

Stellen Sie die größte Zahl dar, die ein 32-Bit Register aufnehmen kann und zwar in ...

1. ... binärer ...

2. ... hexadezimaler ...

3. ... dezimaler ...

... Form. Interpretieren Sie bitte vorzeichenbehaftet.

Aufgabe A.4

Was ist die Hälfte der Hexadezimalen Zahl 10000? Geben Sie an in ...

1. ... hexadezimaler Form

2. ... dezimaler Form

Aufgabe A.5

Lösen Sie die die folgenden Teilaufgaben ohne Taschenrechner:

(a) Wandeln Sie die hexadezimale Zahl $FE4C$ in eine Binärzahl um.

(b) Stellen Sie die hexadezimale Zahl $FE4C$ als Binärzahl dar.

Aufgabe A.6

Lösen Sie die folgenden Teilaufgaben ohne Taschenrechner:

(a) Stellen Sie die Zahl 2^{21} als hexdezimale Zahl dar.

(b) Stellen Sie die Zahl $2^{16} - 1$ als hexadezimale Zahl dar.

(c) Stellen Sie die Zahl 69 als hexadezimale Zahl dar.

B Easy68k: ein Motorola-68000-Emulator

Das im Kapitel 2 präsentierte Material muss geübt werden, und es wird dem Leser dringend empfohlen selbst Maschinenprogramme in Motorola-68000-Assembler zu schreiben. Vermutlich haben Sie zuhause keinen Rechner mit einem 68000-Prozessor (es sei denn sie haben noch einen über 20 Jahre alten Home-computer der Firma Atari oder Apple). Sie müssen sich also einen Emulator für den Motorola-68000 instal-lieren. Ein Emulator bildet i.A. ein bestimmtes System soweit nach, dass es dieselben Daten (in unserem Fall: Maschinenbefehle) verarbeiten kann und daraufhin zum Originalsystem vergleichbare Ausgaben bzw. vergleichbares Verhalten liefert. Als Motorola-68000-Emulator empfehlen wir den *Easy68K*: einen benut-zerfreundlichen frei erhältlichen Emulator, mit dem man Motorola-68000-Maschinenprogramme editieren, assemblieren und im Einzelschrittmodus ausführen lassen kann.

Sie können sich den Easy68K Simulator folgendermaßen installieren:

1. Öffnen Sie die Seite `http://www.easy68k.com` in einem Web-Browser Ihrer Wahl.

2. Klicken Sie unter "Download, Current Build" auf `SetupEASy68K.exe` und installieren Sie dadurch den Emulator.

Sie können nun ein einfaches Motorola-68000-Assemblerprogramm folgendermaßen erstellen und as-semblieren:

1. Starten sie den Easy68K-Editor wie in Abbildung B.1 gezeigt.

2. Schreiben Sie ein kleines Beispielprogramm in Assembler, etwa das in Abbildung B.2 gezeigte.

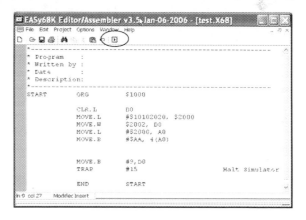

Abbildung B.1: Starten des Editors.

Abbildung B.2: Der Editor mit einem Beispielprogramm.

3. Sie können nun ihr Beispielprogramm assemblieren (d. h. in Maschinencode übersetzen) und vom Easy68K-Emulator ausführen lassen, indem Sie das „Play"-Symbol auf der Schaltfläche des Easy68k-Editors anklicken; in Abbildung B.2 ist dieses Symbol markiert.

4. Es erscheint ein neues Fenster, das das assemblierte Programm zeigt. Jedem Assemblerbefehl sind jetzt Speicherzellen zugeordnet. Das Fenster zeigt zusätzlich für jeden Assemblerbefehl den entspre-chenden Maschinencode, also Opcode plus Adressen.

Abbildung B.3 zeigt das Emulator-Fenster, das das assemblierte Programm zeigt. Dieses Fenster müsste
bei Ihnen auf dem Bildschirm erschienen sein, wenn sie die obigen vier Schritte ausgeführt haben. Wenn

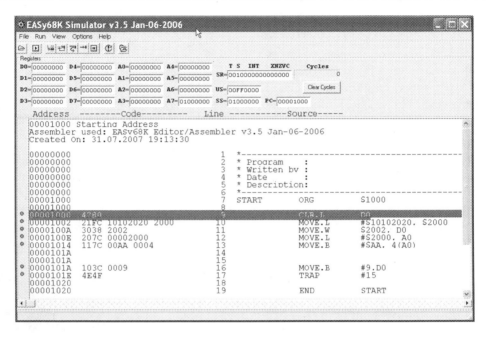

Abbildung B.3: Das Emulator-Fenster des Easy68K.

Sie jetzt auf das „Trace Into"-Symbol (oder alternativ F7) klicken, dann wird das assemblierte Maschinenprogramm im Trace-Modus ausgeführt, d. h. nachdem eine Zeile ausgeführt wurde bleibt das Programm
stehen; man kann sich so durch die Programmausführung „klicken" und nach und nach sehen, was sich genau verändert. Verändern können sich die Registerinhalte (die oben im Emulator-Fenster dargestellt sind),
der Hauptspeicher (sie müssen unter dem Menüpunkt „View" auf „Memory" klicken um diesen zu sehen),
der Stack (sie müssen unter dem Menüpunkt „View" auf „Stack" klicken um diesen zu sehen). Außerdem
könnte das Maschinenprogramm Zeichen oder Grafik auf dem Bildschirm ausgeben (unser einfaches Beispielprogramm gibt aber nichts aus). Um diese Ausgabe sehen zu können müssen sie im Menüpunkt „View"
auf „Output" klicken.

Aufgabe B.1

Assemblieren Sie das in Abbildung B.2 gezeigte Beispielprogramm im Easy68K. Wie verändern sich die
Register A0 und D0? Wie verändert sich der Speicher in der „Umgebung" der Speicheradresse $2000?
Verwenden Sie den Trace-Modus den Easy68K-Emulators um diese Fragen zu beantworten.

Versuchen wir nun ein einfaches Programm zu schreiben, das mit dem Benutzer interagiert: Traps erklären.

C Stacks

Ein *Stack* (häufig auch *Stapel*, *Stapelspeicher* oder *Kellerspeicher* genannt) bezeichnet eine in der Informatik häufig eingesetzte Datenstruktur. Das entscheidende Merkmal, das einen Stack von einem herkömmlichen Array unterscheidet, ist die Einschränkung, dass Elemente in einem Stack *nicht* an beliebiger Stelle eingefügt bzw. ausgelesen werden können. Die Zugriffsmöglichkeiten entsprechen denen eines Stapels: Elemente können nur oben aufgelegt (die sog. *push*-Operation), bzw. oben entnommen (die sog. *pop*-Operation) werden. Abbildungen C.1 und C.2 veranschaulichen dies.

Abbildung C.1: Die *push*-Operation

Abbildung C.2: Die *pop*-Operation

    Warum werden Stacks in der Assemblerprogrammierung so oft verwendet? In vielen Situationen ist die zuletzt gespeicherte Information auch diejenige, die als nächstes wieder abgerufen werden muss. Nehmen wir als Beispiel die folgende Situation: Unterprogramm A ruft Unterprogramm B auf und Unterprogramm B ruft Unterprogramm C auf und C wiederum ruft Unterprogramm D auf. Bei jedem Unterprogrammaufruf muss die Rücksprungadresse gespeichert werden: Zuerst muss die Rücksprungadresse zurück nach A gespeichert werden, dann die nach B und dann erst die nach C. Nach Abarbeitung von Unterprogramm D wird zuerst die Rücksprungadresse nach C benötigt (also die zuletzt gespeicherte Information), dann erst die nach B und zuletzt erst die zuerst gespeicherte Adresse zurück nach A. Und genau wie mit den Rücksprungadressen, verhält es sich mit der gesamten für ein bestimmtes Unterprogramm benötigten Information. Also für alle Registersicherungen, Parameter und lokale Variablen gilt: Die zuletzt gespeicherten Daten werden als erstes wieder benötigt.

    In der Maschinenprogrammierung wächst der Stack üblicherweise nach unten, d. h. der Stack wird mit absteigender Adresszählung gefüllt und mit aufsteigender Adresszählung geleert. Die Instruktion

$$\texttt{MOVE.L} \qquad \langle ea \rangle, -(\texttt{A7})$$

entspricht somit einer *push*-Operation. Hierzu muss man wissen, dass das Adressregister A7 grundsätzlich die Adresse des obersten Stackelements enthält. Der Zieloperand in obiger Instruktion verwendet die Adressierungsart "Adressregister indirekt mit Prädekrement": Zunächst wird der Stackpointer A7 erniedrigt, so dass er auf den nächsten freien Platz des Stacks zeigt. Anschließend wird ein Datum in derjenigen Speicherzelle abgelegt, auf die der Stackpointer A7 (nach der Erniedrigung) zeigt. Entsprechend implementiert die Instruktion

$$\texttt{MOVE.L} \qquad (\texttt{A7})+, \langle ea \rangle$$

die *pop*-Operation: die Speicherzelle, auf die A7 zeigt – also das oberste Element des Stacks – wird ausgelesen. Man beachte, dass dabei eigentlich das oberste Element gar nicht explizit vom Stack gelöscht wird; es wird lediglich der Stackpointer A7 um den entsprechenden Wert, durch die Postinkrement-Adressierungsart, erhöht.

   Betrachten wir als Beispiel das in Abbildung C.3 dargestellte Assemblerprogramm. Durch den Unterpro-
grammaufruf, also die BSR-Instruktion in Zeile 4, wird automatisch die Rücksprungadresse als Langwort
oben auf dem Stack abgelegt; das ist der Wert $00001010, der in der Adresse $00FFFFFC steht – Abbildung
C.4 zeigt dies. Das Unterprogramm führt die Operationen *push* D0 und *push* D1 aus. Die Situation auf dem
Stack nach Ausführung der zweiten *push*-Operation ist in Abbildung C.4 dargestellt; die farblich markierte
Speicherzelle ist genau diejenige, auf die der Stackpointer A7 nach Ausführung von Befehlszeile 7 zeigt.

```
1          ORG      $1000
2          MOVE.L   #$10002000, D0
3          MOVE.L   #$30304040, D1
4          BSR      proc
5          NOP
6  proc:   MOVE.L   D0, -(A7)
7          MOVE.L   D1, -(A7)
8          ...
9          RTS
10         ...
```

```
00FFFFE8:  00 00 00 00
00FFFFEC:  00 00 00 00
00FFFFF0:  00 00 00 00
00FFFFF4:  30 30 40 40
00FFFFF8:  10 00 20 00
00FFFFFC:  00 00 10 10
Invalid Address
Invalid Address
```

Abbildung C.3:   Beispiel   eines   Assemblerprogramms, das Rücksprungadresse und Register auf
dem Stack sichert.

Abbildung C.4: Der Stack nach Abarbeitung von Befehlszeile 7 in Listing C.3.

Aufgabe C.1
Durch welchen Befehl des in Abbildung C.3 gezeigten Assemblerprogramms wird die Rücksprungadresse wieder vom Stack geladen? Was würde passieren, wenn die Zeile 8 einfach durch den Befehl NOP
ersetzt werden würde?

Aufgabe C.2
Warum liegt das unterste Stackelement nicht beispielsweise bei Adresse $FFFFFFFF?

D Vorzeichenbehaftete Binärzahlen

Der Motorola-68000-Assembler interpretiert einige Konstanten vorzeichenbehaftet – wie beispielsweise Adressdistanzen. Einige Bitkombinationen werden als negative Zahlen, anderen als positive Zahlen interpretiert. Der 68000-Assembler verwendet zur Darstellung negativer Zahlen das sogenannte *Zweierkomplement*. In dieser Darstellungsart werden positive Zahlen mit einer führenden 0 versehen und ansonsten nicht verändert. Negative Zahlen haben in der Zweierkomplementdarstellung immer eine führende 1. Sie werden als das um Eins erhöhte Einerkomplement[1] des Betrags der Zahl abgelegt.

Wir geben als Beispiel die Umwandlung der Zahl -26 ins Zweierkomplement an (Darstellung in einem Byte):

1. Wir ignorieren zunächst das Vorzeichen und wandeln 26 ins Binärsystem um und erhalten $26 = \%00011010$

2. Da es sich um eine negative Zahl handelt, bilden wir von dieser Binärzahl das Einerkomplement und erhalten: %11100101.

3. Addieren wir eins, erhalten wir schließlich das Zweierkomplement der Zahl -26: %11100101 + %00000001 = %11100110

Die vorzeichenbehaftete 8-stellige Binärzahl %11100110 (bzw. die 2-stellige Hexadezimalzahl $E6) entspricht also der Zahl -26.

Aufgabe D.1

Welcher Dezimalzahl entspricht die 8-stellige Binärzahl %10001000, falls ...

(a) ...diese Zahl vorzeichenbehaftet interpretiert wird?

(b) ...diese Zahl vorzeichenlos interpretiert wird?

Aufgabe D.2

Stellen sie die Zahl -4 als vorzeichenbehaftete 8-stellige Binärzahl dar. Stellen Sie das Ergebnis zusätzlich als 2-stellige Hexadezimalzahl dar.

Aufgabe D.3

Welcher Dezimalzahl entspricht die vorzeichenbehaftete hexadezimale Zahl $80? Welcher Dezimalzahl entspricht die vorzeichenbehaftete Hexadezimalzahl $7F? (Es seien hier immer 8-Bit Zahlen angenommen.)

Möchte man die Zahl -26 als 16-stellige vorzeichenbehaftete Binärzahl darstellen (was dem Datentyp „Wort" des 68000-Assembler entspricht) so gehen wir genauso vor:

1. Wir ignorieren das Vorzeichen und wandeln 26 ins Binärsystem um und erhalten $26 = \%0000000000011010 = \$001A$.

2. Da es sich um eine negative Zahl handelt, bilden wir von dieser Binärzahl das Einerkomplement und erhalten %1111111111100101 oder in hexadezimaler Schreibweise: $FFE5.

---

[1] Das Einerkomplement einer Binärzahl erhält man einfach dadurch, dass man jede 1 durch eine 0 und jede 0 durch eine 1 ersetzt.

3. Addieren wir ein, so erhalten wir das Zweierkomplement der Zahl %1111111111100110 oder in hexadezimaler Schreibweise $FFE6$.

Aufgabe D.4
Stellen Sie die Zahl -4 als vorzeichenbehaftete 16-stellige Binärzahl dar. Stellen Sie das Ergebnis zusätzlich als 4-stellige Hexadezimalzahl dar.

Das Vorzeichen einer vorzeichenbehafteten Zahl erscheint immer als N-Flag des des CCR-Registers: Ist die betreffende Zahl positiv, so gilt N=0, ist es negativ, so gilt N=1. Das V-Flag des CCR-Registers zeigt einen Überlauf an, d. h. es wird gesetzt, wenn zu +127 eine 1 (oder eine größere Zahl) addiert wird, bzw. wenn von -128 eine 1 (oder eine größere Zahl) subtrahiert wird. Abbildung D.1 zeigt dies graphisch.

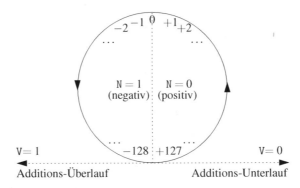

Abbildung D.1: Der Zahlenkreis für den Fall vorzeichenbehafteter 8-Bit-Zahlen und der Einfluss von Additionen und Subtraktionen auf das V- und das N-Bit des CCR-Registers.

Aufgabe D.5
Zeichnen Sie den Zahlenkreis (analog wie in Abbildung D.1 dargestellt) für den Fall vorzeichenbehafteter 16-Bit-Zahlen.

Für vorzeichenbehaftete Binärzahlen gibt es im 68000-Assembler eine Reihe von Sonderbefehlen:

TRAPV		Falls V=1 wird der Ausnahmevektor #7 angesprungen. Falls V=0, ist der Befehl wirkungslos.
NEG.x	Ziel	Bilde das Zweierkomplement. $Ziel = 0 - Ziel$.
EXT.W	Dn	Erweitere Dn.B vorzeichenrichtig zum Wort.
EXT.L	Dn	Erweitere Dn.W vorzeichenrichtig zum Langwort
EXTB.L	Dn	Erweitere Dn.B vorzeichenrichtig zum Langwort

Aufgabe D.6
Was steht nach Ausführung folgender Befehlszeilen in Register D0?

(a)
```
MOVE.B #03,D0
EXT.W D0
```

(b)
```
MOVE.B #03,D0
NEG.B D0
```

(c)
```
MOVE.B #03,D0
NEG.B D0
EXTB.L D0
NEG.L D0
```

(d)
```
MOVE.B #03,D0
NEG.B D0
NEG.L D0
```

(e)
```
MOVE.B #03,D0
NEG.B D0
EXT.W D0
```

E Zeitdiagramme

Zeitdiagramme zeigen den Signalpegel auf einer (Bus-)Leitung als eine Funktion über der Zeit. Die logische Eins wird laut Konvention auf einer höheren Stufe gezeichnet als die logische Null. Ein Signalwechsel von Null nach Eins wird also als steigende Flanke gezeichnet, ein Signalwechsel von Eins nach Null entsprechend als fallende Flanke. Abbildung E.1 zeigt dies. Man beachte, dass auch dargestellt ist, dass die Signalwechsel nicht augenblicklich vonstatten gehen; aber der Wechsel ist meist klein im Vergleich zur gesamten Signaldauer.

Abbildung E.1: Darstellung eines Signalwechsels.

Manchmal werden die Signale auf verschiedenen Leitungen in Gruppen dargestellt; oft wird beispielsweise ein Byte parallel übertragen. Abbildung E.2 zeigt die graphische Darstellung davon in einem Zeitdiagramm.

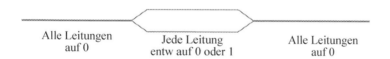

Abbildung E.2: Übertragung mehrerer Signale auf verschiedenen Leitungen.

Ein Signalwechsel einer Leitung kann eventuell ein anderes Gerät dazu bringen, einem Signalwechsel auf einer anderen Leitung durchzuführen. Falls beispielsweise ein Speichermodul ein Lesesignal erkennt, dann wird es entsprechende Signale auf die Datenleitungen legen. Solche Ursache-Wirkungs-Beziehungen werden in Zeitdiagrammen durch Pfeile dargestellt; Abbildung E.3 zeigt ein Beispiel. Ein Taktleitung ist oft Teil des Systembusses; andere Ereignisse sind eventuell mit dem Systemtakt synchronisiert.

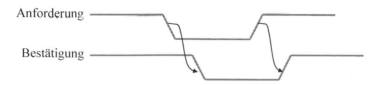

Abbildung E.3: Darstellung von Ursache-Wirkungs-Beziehungen.

Literaturverzeichnis

[Ash02] ASHENDEN, PETER J.: *The Designers Guide to VHDL.* Morgan Kaufmann, Januar 2002.

[FK06] FRANK KESEL, RUBEN BARTHOLOMÄ: *Entwurf von digitalen Schaltungen und Systemen mit HDLs und FPGAs.* Oldenbourg, September 2006.

[Fli05] FLIK, THOMAS: *Mikroprozessortechnik und Rechnerstrukturen.* Springer, 7 Auflage, 2005.

[HN84a] HILF, WERNER und ANTON NAUSCH: *M68000 Familie Teil 1: Grundlagen und Architektur.* te-wi, 1984.

[HN84b] HILF, WERNER und ANTON NAUSCH: *M68000 Familie Teil 2: Anwendung und Bausteine.* te-wi, 1984.

[PH05] PATTERSON, DAVID L. und JOHN L. HENNESSY: *Rechnerorganisation und -entwurf.* Spektrum akademischer Verlag, 2005.

[PM04] PAUL MOLITOR, JÖRG RITTER: *VHDL. Eine Einführung.* Pearson Studium, April 2004.

[RG07] RALF GESSLER, THOMAS MAHR: *Hardware-Software-Codesign.* Vieweg, Mai 2007.

[Sch98] SCHMITT, GÜNTER: *Mikrocomputertechnik mit dem Controller 68332 - Schaltungstechnik, Maschinenorientierte Programmierung, Anwendungen.* Oldenbourg Verlag, 1998.

[Sta09] STALLINGS, WILLIAM: *Computer Organization and Architecture: Designing for Performance.* Prentice Hall, 8 Auflage, 2009.

Sachverzeichnis

Printed in the United States
By Bookmasters